CB130061

O que é isto – a Crítica Hermenêutica do Direito de Lenio Luiz Streck?

COLEÇÃO
HERMENÊUTICA, TEORIA DO DIREITO E ARGUMENTAÇÃO

Coordenador: Lenio Luiz Streck

Vinícius Quarelli

O que é isto – a Crítica Hermenêutica do Direito de Lenio Luiz Streck?

2ª edição
Revista e atualizada

2025

EDITORA JusPODIVM
www.editorajuspodivm.com.br

EDITORA *Jus*PODIVM
www.editorajuspodivm.com.br

Rua Canuto Saraiva, 131 – Mooca – CEP: 03113-010 – São Paulo – São Paulo
Tel: (11) 3582.5757
• Contato: https://www.editorajuspodivm.com.br/central-de-relacionamento

Diagramação: Editora *Jus*PODIVM

Capa: Ana Caquelti

Q1q Quarelli, Vinícius
O que é isto – a Crítica Hermenêutica do Direito de Lenio Luiz Streck? / Vinícius Quarelli. – 2. ed., rev. e atual. – São Paulo: Editora JusPodivm, 2025.

176 p.

ISBN: 978-85-442-6185-9.

1. Direito Constitucional. I. Quarelli, Vinícius. II. Título.

CDD 341.2

BIBLIOTECÁRIA RESPONSÁVEL

Ana Carolina Ribeiro Mois – CRB7 – RJ 007348/0

AGRADECIMENTOS

Inicio esta Odisseia dirigindo minhas primeiras e mais profundas palavras aos meus pais, Sandra e Ricardi. Com um amor incondicional, vocês me ensinaram o verdadeiro significado de um apoio inabalável; graças a vocês, encontrei a coragem de perseguir meus sonhos, mesmo quando se apresentavam como distantes estrelas no céu noturno. Meu profundo agradecimento por tudo e por tanto, pois sem vocês, minha jornada seria como um barco sem vela ao vento.

Ao meu orientador, Lenio Luiz Streck, cuja sabedoria me provocou angústias epistemológicas que se tornaram o firmamento deste estudo. Sua orientação não foi apenas acadêmica, mas uma jornada pelo conhecimento que desafiou cada uma das minhas convicções, moldando-me não apenas como pesquisador, mas, também, como homem e como alguém sedento por mais e mais conhecimento.

Ao Luis Henrique Braga Madalena, expresso minha sincera gratidão por ter desempenhado um papel fundamental em todo este percurso. Se é verdade que a vida é feita da arte dos encontros e desencontros, subsiste nessa dinâmica uma outra verdade: sou grato por tê-lo conhecido e por chamá-lo de amigo.

Ao Rene Sampar e à Miriam Olivia Knopik Ferraz, cuja crença no meu potencial acadêmico-profissional segue me inspirando. A generosidade de vocês é uma virtude que vou buscar carregar por toda vida.

Ao Flávio Pansieri, estendo minha gratidão por ser uma referência não apenas profissional. Sua integridade e sua dedicação são o Norte para toda e qualquer outra Odisseia que porventura se sigam em minha vida.

Por fim, agradeço aos meus colegas do grupo de pesquisa DASEIN, pois minha gratidão é tão vasta quanto o conhecimento que juntos buscamos. Cada um de vocês, trouxeram enriquecimento não somente à minha pesquisa, mas à minha vida. A camaradagem, o apoio mútuo e o constante diálogo de ideias foram a verdadeira essência de nosso encontro, transformando cada momento compartilhado em um precioso tesouro. Tudo que se segue é um mapa deste tesouro que agora eu compartilho com um público ainda mais amplo.

À GUISA DE PREFÁCIO – POR QUE PROCUREI SEMPRE "DESABITUAR" DO SENSO COMUM?!

Cass Sunstein e Tali Sharot cunharam o conceito de "habituação" no livro "Olhe de Novo - O poder de perceber o que sempre esteve lá" (*Look Again: The Power of Noticing What Was Always There*). Ali, aconselham-nos a desabituar (*dishabituate*). Os autores mostram como as pessoas param de perceber o que há de mais maravilhoso em suas vidas... e também param de perceber o que é terrível. As pessoas se acostumam com o ar poluído, com a mediocridade, com as ficções, com as platitudes. Isto porque habitua(ra)m-se. Esse é o *busilis*.

Pois foi isso que pretendi fazer desde o meu primeiro texto que publiquei, uma tímida resenha do livro O Nome da Rosa, na Revista Sequência, do Programa de Mestrado da UFSC. Mais de trinta anos depois, já são mais de oitenta obras, centenas de artigos e capítulos de livros espalhados pelo Brasil e pelo mundo. Um traço em comum em todas as minhas publicações: fugir do senso comum teórico dos juristas, conceito que aprendi desde o primeiro dia de aula que tive com Luis Alberto Warat, criador do conceito.

Ainda nos primeiros anos de minha atividade acadêmica, aproveitando Warat e Bourdieu, criei o conceito de *habitus dogmaticus*, para criticar a trivialização da atividade jurídica. Quem sabe lá atrás estava algo parecido com o que Cass Sunstein e Tali Sharot hoje tratam por "habituação" e "desabituação"?

Desvelar as obviedades do óbvio - talvez aí esteja a tese central do enfrentamento do *habitus dogmaticus*. E, é claro, a crítica necessária à dogmática jurídica, que, criterialisticamente, cada vez mais substitui o próprio direito. Daí o problema: se a dogmática é um discurso que tem a função de explicitar o direito, isto é, tem a função de ser o seu *medium interpretandi* e, se ela mesma substitui o direito, já não temos mais sequer como identificar o direito e nem aferir o seu grau de autonomia. E isso compromete a democracia.

Fazer crítica do e no direito é uma tarefa difícil. É um longo e espinhoso caminho. Cada vez mais os conceitos ficam fluidos e simplificados. Fazer crítica no direito é descascar o fenômeno. Como em um palimpsesto, devemos retirar as camadas poluidoras. Reconstruir a história institucional do direito. Fazer o revolvimento do chão linguístico, fazendo com que o direito possa (re)aparecer.

É nesse sentido que Vinicius Quarelli se aventurou a fazer o revolvimento do chão linguístico em que assentei minha obra nestas três décadas. Resolveu escrever uma dissertação de mestrado, de onde resultou esta obra – *O que é isto – a Crítica Hermenêutica do Direito de Lenio Streck* – que tenho o prazer de prefaciar.

Despiciendo dizer que prefaciar uma obra que trata de si é, de fato, um desafio. É um "poetizamento", porque, à semelhança da tarefa do poeta, trata-se de dizer pela primeira vez aquilo que já foi dito. Porque não há grau zero de sentido. Para ninguém.

"Ligar" o espelho retrovisor: é isso que faço ao ler o livro de Vinicius. Porque passam pela janela do tempo textos cujas lembranças são fugidias. Fosse escrever hoje, faria diferente, em alguns deles. É claro. Afinal meu mestre Gadamer ensinou que a distância temporal é sempre uma aliada, jamais uma inimiga.

Sou eu e os trinta ou mais anos. Sou eu e tantas circunstâncias, para parafrasear Ortega y Gasset. Vinicius teve esse cuidado. Não reescreveu nada. Tampouco só descreveu. Porque sabe que, mesmo descrevendo, prescrevemos.

Vinicius faz um trabalho meticuloso, contextualizando o leitor em mínimos detalhes, como, por exemplo, mostrar o que é hermenêutica para, então, demonstrar o papel da Crítica Hermenêutica do Direito.

Os críticos da Crítica Hermenêutica recebem uma atenção especial por parte de Vinicius. E faz bem. Faz parte da academia e da boa epistemologia discutir as condições de possibilidade dos conceitos e das críticas aos conceitos e aos autores. Nesse sentido, Vinicius desdobrou em quinze pontos: a cada crítica, uma resposta.

Trata-se de uma recorrida histórica. De uma obra que foi feita de muitas obras. Textos que falam de outros textos, como disse Eco no grande romance semiológico O Nome da Rosa, que me marcou profundamente. Como disse Adso de Melk ao seu mestre Guilherme de Baskerville, alterego de Guilherme de Ockam, "vejo o cavalo, mas não vejo a cavalidade"... ao que o mestre respondeu: "é porque ainda não tens os olhos para ver a cavalidade". Não sei se algum dia terei os olhos para ver a cavalidade. Ou se alguém terá, ou se teremos. Vamos subindo à montanha em direção à Abadia (do saber).

Caminho árduo. Respeitando adversários. Vinicius, ao escrever sobre mim e sobre minha obra, tem isso muito claro. Minhas críticas e a Crítica Hermenêutica do Direito podem ser ácidas, mas são lhanas. E contém respeito.

Sei – e Vinicius sabe – que nem tudo é (tão) evidente e que sempre são necessárias retrancas epistêmicas. A alemã Sabine Hossenfelder, pesquisadora do Instituto de Estudos Avançados de Frankfurt, escreveu, recentemente, "A Ciência Tem Todas As Respostas?",[1] denso livro em que procura explicar de forma didática vários dos temas mais populares da física, como a origem do Universo e as teorias quânticas. "Muitos divulgadores científicos tentam deslumbrar as pessoas, especialmente na cosmologia. Tudo sobre o início do Universo e teorias quânticas é cheio de 'uau!', de grandes mistérios", diz. "Mas acho que as pessoas ficam em parte confusas e em parte decepcionadas quando descobrem que quase tudo isso é bobagem".

Nos meus mais de oitenta livros e tantos textos, eu desejo que as pessoas saibam que existem verdades. Sabine Hossenfelder também quer que as pessoas saibam que existem verdades: "Quero que saibam o que realmente está acontecendo na física, o quanto sabemos e o que é bláblábláa." Ou, para usar a formulação chique do seu livro: "Isso não é ciência. É religião mascarada de ciência sob o disfarce da matemática".

Sabine questiona dados da ciência considerados como uma espécie de "mito do dado". Por vezes, o que os pesquisadores estão fazendo quando defendem certas teorias nem pode ser chamado de ciência, pela impossibilidade de as evidências mostrarem se as teorias estão certas ou erradas. "Mas não é como se tudo fosse bobagem", diz na entrevista ao jornalista Uirá Machado.[2] "Há algumas boas pesquisas em andamento

1. *Cf.* HOSSENFELDER, Sabine. **A Ciências tem todas as Repostas?** São Paulo, Editora Contexto, 2023.
2. FOLHA DE SP. **Big Bang e multiverso são religião, não ciência, diz pesquisadora**. Disponível em: https://www1.folha.uol.com.br/ciencia/2023/10/big-bang-e-multiverso-sao-religiao-nao-ciencia-diz-pesquisadora.shtml. Acesso em: 17 fev. 2024.

e há grandes questões sobre o quanto realmente podemos descobrir. Deveríamos falar sobre isso de forma honesta, deixando claro o que a ciência pode descobrir e o que não pode."

Ela, como eu, temos consciência de que as críticas duras não fazem amigos e, pior, têm sido – e são – usadas por inimigos da ciência (no meu caso, jurídica) para reforçar o negacionismo (jurídico). Como se fosse possível apontar para o conhecimento científico dizer: "Tá vendo, ciência é tudo besteira!". E, pegando boleia, é possível afirmar que "não sei se há algum jeito de consertar isso. Não importa o que você faça, sempre haverá pessoas que tiram conclusões precipitadas e atribuem opiniões a você. O melhor que posso fazer é explicar que há sutilezas".

Esse tipo de "retranca epistêmica" me inspira desde o primeiro texto que escrevi. Sempre me perguntei se há(via) um jeito de consertar "isso que está aí". Nunca quis que minhas críticas significassem algo como "tudo o que está aí é bobagem" ou "o que está aí é ruim". Se tivesse que dizer, a cada frase, algo como "aqui ressalvo as boas práticas, os bons livros e os bons autores", não teria sentido escrever.

Vinicius captou bem essa minha preocupação, nesse meu jogo "retranqueiro". É claro que tenho consciência de que as críticas podem ser utilizadas por "negacionistas jurídicos", aqueles que dizem "de fato, o direito não serve para nada, a não ser justificar o poder ou permitir que dele se apoderem" ou coisas assim. É o risco que sempre corri e que ainda corro. Com todos os meus livros e textos.

Não sei se há algum jeito de consertar o ensino jurídico e a dogmática jurídica tomados pelo senso comum e pelo criterialismo. Não importa o que você faça – e Vinicius, em seu livro, mostra que assim procedo há décadas – sempre haverá pessoas que tiram conclusões precipitadas e atribuem opiniões a você, como a de que "é contra o judiciário" (quando meu maior trabalho é buscar a construção de um judiciário democrático), "é contra a dogmática jurídica" (como se fosse possível substituir a dogmática pela crítica), "ao defender a legalidade, é um positivista" (como se positivismo fosse uma teoria prescritiva) e mais um conjunto de afirmações semelhantes a que se fazem a quem critica as afirmações da física ou da matemática.

O livro de Vinicius mostra que em tudo isso existem sutilezas. Há complexidades. O que torna o seu livro ainda mais instigante.

Quem escreve sempre pode ser descontextualizado. O que se escreve, sempre pode acabar instrumentalizado. Porém, não é por isso que devemos deixar de escrever. Kelsen não teria escrito a Teoria Pura do Direito. Não teríamos uma das maiores obras da história do pensamento jurídico se seu autor não a tivesse escrito por saber que se diria por aí que "o positivismo legitimou o nazismo" ou que Kelsen pregava a "aplicação da letra fria da lei".

Há sutilezas. Sempre. E não é porque há quem ignore as sutilezas que elas não devem ser trabalhadas. Pelo contrário. É exatamente por isso. Esse é o paradoxo. Que não é um paradoxo. Percebem a sutileza?

O livro de Vinicius Quarelli é uma empreitada corajosa, sutil e sofisticada. Aponta(-me) coisas para as quais eu mesmo talvez não tenha reparado. E o que será que ele estará apontando para o(a) leitor(a)?

Por isso, o livro deve ser lido como um romance. Tem uma sequência. Como em Dworkin, que fala do romance em cadeia, há uma diferença entre um conjunto de contos e um romance. Penso que Vinicius escreveu um romance. E assim deve ser lido.

Lenio Luiz Streck

Da Dacha de São José do Herval, no outono entrante de 2024, quando os frondosos liquidâmbares começam a amarronzar as folhas, anunciando nova paisagem – que se prepara para as primeiras geadas do alto da serra.

APRESENTAÇÃO

Conheci Vinícius Quarelli há uns quatro anos, quando ele foi meu aluno na Pós-Graduação *lato sensu* em Direito Constitucional da Academia Brasileira de Direito Constitucional - ABDConst. Desde então, tenho acompanhado de perto a sua trajetória acadêmica; e devo dizer que tem sido uma honra. Acabamos virando bons amigos e mantivemos intensa e produtiva troca de ideias. Não só sobre o Direito e a pesquisa.

Então, foi com imensa alegria e orgulho que aceitei o seu convite para escrever algumas linhas de apresentação à obra que o leitor tem em mãos, que é uma versão levemente modificada da dissertação de mestrado apresentada pelo autor ao Programa de Pós-Graduação em Direito da UNISINOS. Discuti com Vinícius suas ideias, li os originais e participei da banca de defesa, pelo que posso atestar os méritos tanto do autor, quanto do produto de sua investigação.

Lenio Streck é dos pensadores jurídicos mais importantes. Sobre isso não há qualquer dúvida. Sua obra transcende gerações e permeia grande número de discussões fundamentais para o caminhar do Direito. Com seus escritos, Lenio sempre buscou nos retirar da zona de conforto, sempre tentou nos mostrar como nosso mundo pode ser muito maior do que a gaiola do canário de Machado; e, mais importante, inspirou e segue inspirando estudantes de todo o Brasil a seguir o caminho da pesquisa. Sou prova disso, e Vinícius também.

Por isso, já era passada a hora de ser apresentado para a comunidade jurídica um trabalho acadêmico sobre o pensamento de Lenio, sobre a Crítica Hermenêutica do Direito. E não havia pessoa melhor para desempenhar tão ousada empreitada; com sua curiosidade genuína, seu apreço pela pesquisa e sua responsabilidade acadêmica, Vinícius brindou todos aqueles interessados no legado de Lenio Streck e da CHD com um verdadeiro mapa.

O que é a hermenêutica filosófica? O que é a Crítica Hermenêutica do Direito? Quais são as suas premissas, seus postulados e suas propostas? Como Lenio dialoga (ou pode dialogar) com seus críticos? Essas e outras questões foram abordadas por Vinícius, com a seriedade que lhe é característica. Trata-se de uma obra de referência para todos aqueles que tem interesse em conhecer e, sobretudo, compreender o pensamento de Lenio e seu projeto teórico.

A minha proximidade tanto com Vinícius quanto com Lenio pode ser interpretada por alguns como sinal de suspeição, mas não vejo dessa forma. É exatamente porque acompanhei de perto o desenvolvimento da dissertação que sou capaz de reconhecer a qualidade da sua pesquisa e do texto. Com a presente obra, Vinícius coloca à disposição do leitor brasileiro texto que analisa a CHD sob a sua melhor luz – algo que, infelizmente, não é comum.

Enfim, recomendo enfaticamente a leitura deste livro, que fornece chaves explicativas importante para a compreensão de uma teoria que está profundamente interligada com a consolidação do Estado Democrático de Direito no Brasil. Parabenizo Vinícius, pela dissertação, e Lenio, pela orientação. Mal posso esperar para ler o resultado do doutorado.

Luis Henrique Madalena

Doutor em Teoria e Filosofia do Direito pela Universidade do Estado do Rio de Janeiro – UERJ. Mestre em Direito Público pela UNISINOS. Especialista em Direito Constitucional e Teoria Geral do Direito pela Academia Brasileira de Direito Constitucional – ABDConst.

SUMÁRIO

PROLEGÔMENOS 1: O QUE (NÃO) É ESTE TRABALHO?

O **objetivo** do presente estudo é culminar num trabalho que possa servir de mapa para que interessados no legado de Lenio Luiz Streck e da Crítica Hermenêutica do Direito (CHD) possam melhor compreender o pensamento do autor e do seu respectivo projeto teórico. Mas talvez mais do que definir qual o objetivo deste trabalho, melhor partirmos da *via negativa* e definir qual não é sua finalidade: substituir as explicações de Streck sobre sua própria Teoria. Ao abordar a Crítica Hermenêutica do Direito como tema central, a meta é esclarecer os contornos dessa teorização. Afinal, não existe qualquer substituto à altura dos teóricos definidos por eles mesmos. Dessa forma, é importante ressaltar que este trabalho não pretende ser uma reprodução das ideias de Streck, mas sim uma exploração que busca iluminar os aspectos específicos da Crítica Hermenêutica do Direito. O intuito é proporcionar uma visão abrangente e esclarecedora, permitindo, assim, que os interessados se aprofundem na compreensão desse referencial teórico singular. Não obstante:

> A teoria do direito seria muito mais claramente (e muito mais profundamente) compreendida se as questões e problemas que levanta, e os escritos de seus autores, fossem abordados a partir de um **foco em perguntas e não em respostas**[1] (grifo nosso).

Nesse contexto, três são as abordagens que conduzem o que se segue: **(i)** referenciar onde e como a CHD articulou determinado argumento (a partir da apresentação de numerosas referências), **(ii)** apresentar quais

1. BIX, Brian H. **Teoria do direito**: fundamentos e contextos. Tradução de Gilberto Morbach. São Paulo: Tirant Lo Blanch, 2020. p. 23.

foram os problemas e contextos enfrentados pelo autor e **(iii)** tratar das críticas comumente feitas à CHD.

Em relação ao **problema** deste estudo: a Crítica Hermenêutica do Direito de Streck seria uma teorização mal compreendida?

Considerando que se trata de uma Teoria de vasta publicação, investigar até que ponto isso acontece é o norte deste estudo. Em outras palavras, a pesquisa se orienta enquanto uma batalha para explicar algumas das ideias mais complexas da área jurídica de um modo acessível aos não iniciados, sem, no entanto, simplificar essas ideias a ponto de distorcê-las[2]. A questão central reside, portanto, na avaliação do grau de entendimento adequado da Crítica Hermenêutica do Direito, apesar de sua vasta publicação. A pesquisa busca identificar os desafios e obstáculos na compreensão dessa teorização, considerando a necessidade de tornar conceitos complexos compreensíveis para um público mais amplo, sem comprometer a integridade e profundidade dessas ideias.

No tocante à **hipótese**, em consonância com a perspectiva de Streck, parte-se do pressuposto de que a Crítica Hermenêutica do Direito é frequentemente mal compreendida como uma Teoria[3]. Essa premissa, alinhada ao pensamento do autor, serve como ponto de partida para a análise proposta neste estudo. A conjectura aqui apresentada se fundamenta na constatação de que a CHD, de acordo com Streck, é frequentemente interpretada de maneira equivocada ou superficial. Assumir essa hipótese não implica, contudo, desconsiderar a complexidade intrínseca da Teoria, mas, sim, reconhecer a existência de interpretações simplificadas ou distorcidas que podem comprometer a compreensão genuína proposta pelo autor. Assim, a investigação seguirá a trajetória delineada por Streck, buscando elucidar os pontos que frequentemente são alvo de equívocos na interpretação da Crítica Hermenêutica do Direito, visando, dessa forma, contribuir para uma compreensão mais precisa e aprofundada dessa teorização.

Quanto à **justificativa**, este trabalho se apresenta como um registro inédito acerca da Crítica Hermenêutica do Direito, concentrando-se de maneira específica em abordar quase todas as críticas, teses e influências

---

2. *Ibid.*, p. 23.
3. STRECK, Lenio Luiz. **Hermenêutica, jurisdição e decisão**: diálogos com Lenio Streck. 2. ed. Porto Alegre: Livraria do Advogado, 2020a. p. 119-120.

que permeiam a Teoria de Streck[4]. A relevância deste estudo reside na carência de uma compilação abrangente e detalhada que reúna as diversas críticas dirigidas à CHD, as teses fundamentais propostas por Streck e as influências que moldaram esse referencial teórico. Ao oferecer um panorama abrangente desses elementos, busca-se preencher uma lacuna existente na literatura, proporcionando aos interessados uma fonte abrangente e única. Portanto, a justificativa para esta pesquisa repousa na necessidade de consolidar, de forma inédita, o entendimento crítico, as teses fundamentais e as influências que orbitam em torno da Crítica Hermenêutica do Direito de Streck. Ao fazer isso, o trabalho visa contribuir significativamente para a compreensão e o desenvolvimento contínuo dessa teoria, fornecendo um recurso valioso para estudiosos e pesquisadores interessados no campo jurídico.

Por último, a matriz teórica adotada fundamenta-se na hermenêutica filosófica, respaldada pelo "**método**" fenomenológico-hermenêutico[5], com base na própria estrutura teórica da Crítica Hermenêutica do Direito. Nesse sentido, a reconstrução da história-institucional desta teoria é uma atividade que se pretende empreender por meio de uma autorreflexão, pautada na compreensão da trajetória histórica da teoria e na capacidade de seus escritos em responder às críticas que lhe são dirigidas. Nesse sentido, a escolha da hermenêutica filosófica como matriz teórica proporciona um arcabouço robusto para analisar e interpretar a evolução da Crítica Hermenêutica do Direito. Além de que, o método fenomenológico-hermenêutico, por sua vez, oferece uma abordagem reflexiva e profunda, permitindo uma compreensão mais ampla e contextualizada da teoria em questão. Assim, a intenção é empreender uma análise da história-institucional da Crítica Hermenêutica do Direito, não apenas como um exercício histórico, mas como uma atividade intrinsecamente ligada à autorreflexão. Por meio dessa perspectiva, busca-se compreender como os escritos dessa teoria respondem às críticas que lhe são direcionadas, contribuindo para uma compreensão mais completa e aprofundada do seu desenvolvimento ao longo do tempo.

4. *Nota explicativa*: este trabalho levou em conta todas as obras de Lenio Luiz Streck publicadas até julho de 2023.

5. *Nota explicativa*: "Revolve-se chão linguístico em que está (sempre) assentada uma determinada tradição; reconstrói-se-lhe a história institucional, fazendo com que o fenômeno se desvele, como em um palimpsesto". STRECK, Lenio Luiz. **Dicionário de hermenêutica**: 50 verbetes fundamentais da teoria do direito à luz da crítica hermenêutica do direito. 2. ed. Belo Horizonte: Casa do Direito, 2020b. p. 241.

PROLEGÔMENOS 2: O QUE É UMA TEORIA?

Uma lição que Dworkin expressa em suas obras é a de que metáforas, analogias e aforismos podem ser muito úteis para explicar ideias. Juiz Hércules e romance em cadeia são apenas alguns exemplos utilizados pelo autor. Contudo, vale lembrar que Dworkin também afirmava que analogias são sempre perigosas e que metáforas seriam mais ainda[1]. Veja-se que o perigo de usar tais figuras de linguagem é muito simples e pernicioso: criarmos mitologias que substituam a própria explicação e um jogo de linguagem que pouco ou nada diz. Sendo, no limite, uma *doxa*[2] e eis aqui uma advertência salutar.

Não obstante, é válido apontar que existem bons exemplos de como algumas histórias conseguem ilustrar o significado da Constituição e dos seus princípios. A jornada de Ulisses para voltar à Ítaca no primeiro caso[3] e o julgamento de Orestes no segundo caso[4], por exemplo. Ao passo que

---

1. DWORKIN, Ronald. **A justiça de toga**. Tradução de Jeferson Luiz Camargo. São Paulo: WMF Martins Fontes, 2010. p. 80.
2. Nota explicativa: "Na filosofia clássica, sobretudo em Platão e Aristóteles, a opinião (*doxa*) opõe-se à ciência (*episteme*) e ao pensamento racional (*dianoia, noesis*), sendo originária dos sentidos e portanto sujeita à variação, à ilusão e, assim, ao erro; ao contrário da ciência, que se funda na razão". MARCONDES, Danilo; JAPIASSU, Hilton. **Dicionário básico de filosofia**. 5. ed. Rio de. Janeiro: Jorge Zahar, 2008. p. 260.
3. Nota explicativa: "Há uma metáfora – que circula há anos – interessante para explicar o valor da Constituição. Ulisses, voltando de Ítaca, pede para seus marinheiros que o amarrem no mastro do navio. E lhes ordena que, sob hipótese alguma obedeçam qualquer gesto seu no sentido de que o soltem. Só devem obedecer à primeira ordem: 'amarrem-me ao mastro'. A sobrevivência de Ulisses reside no cumprimento da primeira ordem. Porque Ulisses sabe que, caso contrário, morrerá. E por quê? Porque ele não resistirá ao canto das sereias. As maiorias são como as sereias. Tem um canto sedutor. Quem não se proteger, pode sucumbir. Ulisses se salvou porque ficou amarrado às correntes. Essas correntes são a segurança de Ulisses. A Constituição é como as correntes, ela sustenta as leis". STRECK, Lenio Luiz. **Precisamos falar sobre direito e moral**: os problemas da interpretação e da decisão judicial. Florianópolis: Tirant Lo Blanch, 2019. p. 114-115.
4. *Cf:* ÉSQUILO. **Orésteia**. Tradução de Mateus Alves Rodrigues. Dois Irmãos: Clube de Literatura Clássica, 2022.

a jornada de Ulisses e o mastro de seu navio representam o significado da Constituição contra o *canto das sereias*, o julgamento de Orestes e absolvição concedida em razão do voto de empate de Atena representam o verdadeiro significado do *in dubio pro reo* enquanto uma conquista da autonomia do Direito[5].

Mas sem desprezar a advertência dworkiniana que foi mencionada mais acima é que este capítulo se inspira no jurista para também apresentar uma metáfora que consiga dar explicabilidade ao que é uma Teoria. Nessa senda, e sobre este mesmo tema que é a explicabilidade, autores como Streck[6] utilizam-se de algo chamado de metáfora do mapa. Narrativa essa que, com algumas alterações, segue brevemente recontada.

Imaginemos o seguinte cenário: em tempos passados, existia um Rei que queria um mapa do seu reinado. Ele queria algo com o que contar para administrar suas terras e em vista disso chamou o seu cartógrafo de confiança. Fez o pedido e teve retorno alguns dias depois. Entregue o mapa, o Rei ficou insatisfeito. Afinal, como ele poderia administrar suas terras caso não soubesse quem são seus vizinhos e quais seriam as ameaças ao seu reinado. Outro mapa foi requerido e mais uma vez o Rei ficou insatisfeito. Dessa vez ele queria que o mapa contivesse o relevo das suas terras para melhor compreender para onde expandir e mais uma vez o cartógrafo realizou o serviço. Mas acredite ou não, mais uma vez o Rei ficou insatisfeito. Agora ele queria a vegetação para saber onde explorar e o mapa foi feito mais uma vez. Em seguida e vez após vez o Rei foi exigindo novos detalhes que foram sendo incluídos. Meses se passaram e o cartógrafo já exausto entregou um último mapa. Sendo que outra vez mais o monarca ficou insatisfeito... Dessa vez ele queria um mapa da própria realidade e dessa vez o cartógrafo se negou a realizar o serviço. Nenhum mapa poderia representar a realidade, disse ele. Afinal, se isso fosse possível, esse mapa seria do tamanho da própria realidade. Ao fim e ao cabo, esse serviço não poderia ser realizado porque mapa/mundo, real/ideal e descrição/realidade jamais são iguais.

---

5. Nota explicativa: a despeito do tema voltar em capítulos futuros, importa assentar algumas premissas importantes. Em nome de todos aqueles trabalhos que articulam a ideia, vale referir a obra que resultou da tese apresentada por Georges Abboud para a obtenção de livre-docência na Faculdade de Direito da Pontifícia Universidade Católica de São Paulo (PUC-SP). Nesse sentido, autonomia do direito "deve ser compreendida como o paradigma dentro do qual a decisão passa a ser dada em nome do direito, com base em uma linguagem jurídica autônoma, e por meio de argumentos e fundamentos distintos de outras formas de discursos, como o econômico, político e religioso". ABBOUD, Georges. **Direito constitucional pós-moderno.** São Paulo: Thomson Reuters, 2021. p. 197.
6. STRECK, Lenio Luiz. **Compreender direito II**: como o senso comum pode nos enganar. São Paulo: Revista dos Tribunais, 2014. p. 19.

Em outros termos, a metáfora do mapa traduz a ideia de que qualquer pretensão explicativa sobre o mundo jamais poderá ser totalizante e daí porque insistir em aprisionar o mundo em proposições nada mais é do que confundir a estrutura de nossos discursos com a estrutura da realidade[7]. Assim sendo, "(o) mundo não é um mapa. O mundo não está no mapa. E o mapa não é o mundo. Assim como as palavras não refletem a essência das coisas"[8].

No fundo, portanto, toda Teoria é uma tentativa de dar explicabilidade às nossas compreensões sobre o mundo. Seja ela descritiva ou prescritiva. Nesse sentido, veja-se que mesmo a física newtoniana não consegue explicar diversos fenômenos inerentes à fisicalidade e isto não a torna falsa (p. ex. astrofísica). Ao invés disso, significa que seus termos abarcam uma fração daquilo que compreendemos.

Retomando a metáfora do mapa, teorias em geral são algo que precisamos para organizarmos os sentidos e para projetarmos horizontes[9]. Caso existisse um mapa (leia-se *teoria*) tão perfeito que pudesse mostrar as coisas exatamente como elas são (leia-se *realidade*), ele já não seria mais um mapa e tornar-se-ia a própria coisa que pretende representar. Assim, dizer algo sobre o mundo nunca é dizer o mundo. Agora, caso não existisse nenhum mapa/teoria, seríamos cegos para tudo aquilo que estivesse na nossa frente e como aduz Streck "(u)ma pessoa sem horizontes é aquela que não consegue ver nada além das coisas imediatas. Ela diz: 'é assim mesmo'"[10].

Veja-se, então, que assim como os textos, as teorias não são tudo; mas também não podem ser nada. Pois nenhum mapa serve para tudo e nenhum mapa serve para nada. Se cruzar o oceano atlântico sem nenhum mapa talvez pareça uma ideia desaconselhável, lidar com o fenômeno jurídico sem qualquer Teoria não poderia ser diferente. Afinal, saber apontar uma decisão como (in)correta e uma norma como (in) constitucional é algo que antes depende de uma teorização sobre qual é o papel da jurisdição.

---

7. TRINDADE, André Karam; KARAM, Henriete. **Por dentro da lei**: direito, narrativa e ficção. Florianópolis: Tirant lo Blanch, 2018. p. 82.
8. *Ibid.*, p. 82.
9. STRECK, Lenio Luiz. **Para compreender direito**: a hermenêutica jurídica. 2. ed. São Paulo: Tirant Lo Blanch, 2022. p. 46.
10. *Ibid.*, p. 46.

Num plano menos abstrato, isto quer dizer que toda teorização (jurídica) é produto do seu tempo e dos seus horizontes, bem como das suas limitações e das suas pretensões. Nos dizeres de Hegel, *resume seu tempo em pensamentos*[11].

Para ser mais explícito e partindo para uma dimensão eminentemente conceitual, teorias não são "necessariamente uma explicação do domínio de fatos aos quais se refere, mas um instrumento de classificação e previsão"[12]. Em face disso, Abbagnano acrescenta que a "verdade de uma T. está em sua validade, e sua validade depende de sua capacidade de cumprir as funções às quais se destina"[13]. Nesta linha de raciocínio, cumpre reforçar que uma Teoria pode ter pretensões descritivas, prescritivas ou até mesmo mistas – o que acrescento agora. Mas se são ou se não são quiméricas (no sentido de serem teorias desprovidas de tangibilidade), tudo isso depende da sua capacidade de cumprirem as suas funções mais inerentes. Anuindo com Streck, isso quer dizer que qualquer teoria jurídica deve servir para resolver problemas[14] de alguma ordem e o não atingimento desse *logos* é o que atesta a sua serventia[15].

No plano jurídico propriamente dito, algumas considerações de Bix também valem referência. Se "por que estudar teoria do direito?" talvez pareça uma indagação sem sentido para aqueles que por algum motivo já estão inseridos no seu contexto – que por sua vez seria compartilhado por "abençoados ou amaldiçoados"[16], segundo o autor – Bix descarta a premissa de que essa pergunta não faria sentido.

Dissertando sobre o assunto e considerando que as perguntas vêm sempre antes das respostas, o autor desenvolve alguns cenários (prático e profissional) para explicar as razões pelas quais a teoria é importante. Se

11. G. W. F. Hegel: Grundlinien der Philosophie des Rechts (1821) *apud* VESTING, Thomas. **Teoria do direito**: uma introdução. São Paulo: Saraiva, 2015. prefácio, p. 26.
12. ABBAGNANO, Nicola. **Dicionário de filosofia**. 5. ed. São Paulo: Martins Fontes, 2007. p. 953.
13. *Ibid.*, p. 953.
14. STRECK, Lenio Luiz. **Hermenêutica, jurisdição e decisão**: diálogos com Lenio Streck. 2. ed. Porto Alegre: Livraria do Advogado, 2020a. p. 124.
15. Nesse sentido, "(t)ocamos aqui, pois, na raiz do que se pode chamar teoria: a visão daquilo que existe. Não significa esta trivialidade da verificabilidade daquilo que, de facto, se nos apresenta. Não nos esqueçamos de que, inclusive nas ciências, o 'facto' não se define como simplesmente presente, fixado através da mensuração, da ponderação ou da contagem; 'facto' é antes um conceito hermenêutico, ou seja, algo sempre referido a um contexto de suposição ou expectativa, a um contexto de compreensão inquiridora de tipo complicada. Não tão complicado, mas igualmente difícil de levar a cabo é ver, na práxis vital de cada um, aquilo que existe, e não o que gostaríamos que existisse". GADAMER, Hans-Georg. **Elogio da teoria**. Lisboa: Edições 70, 2001. p. 36.
16. BIX, Brian H. **Teoria do direito**: fundamentos e contextos. Tradução de Gilberto Morbach. São Paulo: Tirant Lo Blanch, 2020. p. 15.

sob um prisma prático a teoria é importante porque nos torna melhores juristas na medida em que nos faz desenvolver habilidades úteis para a lida cotidiana, sob um prisma profissional a teoria é importante porque (**i**) o Direito não é uma mera técnica a ser aprendida, (**ii**) a teoria não é uma dimensão estranha ao fenômeno jurídico e (**iii**) a teoria é constitutiva do próprio Direito (não há Direito sem teoria).

Dito isto, Bix vai além ao também sustentar que "termos como 'arte', 'democracia' e 'direito', embora tenham um forte elemento descritivo, são raramente simplesmente descritivos. Há um elemento normativo residual (positivo) que não pode ser ignorado por filósofos que buscam clareza"[17]. Em face disso, volto mais uma vez ao ponto de que o mapa não é o mundo e que toda teoria que procura ser digna da alcunha deve guardar coerência para com seus desideratos.

Para o autor, outra pergunta que (não) raramente fazemos é "o que é o Direito?" e fazer esse questionamento já é pressupor muita coisa. Primeiramente, porque pressupomos que existe algo chamado "Direito" sobre o qual podemos teorizar e, também, porque que existe algo de interessante a ser dito sobre o assunto[18]. Ao que acrescento que teorizar sobre o Direito já é pressupor "o que é isto – uma teoria?". No limite, Bix afirma que o que as teorias do direito fazem é explicar o que faz com que uma norma, um sistema jurídico, uma prática ou uma instituição sejam ou não sejam jurídico-legais[19]. Nesse contexto, segue transcrita uma última passagem do autor:

> Como podemos, então, fazer qualquer avaliação, se o leitor deve antes estabelecer o padrão a partir do qual o texto será testado? Eu sugiro que a melhor abordagem é a seguinte: quando um teórico ou teórica não articula um propósito por trás de sua teoria, o leitor deve buscar um propósito a partir do qual a teoria poderia ter algum tipo de sucesso, sem torná-la trivial. Assim, interpretar uma teoria como mera investigação de uso linguístico pode fazer dessa teoria amplamente bem-sucedida, mas (com relação à teoria do direito, ao menos) esse é um propósito muito pouco ambicioso.

---

17. *Ibid.*, p. 46.
18. BIX, Brian H. **Teoria do direito**: fundamentos e contextos. Tradução de Gilberto Morbach. São Paulo: Tirant Lo Blanch, 2020. p. 31.
19. *Ibid.*, p. 31.

> O leitor deve, então, verificar se a teoria não seria igualmente bem-sucedida tendo um propósito mais substancial.[20]

Anuindo-se com a sugestão de Bix de que as teorias devem ser avaliadas de acordo com aquilo que se propõe, torna-se importante compreender os alicerces desse problema. Compreender o propósito de uma teoria é, antes de tudo, ter uma autêntica chave de leitura. Agora, se Dworkin tinha ou não tinha razão ao afirmar que o Direito deve ser aquilo que ele já é interpretado sob sua melhor luz, essa lição não poderia deixar de iluminar o cerne mais essencial do fenômeno jurídico: a sua dimensão teórica-filosófica.

Aprofundando esse recorte mais filosófico, Gadamer e Dworkin também escreveram sobre a necessidade de compreendermos o papel da Teoria. Talvez por acaso (mas provavelmente não[21]) os dois autores discorreram a seu próprio modo em trabalhos de alcunha praticamente idêntica. *O Elogio da teoria* no caso de Dworkin (segundo capítulo da obra *A Justiça de Toga*) e *Elogio da Teoria* no caso de Gadamer (segundo capítulo da obra de mesmo nome).

Iniciando por Gadamer, *Elogio da Teoria*[22] é tanto uma obra que reúne conferências e ensaios quanto o segundo capítulo deste livro. Se apoiando num gênero literário quase extinto pelo tempo (*protréptico*), o trabalho como um todo empenha-se no sentido de desvelar algo tão autoevidente que por vezes parece sem razão de ser dito: nada envelhece tão depressa como o nada enquanto a novidade[23]. Provando essa desrazão, Gadamer argumenta que o próprio conhecimento é desafiado pelo tempo e pelas novidades que competem pela nossa atenção.

Como também sustenta Oliveira, mesmo a linguagem é vítima desse processo e isso evidencia um problema muito sério do nosso processo civilizatório: a massificação do homem. Da facilitação dos conteúdos

---

20. *Ibid.*, p. 48.
21. Leitores e leitoras de Dworkin vão compreender: trata-se de um autor que raramente faz citações e presta referências. Mas nesse contexto, afirma-se que possivelmente existe uma correlação na medida que Dworkin tem em Gadamer uma exceção ao seu modelo de trabalho (de poucas citações). Mas para uma compreensão mais aprofundada, recomenda-se o texto *Hermenêutica filosófica e direito: uma reflexão sobre a possibilidade de apropriação da hermenêutica filosófica pela teoria do direito contemporânea*, de Fabio Caprio Leite de Castro e de Luã Nogueira Jung. OLIVEIRA, Elton Somensi de; CORDIOLI, Leandro. **Filosofia e direito**: um diálogo necessário para a justiça. Porto Alegre: Fi, 2018. v. 1, p. 255-269. Disponível em: https://www.editorafi.org/_files/ugd/48d206_513edd6d417840ec9ed1a37789ad9bde.pdf. Acesso em: 30 set. 2022.
22. GADAMER, Hans-Georg. **Elogio da teoria**. Lisboa: Edições 70, 2001. p. 36.
23. *Ibid.*, p. 28.

mais profundos, o homem deixa de ter acesso a profundidade da vida na medida em que a própria linguagem toca apenas a sua mais singela superficialidade[24]. Indo um passo além de Oliveira, talvez seja razoável argumentar que a própria teoria tenha também sido vítima dessa sede de novidade e dessa instrumentalidade.

Nesse contexto, vale refletir sobre o que constitui uma teoria para além da sua (falsa) dicotomia entre *theoria e práxis*. Mesmo considerando os avanços do século XVII, a verdade é que esse momento histórico consagrou a ideia de que a ciência tornou-se investigação[25] e em face disso é que Gadamer nos indaga: **(i)** será que a teoria não seria mais do que simplesmente aquilo que é exibido pela instituição moderna da ciência?, **(ii)** será, então, que a *práxis* não seria algo mais do que a mera aplicação da ciência? e **(iii)** a distinção de teoria e *práxis*, quando consideramos somente a sua oposição, seria correta?[26]. Sem maiores digressões:

> Onde quer que deparemos com algo 'belo', não perguntemos pelo seu porquê ou para quê – que vida humana nos pareceria ainda humana, se não tomasse parte em tal 'teoria'? Será assim tão romântico falar de teoria como de um poder vital que todos os homens compartilham? Não é necessário ser um economista oficial da teoria para reconhecer que ela não se esgota a serviço imediato da práxis.[27]

Diante dessa passagem, este trabalho acompanha o entendimento gadameriano de que não há dualidade entre teoria e prática. Antes de tudo, trata-se de uma condição de possibilidade da própria vida. Em vista, ela (a vida) é uma unidade entre teoria e prática – que é a possibilidade e a tarefa de cada um de nós[28]. Ao fim e ao cabo, portanto, não há vida sem prática e não há vida sem teoria. Teoria e prática, tem uma na outra a sua condição e são, em seu conjunto, aquilo que sustenta a possibilidade da compreensão do ser humano. Acompanhando o Lopes[29], essa (falsa) dualidade entre teoria e prática nada mais faz do que criar

---

24. OLIVEIRA, Manfredo Araújo de. **Reviravolta linguístico-pragmática na filosofia contemporânea**. 4. ed. São Paulo: Loyola, 2015. p. 204.
25. GADAMER, *op. cit.* p. 29.
26. *Ibid.*, p. 30.
27. *Ibid.*, p. 37.
28. *Ibid.*, p. 40.
29. REDAÇÃO CONJUR. Pesquisa da Unisinos defende aproximação entre teoria e prática jurisdicional. Consultor Jurídico, São Paulo, 15 jun. 2020. Disponível em: https://www.conjur.com.br/2020-jun-15/pesquisa-defende-aproximacao-entre-teoria-pratica-jurisdicional. Acesso em: 11 ago. 2022.

um abismo intransponível em que ou os modelos teóricos são tratados por seus críticos como idealismo inútil ou questões práticas são vistas como questões de menor valor.

Num segundo aspecto, Dworkin nos revela uma outra faceta do problema: o Direito enquanto fenômeno interpretativo. Concordemos ou não com todas as nuances da obra dworkiniana, o que o autor procura sustentar em parte de seus escritos é que se há interpretação (e sempre há interpretação), é impossível escapar da teoria. Por isso mesmo é que não surpreende quando o jurista se propõe a articular uma defesa daquilo que chama de "abordagem teórica" do Direito.

Em grande medida, o que se apresenta em *A Justiça de Toga* é uma defesa da importância da teoria e não por acaso do segundo capítulo ser chamado *O Elogio da Teoria*. Atuando praticamente como advogado de defesa contra aquilo que denomina "o espírito de nosso tempo" enquanto o desprezo pela teoria, Dworkin compartilha com o leitor algumas observações críticas.

Partindo do argumento de que uma abordagem teórica sobre o Direito não é apenas atraente como também inevitável, o capítulo se desenvolve no sentido de esclarecer que a correta identificação de qualquer direito implica em um exercício interpretativo e aqui reside a fundamentalidade da dimensão teórica do Direito[30].

Pense-se, nesse sentido, no seguinte exemplo: quando do julgamento das ADCs 43, 44 e 54 pelo Supremo Tribunal Federal (STF), não houve unanimidade. Considerando que cito este caso apenas para que o leitor consiga se situar, vale lembrar que o que estava em jogo era a (in)compatibilidade do artigo 283 do Código de Processo Penal com o artigo 5º, LVII, da Constituição Federal, que veda a chamada execução provisória de sentença penal condenatória. E decidiu-se pela compatibilidade. Novamente passou a valer o entendimento de que a prisão a partir da segunda instância é inconstitucional. Pois bem. Concordemos ou não com a afirmação de que um país em que venceu por um voto a declaração de constitucionalidade da própria Constituição viveu dias insanos[31], os Ministros do Supremo Tribunal Federal decidiram por 6x5.

---

30. DWORKIN, Ronald. **A justiça de toga**. Tradução de Jeferson Luiz Camargo. São Paulo: WMF Martins Fontes, 2010. p. 71-107.
31. AZEVEDO, Reinaldo. Vitória magra em dias insanos. **Folha de São Paulo**, São Paulo, 8 ago. 2019, Disponível em: https://www1.folha.uol.com.br/colunas/reinaldoazevedo/2019/11/vitoria-magra-em-dias-insanos.shtml. Acesso em: 11 ago. 2022.

Mas como? Será que apenas seis Ministros estudaram Direito e os demais não teriam? Claro que não. O que o placar simboliza é que existem desacordos teóricos sobre o Direito[32] (lembre-se que não existia questão de fato: Ações Diretas de Constitucionalidade são ações sem rosto) e que mesmo os Ministros de um tribunal eminentemente constitucional podem divergir sobre o significado da Constituição. Tudo isso porque "(n)a prática, é impossível refletir sobre a resposta correta a questões de direito a menos que se tenha refletido profundamente"[33]. Eis o papel da teoria. O Direito não é um fato bruto no mundo e o Direito só é quando interpretado. Dizer se o Supremo Tribunal Federal acertou ou errou quando julgou as ADCs 43, 44 e 54 é, inicialmente, um juízo que só pode ser realizado a partir de um marco teórico.

Diante de tudo que foi sendo acrescentado, retomemos a metáfora do mapa para (re)pensar o Direito. Seja qual for a pensamento jurídico que conduz as nossas reflexões, não é preciso muito para perceber que o Direito tem caminhos e descaminhos (ativismo judicial, arbitrariedade, subjetivismo, decisionismo, inefetividade dos Direitos Fundamentais, regimes iníquos etc.). Ao mesmo tempo que existem caminhos pavimentados pela tradição que consagrou boas ideais como o Estado Democrático de Direito, também existem problemas que acometem o fenômeno jurídico. Em face disso, o Direito pode ser compreendido, também, como um *labirinto*.

Da realização dessa analogia, finalizo: toda e qualquer teorização nada mais é do que um mapa que tenta superar os descaminhos do Direito. Sendo o próprio Direito um fenômeno complexo, existem teorias e "Teorias". Daí porque o que se está afirmando não é que toda teorização pode ser equiparada. O *labirinto* está aí com todos seus problemas, riscos e perigos. Evitá-los e superá-los é o caminho de toda boa teorização. Por tudo isso, existem mapas e Mapas. Se alguns – os mapas – prometem atalhos; e isso prova muita (pouca) coisa. Alguns outros – os Mapas – anunciam um caminho; e isso prova muito mais.

Ao fim e cabo, lidar com qualquer labirinto sem um mapa adequado é perder-se em suas bifurcações e em seus becos sem saída. Isto porque aquele que sequer sabe o que é um beco sem saída (o subjetivismo, por exemplo) tende a aceitá-lo como um fato natural e esta é a sina de des-

---

32. *Cf.* DWORKIN. Ronald. **O império do direito**. Tradução de Jeferson Luiz Camargo. 3. ed. São Paulo: Martins Fontes, 2014.
33. DWORKIN, *op. cit.*, 2010, p. 72-73.

prezar a condição teórica que antepara as razões de quaisquer enunciados. Aproximando tudo isso de Platão e do Mito da Caverna[34], juristas que lidam com o Direito sem qualquer teorização são como aqueles que observam as sombras e as sacralizam sem perceber que desde-sempre estavam sob o jugo de um cabresto e do senso comum. Assim, o Direito não pode(ria) se resumir aos corredores dos Tribunais e apoiando-me em Streck mais uma vez, precisamos compreender que, como juristas, não temos o direito de desistir do Direito[35].

Em atenção a toda essa discussão, o trabalho que segue é um convite para um olhar mais atento. Existem diversos Mapas que chamam a atenção do jurista e compreender um deles (a *Crítica Hermenêutica do Direito*) é o Norte que comanda essa cartografia.

34. Nota explicativa: "Este mito é construído a partir de três momentos fundamentais: o primeiro consiste em se libertar dos grilhões que aprisionam o indivíduo no mundo sensível, cujas imagens refletidas pela fogueira e captadas pelos seus sentidos são sua única fonte de conhecimento. No afã de se encontrar elementos para além de sua imagem simplificada, a liberdade proporciona o conhecimento das coisas como realmente são, isto é, para além das projeções da fogueira e opiniões desprovidas de cientificidade. O segundo momento é da saída da caverna. Ao conseguir deixar seus limites, o limite do cognoscível, o indivíduo ascende rumo à contemplação das essências de todas as coisas. O terceiro momento é o do retorno à caverna. Este homem que contemplou as verdades é o filósofo, que é lançado em descrédito por expor tudo aquilo que contemplou. A parábola encontra seu sentido na filosofia platônica por indicar que apenas os que contemplaram a essência das coisas seriam legitimados para dar sentido a política ao governar a Callipolis". PANSIERI, Flávio. **A liberdade no pensamento ocidental**. Belo Horizonte: Fórum, 2018. t. 1, p.16.
35. STRECK, Lenio Luiz. **Precisamos falar sobre direito e moral**: os problemas da interpretação e da decisão judicial. Florianópolis: Tirant Lo Blanch, 2019. p. 68.

1

NOÇÕES NECESSÁRIAS: A HISTÓRIA DA HERMENÊUTICA E O QUE É A CRÍTICA HERMENÊUTICA DO DIREITO

1.1 O QUE É ISTO – A HERMENÊUTICA?

1.1.1 Considerações preparatórias

A começar pelo princípio, importa assinalar que qualquer conceito nada mais é do que o resultado de uma longa sedimentação de sentidos, disputas e esquecimentos. Mesmo sendo verdade que a hermenêutica – vista como interpretação – seja um fenômeno existente desde que o ser humano começou a falar[1], também é verdade que essa sinonímia pouco ou nada explica. Inicialmente, portanto, cumpre entender que hermenêutica é um termo complexo e que, bem por isso, uma contextualização se faz necessária.

Grosso modo (mal) compreendida ou como um conjunto de técnicas interpretativas ou como mero sinônimo de interpretação, a realidade é que "(a) experiência hermenêutica começa quando o intérprete é questionado pela tradição sobre alguma coisa"[2] e diante dessa citação é que este subcapítulo busca desmistificar o conceito. Veja-se que quando nos perguntamos sobre o que é isto que chamamos de hermenêutica, sabemos em antecipado que esse termo carrega algum significado. Afinal, não poderia ser diferente; uma vez que o sentido das coisas não está à nossa

1. SCHMIDT, Lawrence K. **Hermenêutica.** Tradução de Fábio Ribeiro. 3. ed. Petrópolis: Vozes, 2014. p. 18.
2. *Ibid.*, p. 167.

disposição. Seja ou não um exemplo banal, dizer palavras fora de contexto é um convite para que não sejamos entendidos por nosso interlocutor.

Em outra perspectiva, pense-se numa obra de arte. Seu significado e sua importância são questões que demandam que compreendamos seu contexto e como ela dialoga com a temporalidade[3]. E assim como uma obra de arte está inserida num dado contexto histórico, a hermenêutica também está. Daí porque quando nos perguntamos sobre "o que é isto – a hermenêutica?", isto é algo que já fazemos dentro de uma determinada tradição[4]. Dito de outro modo, a hermenêutica também está contida pela história-historicidade[5] e compreender seu desenvolvimento é que o se propõe. Sintetizando de forma ainda mais objetiva:

> Na verdade, não é a história que nos pertence mas somos nós que pertencemos a ela. Muito antes de nos compreendermos na reflexão sobre o passado, já nos compreendemos naturalmente na família, na sociedade e no Estado em que vivemos.[6]

Em vista disso, nada mais apropriado do que refletir a partir de uma ideia que conduz a história da hermenêutica. Desde pensadores como Friedrich Schleiermacher, *círculo hermenêutico* é uma expressão que permeia escritos de outras figuras importantes como Wilhelm Dilthey, Martin Heidegger e Hans-Georg Gadamer. Anuindo com Streck[7] e Schmidt[8], tal expressão quer dizer que as partes só podem ser compreendidas a partir da compreensão do todo e que o todo só pode ser compreendido a partir da compreensão das partes. Sendo o movimento da parte para o todo e do todo para a parte aquilo que desvela algum significado.

---

3. *Cf*: GADAMER, Hans-Georg. **A hermenêutica da obra de arte**. São Paulo: WMF Martin Fontes, 2010.
4. OLIVEIRA, Manfredo Araújo de. **Reviravolta linguístico-pragmática na filosofia contemporânea**. 4. ed. São Paulo: Loyola, 2015. p. 201-202.
5. Nota explicativa: importante assinalar que história não é historicidade. Enquanto a primeira é comumente conceituada como resenha ou a narração dos fatos humanos, a historicidade carrega consigo um modo de ser do mundo histórico e da própria história que nem por isso simboliza determinismo, pois como nos esclarecer Grondin "historicidade não é uma limitação, e sim um princípio de compreensão. Nós compreendemos e tendemos para uma verdade, porque somos guiados neste processo por expectativas sensoriais". GRONDIN, Jean. **Introdução à hermenêutica filosófica.** Tradução de Benno Dischinger. São Leopoldo: Editora UNISINOS, 1999. p. 186.
6. GADAMER, Hans-Georg. **Verdade e m**étodo I: traços fundamentais de uma hermenêutica filosófica. Tradução de Flávio Paulo Meurer. 15. ed. Petrópolis: Vozes, 2015. p. 367-368.
7. STEIN, Ernildo; STRECK, Lenio (org.). **Hermenêutica e epistemologia**: 50 anos de verdade e método. Porto Alegre: Livraria do Advogado, 2011. p. 170.
8. SCHMIDT, Lawrence K. **Hermenêutica**. Tradução de Fábio Ribeiro. 3. ed. Petrópolis: Vozes, 2014. p. 16.

Feitas essas observações e considerando que o círculo hermenêutico é um fenômeno inerente a toda e qualquer compreensão[9], a própria hermenêutica não poderia ficar imune. Compreender algo é compreender suas partes e(m) sua totalidade mais abrangente. Mas, também considerando que uma explicação exauriente sobre a história dessa tradição de pensamento seria de todo impossível[10], seu contexto significativo segue (re)construído a partir de um diálogo entre diversos autores que de alguma forma buscaram assentar seus elementos mais essenciais. Diante dessa empreitada e visando trazer alguma ordem para o assunto, toma-se a obra *Hermenêutica Jurídica e(m) Crise*[11] enquanto ponto de partida e entrelaça-se suas reflexões com a de outros autores que se importaram em registrar parte da história da hermenêutica (em especial: Richard Palmer, Jean Grondin e Lawrence K. Schmidt). Ao fim e ao cabo, do respeito para com o círculo hermenêutico é que se segue.

---

9. Nota explicativa: "O círculo hermenêutico é um dos conceitos mais fundamentais e controvertidos da teoria hermenêutica. Em sua forma mais básica na hermenêutica contemporânea, é a ideia que sempre entendemos ou interpretamos a partir de alguns pressupostos. Numa leitura um pouco diferente, que remonta à retórica antiga e à hermenêutica antiga, o círculo é o do todo e suas partes: **só podemos compreender as partes de um texto, ou qualquer corpo de sentido, a partir de uma ideia geral de seu todo, mas só podemos obter essa compreensão do todo compreendendo suas partes**. Em ambas as versões, a ideia básica é a mesma, a saber, que não existe entendimento sem pressupostos. Heidegger falaria aqui da essencial 'estrutura prévia de sentido' do entendimento; Gadamer de 'preconceitos', que podem ser produtivos ou enganosos, uma crítica ideológica de alguma ideologia ou interesses orientadores do conhecimento; enquanto outros falariam do fundo hermenêutico ou estrutura de entendimento, que seria determinado pela cultura, história, linguagem e educação. Como se lida com esses pressupostos é uma questão de disputa. Já uma hermenêutica tradicional, mais metódica, os veria com suspeita e se esforçaria para eliminá-los em nome da objetividade. O objetivo da hermenêutica clássica e metódica era, de fato, evitar o círculo hermenêutico de uma interpretação que seria maculada por suas pressuposições, premissas ou suposições errôneas sobre o todo ou a intenção de uma obra. **Pensadores hermenêuticos como Heidegger, Bultmann, Ricœur e Gadamer veem o círculo hermenêutico mais favoravelmente, pois constitui para eles um elemento inescapável e positivo de compreensão**: como seres finitos e históricos, entendemos porque somos guiados por antecipações, expectativas e perguntas" (grifo nosso, tradução nossa). GRONDIN, Jean. The hermeneutical circle. *In:* KEANE, N.; LAWN, C. **The Blackwell companion to hermeneutics**. Hoboken, N.J.: John Wiley & Sons, 2016. p. 299.

10. Sobre essa impossibilidade: "Levando as implicações deste âmbito mais lato da hermenêutica (enquanto sistema simultaneamente implícito e explícito de interpretação) para uma definição da hermenêutica que se aplique à literatura bíblica e não bíblica, o perímetro da hermenêutica não bíblica torna-se historicamente tão vasto que fica incontrolável. Quem por exemplo poderia pensar em escrever uma história da hermenêutica assim definida? [...] Emilio Betti deu uma contribuição essencial para a apresentação de um cruzamento de várias disciplinas interpretativas numa perspectiva atual de interpretação; no entanto, este esforço passante é apenas uma fração daquilo que uma tal «história da hermenêutica» implicaria". PALMER, Richard. **Hermenêutica**. Tradução de Maria Luísa Ribeiro Ferreira. 2. ed. Lisboa: Edições 70, 2018. p. 59.

11. Levando-se em consideração que o principal objetivo deste trabalho é melhor compreender a Teoria de Streck, escolheu-se utilizar a obra *Hermenêutica Jurídica e(m) Crise* enquanto o fio condutor deste subcapítulo. Em se tratando dos motivos: **(i)** pelo fato de Streck apresentar uma categorização possível de todo o legado da hermenêutica e **(ii)** apreender qual é o local e importância da hermenêutica para a Crítica Hermenêutica do Direito.

Mas antes nos apoiando em Palmer[12] e enfim apresentando um conceito provisório do que é a hermenêutica, podemos conceituá-la como o estudo da compreensão[13].

Tal conceituação será revisitada ao final dessa seção do trabalho e o que vale frisar desde logo é a pretensão da hermenêutica. A saber, juntar duas áreas da teoria da compreensão, isto é, o tema daquilo que está envolvido no fato de compreendermos algo enquanto algo (*como compreendemos?*) e o tema de que é a própria compreensão, no seu sentido mais fundante e existencial (*o que é compreender?*)[14].

Realizando uma categorização possível do legado da hermenêutica, Streck nos aponta que podemos entendê-la a partir de três estágios. Quais sejam, hermenêutica especial (ou hermenêutica clássica); teoria geral da interpretação e hermenêutica fundamental[15]. Feita mais essa observação, tal categorização segue adotada em sua integralidade – ao mesmo tempo que brevemente ampliada. Com efeito, para designar estágios ainda mais primitivos da hermenêutica, este trabalho toma a liberdade de esboçar algumas reflexões sobre aquilo que poderíamos chamar de pré-história da hermenêutica.

Em resumo, vale antecipar o arranjo que conduz as próximas páginas (que segue em cinco atos): cada estágio da hermenêutica será estudado de forma apartada e um balanço geral será apresentado mais ao final. Em consideração a isso, *de onde veio*, *como veio* e *para onde vai a hermenêutica* são algumas das reflexões que o leitor deve ter em mente. Mas sigamos em ordem.

1.1.2 Pré-história da hermenêutica

De forma eminentemente etimológica, hermenêutica é um termo que deita raízes no verbo grego *hermeneuein*. Este, por sua vez, é usualmente traduzido como "interpretar" e de forma substantiva como "in-

---

12. PALMER, *op. cit.*, p. 21.
13. Nota explicativa: trata-se de uma conceituação propositalmente abrangente que de alguma forma coaduna com a leitura que a Crítica Hermenêutica do Direito faz dessa tradição filosófica. Não obstante, importa registrar que existem disputas conceituais sobre o escopo e o cerne desta tradição (disputada registrada no item *1.1.6*).
14. PALMER, Richard. **Hermenêutica**. Tradução de Maria Luísa Ribeiro Ferreira. 2. ed. Lisboa: Edições 70, 2018. p. 24.
15. STRECK, Lenio Luiz. **Hermenêutica jurídica e(m) crise**: uma exploração hermenêutica da construção do direito. 11. ed. Porto Alegre: Livraria do Advogado, 2014. p. 261-303.

terpretação"[16]. A título de exemplo, tome-se o segundo livro do *Orgonon* de Aristóteles. Antes chamado de *Peri hermeneias*, foi traduzido para o latim como *De interpretatione*[17].

Mas para além disso, *hermeneuein* também carregava outras possibilidades significativas. Apoiando-nos em Palmer, seu antigo uso também poderia designar outras três orientações. Sendo elas "1) exprimir em voz alta, ou seja «dizer»; 2) explicar, como quando se explica uma situação, e 3) traduzir, como na tradução de uma língua estrangeira"[18].

Sobre a primeira orientação que implica na atividade de dizer, afirmar ou exprimir, torna-se oportuno apontar que isto relaciona-se com a função anunciadora do deus-mensageiro Hermes[19]. Veja-se: era Hermes quem expressava os desejos dos deuses para os mortais. Tratava-se de um mensageiro a quem os gregos atribuíam a descoberta da linguagem e da escrita. Nesse sentido:

> **(i)** 'A palavra hermenêutica deriva do grego hermeneuein, adquirindo vários significados no curso da história. Por ela, busca-se traduzir para uma linguagem acessível aquilo que não é compreensível. Daí a ideia de Hermes, um mensageiro divino, que transmite – e, portanto, esclarece – o conteúdo da mensagem dos deuses aos mortais. Ao realizar a tarefa de hermeneus, Hermes tornou-se poderoso. Na verdade, nunca se soube o que os deuses disseram; só se soube o que Hermes disse acerca do que os deuses disseram. Trata-se, pois, de uma (inter)mediação. Desse modo, a menos que se acredite na possibilidade de acesso direto às coisas (enfim, à essência das coisas), é na metáfora de Hermes que se localiza toda a complexidade do problema hermenêutico. Trata-se

---

16. PALMER, *op. cit.*, p. 27.
17. GRONDIN, Jean. **Hermenêutica**. Tradução de Marcos Marcionilo. São Paulo: Parábola, 2012. p. 18.
18. PALMER, Richard. **Hermenêutica**. Tradução de Maria Luísa Ribeiro Ferreira. 2. ed. Lisboa: Edições 70, 2018. p. 29.
19. Nota explicativa: "De acordo com a estória, *Hermes* era o 'mensageiro' e intérprete dos Deuses: sua missão era traduzir para linguagem humana, aquilo que era dito em linguagem divina. Assim, *Hermes* não era nem humano, nem divino; encontrava-se numa espécie de meio caminho que o possibilitava transitar pelos dois mundos, pois conhecia ambas as linguagens. Disso, decorre algo importante: *Hermes* não apenas anunciava textualmente a mensagem dos deuses, mas *agia* também como *intérprete*, o que acarreta uma clarificação, num ou noutro aspecto, ou até mesmo um comentário adicional. Assim, a *hermenêutica* tem como tarefa *mostrar* o conteúdo correto de uma palavra, frase, texto etc.; bem como descobrir as instruções que compõem as formas simbólicas através das quais se articula a cultura". OLIVEIRA, Rafael Tomaz de. **Decisão judicial e o conceito de princípio**: a hermenêutica e a (in)determinação do direito. Porto Alegre: Livraria do Advogado, 2008. p. 146.

> de traduzir linguagens e coisas atribuindo-lhes um determinado sentido'[20]
>
> **(ii)** 'Na mitologia, Hermes era um semideus que fazia a intermediação entre os deuses e os mortais. Só que nunca se soube o que os deuses disseram; só se soube o que Hermes disse que os deuses disseram. Outra versão diz que Hermes era um delinquente; nasceu na forquilha de uma árvore e de imediato subtraiu o rebanho do irmão. Para não ser encontrado, amarrou em cada rabo vacuno um galho de árvore. Para apagar os rastros. Dependendo de como se olha, hermenêutica é uma delinquência. Rouba sentidos. Diz o que quer. Dá o drible da vaca. O dilema é: controlar Hermes, para que não vire um ditador'.[21]

Sem maiores digressões, a segunda orientação de *hermeneuein* (que é explicar) dava ênfase ao aspecto discursivo da compreensão, bem como apontava para a dimensão explicativa da interpretação. Muito embora as palavras tenham uma atividade anunciadora, o que essa orientação buscava apontar é que as palavras não se limitavam a dizer algo – elas também explicam, racionalizam e clarificam algo[22].

Partindo para última orientação, *hermeneuein* também poderia significar traduzir. Não obstante, pense-se no ofício do tradutor. Sempre existem dois mundos – o mundo do texto e o mundo do leitor – e em consequência disso, surge a necessidade de alguém traduzir contextos e(m) textos. Em face disso, todo tradutor é como um mediador de mundos: o Brasil de autores como Machado de Assis não é mais o Brasil que existe hoje. Como também o português de sua época não é o mesmo de hoje. Daí porque o bom tradutor é aquele que compreende isso e que consegue situar um mundo passado numa realidade presente. Por tudo isso, traduzir um texto é fazê-lo falar outra língua.

---

20. BARRETO, Vicente de Paulo. **Dicionário de filosofia do direito**. São Leopoldo: Editora Unisinos: Rio de Janeiro, Renovar. 2009. p. 430.
21. STRECK, Lenio Luiz. Hermes e as Forças Armadas: os novos deuses da Constituição? **Consultor Jurídico**, São Paulo, 16 nov. 2022. Disponível em: https://www.conjur.com.br/2022-nov-16/lenio-streck-hermes-forcas-armadas. Acesso em: 30 jul. 2022.
22. PALMER, Richard. **Hermenêutica**. Tradução de Maria Luísa Ribeiro Ferreira. 2. ed. Lisboa: Edições 70, 2018. p. 37.

1.1.3 Hermenêutica especial (ou hermenêutica clássica)

Quase desvanecida pelo tempo, a hermenêutica tornou-se um termo efetivamente utilizado apenas no século XVII. Nesse sentido, foi o teólogo Johann Conrad Dannhauer quem pela primeira vez utilizou a palavra como título de livro. Publicada em 1654, a obra *Hermenêutica sacra sive methodus exponendarum sacrarum litterarum* pode ser apontada como aquela que trouxe o (re)nascimento do termo. Mas veja-se que conquanto a palavra tenha sido empregada de forma inaugural, as operações de exegese textual – religiosa, literária e legal – remontam à antiguidade[23] e daí porque o que Dannhauer nos legou foi a consolidação daquele que talvez seja o sentido mais clássico dessa disciplina, isto é, enquanto um conjunto de métodos interpretativos.

Dando sequência ao legado de Dannhauer, o termo seguiu a tendência de ser empregado como exegese bíblica e foi precisamente o que restou registrado em seu primeiro uso de viés enciclopédico, no ano de 1737[24].

Feita toda essa contextualização, cumpre compreendermos que o termo "hermenêutica" nasceu num contexto muito delimitado temporalmente e que passou por um longo caminho até a sua concepção atual. Diante disso, passou a ser significado como um conjunto de métodos interpretativos que pudessem auxiliar o intérprete a alcançar uma leitura correta de um dado texto. Superando sua pré-história, a hermenêutica passou a propor um conjunto de regras, preceitos ou cânones que permitissem que os textos fossem interpretados adequadamente[25]. Como nos esclarece Streck, eis a que a hermenêutica se propunha:

> estabelecer um conjunto mais ou menos coerente de regras e métodos para se interpretar e compreender corretamente os diversos textos que povoam o cenário cultural humano, seja no âmbito da arte (literatura, poesia etc.), seja no âmbito religioso (na interpretação dos textos sagrados), seja no âmbito jurídico (na interpretação dos textos de leis, decretos, jurisprudências etc.). Desse modo, temos por esboçados os três campos do conhecimento

---

23. *Ibid.*, p. 54-56.
24. Veja-se que "(o) primeiro uso registado do *Oxford English Dictionary* remonta a 1737: «Tomar tais liberdade com as Sagradas Escrituras, que não são de modo algum permitidas por quaisquer regras de uma hermenêutica sóbria e justa»". PALMER, Richard. **Hermenêutica**. Tradução de Maria Luísa Ribeiro Ferreira. 2. ed. Lisboa: Edições 70, 2018. p. 55.
25. GRONDIN, Jean. **Hermenêutica**. Tradução de Marcos Marcionilo. São Paulo: Parábola, 2012. p. 12.

que irão se interessar, de maneira mais direta, pelos problemas hermenêuticos: a) a Filologia; b) a Teologia; c) o Direito.[26]

De forma panorâmica, pode-se afirmar que três foram as nuances da hermenêutica nesse período: **(i)** preocupar-se com a interpretação de obras clássicas (hermenêutica filológica); **(ii)** desenvolver regras para a interpretação correta dos textos sagrados (hermenêutica teológica) e **(iii)** apresentar técnicas interpretativas que fossem capazes de alcançar uma interpretação correta do Direito (hermenêutica jurídica ou legal).

Numa última palavra, uma configuração não unitária dos estudos hermenêuticos foi o traço mais fundamental deste período. Em razão de funcionarem como uma disciplina especial para interpretação de textos (sejam eles clássicos, bíblicos ou jurídicos), eis porque englobadas por aquilo que Streck denomina hermenêutica especial: funcionavam como uma disciplina específica para interpretação de textos para cada um destes campos do conhecimento[27].

1.1.4 Teoria geral da interpretação

Dando um passo fundamental para a consolidação da tradição hermenêutica, Friedrich Daniel Ernst Schleiermacher (1768-1834) foi o corifeu deste estágio. Filólogo, teólogo, filósofo e teórico da hermenêutica, Schleiermacher foi quem unificou as várias teorias hermenêuticas (antes específicas) sob o baluarte de uma hermenêutica universal[28]. No limite, a palavra-chave para que compreendamos sua obra é *unificação* e daí porque o que estamos a falar é de uma Teoria Geral da Interpretação.

Assim, procurando unificar as disciplinas particulares que compunham o cenário hermenêutico de sua época (jurídico-legal, bíblico e filológico), Schleiermacher foi o proponente do entendimento da hermenêutica como ciência ou arte da compreensão[29]. Considerando que essa concepção marcou o começo de uma hermenêutica não disciplinar

26. STRECK, Lenio Luiz. **Hermenêutica jurídica e(m) crise**: uma exploração hermenêutica da construção do direito. 11. ed. Porto Alegre: Livraria do Advogado, 2014. p. 262.
27. STRECK, Lenio Luiz. **Hermenêutica jurídica e(m) crise**: uma exploração hermenêutica da construção do direito. 11. ed. Porto Alegre: Livraria do Advogado, 2014. p. 265.
28. PALMER, Richard. **Hermenêutica.** Tradução de Maria Luísa Ribeiro Ferreira. 2. ed. Lisboa: Edições 70, 2018. p. 19.
29. ***Cf:*** SCHLEIERMACHER, Friedrich D. E., **Hermenêutica**: arte e técnica da interpretação. Tradução de Celso Reni Braida. 10. ed. Petrópolis: Vozes, 2015.

(no sentido de não ser específica), foi a partir daqui que a hermenêutica passou a definir a si mesma como o estudo da sua própria compreensão.

Em uma tentativa de apontar os traços mais fundamentais de seu pensamento, podemos dizer que os estudos de Schleiermacher carregavam o ideal exegético de reconstruir o sentido original de um determinado texto[30]. Nesse sentido, seu objetivo era compreender um determinado enunciado tão bem ou até melhor que o escritor[31]. Para tanto, reconstruindo o processo criativo mediante uma interpretação gramatical e psicológica. Se em um primeiro momento a interpretação gramatical visava compreender a linguagem compartilhada entre autor-leitor, bem como precisar o sentido da palavra a partir do seu uso contexto[32], em um segundo, a interpretação psicológica visava complementar o primeiro procedimento a partir da compreensão do que pensava o autor e como seus pensamentos eram expressos no texto[33].

Para além da ingênua pretensão de explicar toda a trajetória deste autor, algumas últimas observações precisam ser assentadas antes de seguirmos: **(i)** embora Schleiermacher seja uma figura importante no contexto da afirmação da hermenêutica como teoria geral da interpretação, sua obra ainda situa a hermenêutica enquanto um apêndice com relação aos seus interesses preponderantes (religião e política)[34]; **(ii)** em razão da sua proximidade com o iluminismo alemão, foi pela vida do método que o autor se propôs a unificar as diversas disciplinas da hermenêutica[35] e **(iii)** "a universalidade da hermenêutica estaria garantida pelo método: era uma universalidade procedimental"[36].

Realizando mais um passo importante rumo a consolidação da tradição hermenêutica, Wilhelm Dilthey (1833-1911) foi tanto um grande conhecedor da obra de Schleiermacher quanto um reconfigurador dos seus caminhos[37]. Mesmo que tenha seguido seu predecessor no que diz

---

30. *Ibid.*, p. 7.
31. *Ibid.*, p. 69.
32. *Ibid.*, p. 70 e seg.
33. SCHMIDT, Lawrence K. **Hermenêutica**. Tradução de Fábio Ribeiro. 3. ed. Petrópolis: Vozes, 2014. p. 25-49.
34. STRECK, Lenio Luiz. **Hermenêutica jurídica e(m) crise**: uma exploração hermenêutica da construção do direito. 11. ed. Porto Alegre: Livraria do Advogado, 2014. p. 266.
35. *Ibid.*, p. 267.
36. *Ibid.*, p. 268.
37. Nas palavras de Streck: "Dilthey irá se apropriar dos elementos desenvolvidos por Schleiermacher para construir o seu projeto hermenêutico. Continua ele perfilando as trilhas abertas pela teoria geral da interpretação. Mas torna mais difuso e abrangente o campo de análises da hermenêutica. Schleiermacher havia situado em torno de duas individualidades o seu programa interpretativo: o autor e o intérprete. Dilthey, por sua vez, coloca o intérprete como ator do processo histórico e desloca

respeito à dimensão conteudística da hermenêutica (ainda vista como uma ciência da compreensão), Dilthey muda sua abordagem. Agora, sua tarefa seria a de demonstrar como podemos alcançar uma compreensão objetivamente válida nas ciências humanas[38]. No que diz respeito ao pensamento do autor, pode-se afirmar que "se a hermenêutica se inclina sobre as regras e os métodos das ciências do entendimento, ela poderia servir de fundamento metodológico a todas as ciências humanas"[39].

Em sua época, Dilthey combatia dois oponentes. O positivismo empírico de autores como Augusto Comte e John Stuart Mill; que por sua vez desacreditava na possibilidade de as ciências humanas serem capazes de adotar qualquer metodologia que não fosse aquela já aplicada pelas ciências naturais. Como também combatia a "metafísica da história" da filosofia idealista; que por sua vez pretendia condicionar o curso da história às exigências do seu sistema filosófico.

Diante desse contexto, Grondin nos explica que Dilthey travou uma batalha que carrega similaridades com aquela encampada por Immanuel Kant. Enquanto este lutará contra o ceticismo empírico de David Hume e contra a metafísica visionária, Dilthey, por sua vez, pretendia "conduzir o navio da razão histórica por entre os dois escolhos do positivismo e do idealismo"[40]. Nas palavras deste último:

> A hermenêutica deve fundamentar teoreticamente a validade universal da interpretação – sobre a qual se baseia toda a certeza da história – em contraposição à contínua invasão da arbitrariedade romântica e da subjetividade cética no âmbito da história. Concebida na conjunção entre teoria do conhecimento, lógica e metodologia das ciências humanas, esta teoria da interpretação se torna um importante elo de ligação entre a filosofia e as ciências históricas, ela se torna um elemento principal para a fundamentação das ciências humanas.[41]

---

a tarefa interpretativa para a compreensão do todo da própria história, vale dizer, das vivências que, juntas, compõem o fluxo histórico. Assim, a tarefa será reconstruir não o nexo de individualidades, mas, sim, o nexo de vivências". *Ibid.*, p. 269.

38. ***Cf:*** DILTHEY, Wilhelm. **Introdução às ciências humanas**: tentativa de uma fundamentação para o estudo da sociedade e da história. Tradução de Marco Antônio Casanova. Rio de Janeiro: Forense Universitária, 2010.
39. GRONDIN, Jean. **Hermenêutica.** Tradução de Marcos Marcionilo. São Paulo: Parábola, 2012. p. 13.
40. GRONDIN, Jean. **Hermenêutica.** Tradução de Marcos Marcionilo. São Paulo: Parábola, 2012. p. 33.
41. DILTHEY, Wilhelm. O surgimento da hermenêutica. Numen: **Revista de Estudos e Pesquisa da Religião**, Juiz de Fora, v. 2, n. 1, p. 11-32, 1999.

Em breves palavras, Dilthey defendia a tese de que qualquer ato interpretativo das expressões essenciais da vida humana (seja ela o domínio das leis, da literatura ou das escrituras) é necessariamente um ato de compreensão histórica[42]. Ao passo que a hermenêutica seria a condição de possibilidade dessa compreensão. No limite, sendo por isso um autor importante: foi Dilthey quem alargou o horizonte da hermenêutica – colocando-a no contexto da interpretação dos estudos humanísticos e no horizonte da historicidade[43].

Concluindo este trecho, cumpre dizer que nem tudo são louros. Pois onde há luz, há escuridão. Conquanto o pensamento de Dilthey seja de fato muito importante para o desenvolvimento ulterior da hermenêutica e mesmo que sua concepção tenha avançado para um sentido mais intersubjetivo, Streck nos aponta que o apego de Dilthey aos elementos procedimentais de Schleiermacher o levou a afirmar a compreensão como um acessório. E mesmo que este ponto fique mais claro a partir do próximo item, vale salientar desde logo que seu "erro" foi o de defender a compreensão enquanto um instrumental para o sujeito analisar a história[44].

1.1.5 Hermenêutica fundamental (ou de como surgiu o paradigma hermenêutico)

Tendo em vista que este trabalho até então apresentou os elementos mais essenciais de autores como Dannhauer, Schleiermacher e Dilthey, importa assinalar que essa tarefa não pode mais ser realizada para autores do porte de Martin Heidegger e de Hans-Georg Gadamer. Considerando por um lado a complexidade de suas obras e, por outro, o extenso legado que Heidegger e Gadamer nos deixaram, segue-se com o esclarecimento do valor desse legado e da sua influência para o pensamento jurídico contemporâneo[45]. Aos mais interessados, oportuno dizer que fartas ob-

---

42. PALMER, Richard. **Hermenêutica**. Tradução de Maria Luísa Ribeiro Ferreira. 2. ed. Lisboa: Edições 70, 2018. p. 63.
43. *Ibid.*, p. 165-168.
44. STRECK, Lenio Luiz. **Hermenêutica jurídica e(m) crise**: uma exploração hermenêutica da construção do direito. 11. ed. Porto Alegre: Livraria do Advogado, 2014. p. 271.
45. Importante frisar que este trabalho não tem a pretensão de substituir a explicação de Streck sobre Heidegger, Gadamer ou quaisquer outros assuntos. Na realidade, tem-se a Crítica Hermenêutica do Direito enquanto tema e daí porque seus contornos é o que se procura explicar. Nesse sentido, termos eminentemente hermenêuticos seguem dissertados na medida do necessário. A título de exemplo: "giro ontológico-linguístico", "(pré-)compreensão", "abordagem fenomenológica", "ser-no-mundo" e "metafísica clássica/moderna" seguem utilizados ao mesmo tempo que outros termos como "fusão de horizontes", "*applicatio*", "dasein" e "diferença ontológica" deixam de ser empregados. Sobre estes últimos, recomenda-se a leitura do Dicionário de Hermenêutica de Streck, bem como as obras do

servações e recomendações de leitura seguem em notas de rodapé. Mas antes vejamos o que precisa ser compreendido.

Martin Heidegger (1889-1976) foi um pensador alemão que inaugurou aquilo que a história do pensamento passou a denominar como *filosofia hermenêutica*. Apoiando-se na abordagem fenomenológica de Edmund Husserl[46], teve *Ser e Tempo* como sua *magnum opus* e trata-se de um autor que reconfigurou a tradição hermenêutica de forma até então sem precedentes. Em ruptura com a hermenêutica clássica e metodológica que tinha por escopo o estudo da compreensão adequada de textos, Heidegger trilhou um caminho diferente no sentido de procurar compreender o que é própria a própria existência[47] e apreender disso como o fenômeno de existirmos enquanto ser-no-mundo[48] nos torna condenados a interpretar[49]. E em virtude dessa problematização filosófica, daí porque do caráter substantivo da filosofia. Filosofia e hermenêutica tornam-se questões indissociáveis daqui em diante.

Traduzindo em outros termos a reflexão acima descrita, Heidegger foi o inaugurador de uma nova forma de compreender a hermenêutica. Se antes a interpretação era vista como um instrumento, agora ela passou a ser problematizada na sua dimensão mais existencial[50]. Nesse sentido, outra forma de compreendermos essa mudança é entender que a hermenêutica alcança à sua dimensão mais autêntica quando deixamos

---

filósofo Ernildo Stein. Ademais, também a leitura dos clássicos de Heidegger e Gadamer (a seguir citados).

46. Nota explicativa: "A fenomenologia afirma que a filosofia precisa começar descrevendo cuidadosamente a experiência sem incorporar nenhuma pressuposição sobre o significado dessa experiência. A máxima de Husserl, 'Para as coisas em si!' significa que a filosofia precisa voltar para uma descrição pura das coisas em si como elas são experimentadas. Seu exemplo famoso é andar ao redor de uma mesa. De cada posição, experimentamos apenas uma perspectiva particular da mesa. Nós nunca vemos a mesa inteira, ainda que na experiência tenhamos também consciência da mesa inteira. Para explicar este fenômeno, Husserl afirma que já que a consciência sempre é consciência de alguma coisa, e nós temos consciência da mesa inteira, esta percepção da mesa inteira precisa ser um ato da consciência em si mesma". SCHMIDT, Lawrence K. **Hermenêutica**. Tradução de Fábio Ribeiro. 3. ed. Petrópolis: Vozes, 2014. p. 79.

47. GRONDIN, Jean. **Hermenêutica**. Tradução de Marcos Marcionilo. São Paulo: Parábola, 2012. p. 14.

48. Explicando o uso do hífen: assim como fazia Martin Heidegger, faz-se uso desse artifício explicitar que o ser humano não pode se desvencilhar do mundo para tentar conceituá-lo ou interpretá-lo. Pois desde sempre estamos inseridos nele.

49. ***Cf***: STRECK, Lenio Luiz. Estamos condenados a interpretar. **Estadão**. Estado da Arte, São Paulo, 27 maio 2020. Disponível em: https://estadodaarte.estadao.com.br/hermeneutica-juridica-streck/. Acesso em: 30 set. 2022.

50. ***Cf***: STEIN, Ernildo. **Introdução ao pensamento de Martin Heidegger**. Porto Alegre: EDIPUCRS, 2002.

de vê-la como um mero conjunto de artifícios e técnicas[51]. Ilustrando em exemplo:

> desde que acordamos de manhã até que adormecemos, estamos condenados a «interpretar». Ao acordar, olhamos para o despertador e interpretamos o seu significado: lembramos em que dia estamos e ao compreender o significado desse dia estamo-nos já a lembrar do modo como nos situamos no mundo e dos planos de futuro que temos; levantamo-nos e temos que interpretar as palavras e os gestos das pessoas com que contactamos na nossa vida diária. A interpretação é, portanto, talvez o ato essencial do pensamento humano; na verdade, o próprio facto de existir pode ser considerado como um processo constante de interpretação.[52]

Veja-se, então, que interpretar é uma categoria existencial e isto é fundamental[53]. Por influência disso, três foram as principais mudanças hermenêuticas articuladas por Heidegger[54]:

a) sua mudança de objeto: antes incidindo sobre textos ou sobre as ciências interpretativas *lato sensu*, passou a incidir sobre a própria existência;
b) sua mudança de vocação: antes tendo uma função eminentemente técnica, normativa ou metodológica, passou a ter uma função autenticamente fenomenológica;
c) sua mudança de estatuto: antes sendo uma reflexão sobre a interpretação (ou seus métodos), passou a realizar exame verdadeiramente filosófico.

Nessa senda, vale apontar que isto não foi tão somente uma mudança interna na hermenêutica. A partir de Heidegger, estabeleceu-se uma terceira cadeira que se coloca entre a metafísica clássica (como se o sentido das coisas estivesse nelas mesmas) e a metafísica moderna (como se o sentido das coisas estivesse à disposição do intérprete)[55].

---

51. PALMER, Richard. **Hermenêutica**. Tradução de Maria Luísa Ribeiro Ferreira. 2. ed. Lisboa: Edições 70, 2018. p. 21.
52. *Ibid.*, p. 22.
53. HEIDEGGER, Martin. **Ser e tempo**. Tradução de Fausto Castilho. Campinas: Editora da Unicamp; Petrópolis: Vozes, 2012. p. 515-535 (§ 40).
54. GRONDIN, Jean. **Hermenêutica**. Tradução de Marcos Marcionilo. São Paulo: Parábola, 2012. p. 40.
55. STRECK, Lenio Luiz. **Dicionário de hermenêutica**: 50 verbetes fundamentais da teoria do direito à luz da crítica hermenêutica do direito. 2. ed. Belo Horizonte: Casa do Direito, 2020b. p. 115.

Aos não iniciados nas sinuosidades dessa reflexão filosófica, cumpre esclarecer: o que o parágrafo anterior quis dizer é que a hermenêutica fundamental inaugurada por Heidegger representou uma mudança paradigmática dentro da filosofia.

Dito de outro modo, existem princípios organizadores do nosso processo de conhecimento que se traduzem num verdadeiro vetor da nossa racionalidade (os paradigmas filosóficos)[56] que antes de Heidegger eram predominantemente pautados pela relação objeto-sujeito ou sujeito-objeto. Por um lado, a metafísica clássica[57] e por outro a metafísica moderna[58]. Seja pela prevalência do objeto sobre o sujeito (metafísica clássica) ou do sujeito sobre o objeto (metafísica moderna), ambos os paradigmas admitiam a ideia de que a linguagem seria um instrumento.

Finalmente, Heidegger nos apresenta um novo arranjo para essa conjuntura: uma relação sujeito-sujeito, isto é, uma que se dá no âmbito de uma intersubjetividade. Nesse contexto, a linguagem passou a se tornar condição de possibilidade de acesso ao mundo (*a linguagem é a morada do ser*, dirá Heidegger[59]) e a compreensão tornou-se um elemento central para a filosofia.

Aprofundando, oportuno apontar que a hermenêutica fundamental se encontra inserida dentro daquilo que a história do pensamento passou a denominar como giro ontológico-linguístico[60]. Em vista disso, o sujeito deixou de ser o fundamento do conhecimento em razão da primazia que noções como intersubjetividade e compreensão passaram a ter. Antes do sujeito, existe algo e esse algo é a compreensão que necessariamente nos interpela.

---

56. STEIN, Ernildo. **Exercícios de fenomenologia**: limites de um paradigma. 1. ed. Ijuí: Unijuí, 2004. p. 126-128 e 156-161.
57. Outra designação possível: paradigma aristotélico-tomista.
58. Outra designação possível: filosofia da consciência.
59. HEIDEGGER, Martin. **Marcas do caminho**. Tradução de Enio Paulo Giachini e Ernildo Stein. Petrópolis, RJ: Vozes, 2008. p. 326.
60. Nota explicativa sobre o conceito de giro ontológico-linguístico: "Com o giro ontológico-linguístico, o sujeito não é mais o fundamento do conhecimento. Ele não mais é o senhor dos sentidos. A partir da virada hermenêutica, estamos em um mundo no qual quando perguntamos sobre como o compreendemos, já chegamos tarde para responder a essa indagação com um fundamento último. Já estamos desde sempre em um mundo que se antecipa ao momento em que teorizamos sobre como o compreendemos [...] Não nos relacionamos diretamente com os objetos, mas com a linguagem, que é a condição de possibilidade desse relacionamento". STRECK, Lenio Luiz. **Dicionário de hermenêutica**: 50 verbetes fundamentais da teoria do direito à luz da crítica hermenêutica do direito. 2. ed. Belo Horizonte: Casa do Direito, 2020b. p. 125.

Hermeneuticamente falando, o sentido das coisas deixa de ser produto da metafísica – seja ela clássica ou moderna. Nos dizeres de Streck, "a hermenêutica não é uma verdade empírica, nem uma verdade absoluta – é uma verdade que se estabelece dentro das condições humanas do discurso e da linguagem"[61]. Já no plano do conhecimento (jurídico), por exemplo, rompe-se com o processo de entificação dos sentidos (como se fossem uma coisa). Numa última passagem:

> enquanto a dogmática jurídica tenta explicar o Direito a partir da ideia de que o ser (o sentido) é um ente (isto é, como se o conceito de 'coisa julgada' ou 'legítima defesa' fosse um ente apreensível como ente), a partir de Heidegger é possível mostrar que há uma clivagem entre nós e o mundo, porque nunca atingimos o mundo dos objetos de maneira direta, mas, sim, sempre pelo discurso.[62]

Para dizer o essencial, há de se concluir que o sujeito do conhecimento é posterior ao sujeito existente e daí porque de sempre haver uma antecipação de sentido que se encontra imbricado ao fenômeno linguístico e compreensivo. No final das contas, portanto, a compressão não é produto da interpretação, mas antes a sua matéria-prima. Numa palavra, compreendemos para interpretar e não o contrário.

Assentando o que precisa ser assentado: interpretação e compreensão não são termos sinônimos, pois toda interpretação se funda numa compreensão. Veja-se que, bem por isso, há um fenômeno antecedente. Já sobre esse fenômeno antecedente que é a pré-compreensão, a *filosofia hermenêutica* nos aponta que existe uma estrutura prévia de sentido – pautada por aquilo que Heidegger denomina **(i)** posição prévia, **(ii)** visão prévia e **(iii)** concepção prévia[63]. Tudo isso o que, grosso modo, traduz a ideia de que o sentido das coisas não está à nossa disposição (pois existem elementos que nos constrangem) e que o sentido das coisas também não está nelas mesmas (pois sua essência não pode ser acessada – em razão do fato de sempre estarmos a interpretar). Quer seja essa uma verdade incômoda, o horizonte do sentido é dado pela compreensão[64] e note-se, portanto, que a "tese heideggeriana diz que o sujeito do conhecimento

---

61. *Ibid.*, p. 115.
62. *Ibid.*, p. 240.
63. HEIDEGGER, Martin. **Ser e tempo**. Tradução de Fausto Castilho. Campinas: Editora da Unicamp; Petrópolis: Vozes, 2012. p. 421-434 (§ 32).
64. ***Cf*: (i)** STEIN, Ernildo. **Aproximações sobre hermenêutica**. 2. ed. Porto Alegre: Edipucrs, 2002. p. 48 e seguintes. **(ii)** STEIN, Ernildo. **Compreensão e finitude**: estrutura e movimento da interrogação heideggeriana. 2. ed. Ijuí: Ed. Unijuí, 2016.

é posterior ao sujeito existente. Sempre há uma antecipação de sentido. A pré-compreensão é o marco fundamental para esse entendimento"[65].

Discípulo de Heidegger, Gadamer (1900-2002) foi mais um importante filósofo alemão do século XX e um pensador que trouxe uma tessitura ainda mais densa para a tradição hermenêutica. Apropriando-se nas conquistas heideggerianas acima referidas, Gadamer encontrou espaço para edificar aquilo que passou a ser conhecido como *hermenêutica filosófica* e teve *Verdade e Método* como sua grande obra.

Situando sua produção dentro do problema hermenêutico, Gadamer procura investigar o fenômeno da compreensão e a maneira correta de se interpretar o compreendido. Nas palavras do autor:

> Procuro demonstrar aquilo que é comum a todas as maneiras de compreender e mostrar que a compreensão jamais é um comportamento subjetivo frente a um 'objeto' dado, mas pertence à história efeitual, e isto significa, pertence ao ser daquilo que é compreendido.[66]

Por tudo isso, Oliveira tem razão ao afirmar que o que Gadamer nos quer apresentar não é um conjunto de cânones interpretativos ou mesmo uma nova fundamentação para as ciências do espírito, pois interessa-lhe demonstrar como é possível compreender[67] e, retomando Gadamer, "o que está em questão não é o que fazemos, o que deveríamos fazer, mas o que nos acontece além do nosso querer e do nosso fazer"[68].

Sobre essa mesma questão e a examinando, Oliveira nos aponta que compreender adequadamente jamais será uma atividade subjetiva. Isso porque:

> **(i)** 'compreendemos e buscamos a verdade a partir das expectativas de sentido que nos dirigem e provêm da nossa **tradição** específica [...] Onde quer que compreendamos algo, nós só o fazemos a

65. STRECK, Lenio Luiz. **Dicionário de hermenêutica**: 50 verbetes fundamentais da teoria do direito à luz da crítica hermenêutica do direito. 2. ed. Belo Horizonte: Casa do Direito, 2020b. p. 39.
66. GADAMER, Hans-Georg. **Verdade e método I**: traços fundamentais de uma hermenêutica filosófica. Tradução de Flávio Paulo Meurer. 15. ed. Petrópolis: Vozes, 2015. p. 29.
67. ABBOUD, Georges; CARNIO, Henrique Garbellini; OLIVEIRA, Rafael Tomaz de. **Introdução ao direito**: teoria, filosofia e sociologia do direito. 6. ed. São Paulo: Revista dos Tribunais, 2021. p. 581.
68. GADAMER, Hans-Georg. **Verdade e método I**: traços fundamentais de uma hermenêutica filosófica. Tradução de Flávio Paulo Meurer. 15. ed. Petrópolis: Vozes, 2015. p. 14.

partir do horizonte de uma **tradição** de sentido, que nos marca e precisamente torna essa compreensão possível'[69] (grifo nosso);

(ii) 'a hermenêutica desvela a mediação histórica tanto como objeto da compreensão como da própria situacionalidade do que compreende. Nesse sentido, só uma reflexão que descobre sua própria **historicidade** pode se dizer verdadeiramente crítica'[70] (grifo nosso);

(iii) 'Toda compreensão se faz no seio da **linguagem**, e isso nada mais é do que a concretização da consciência da influência da história'[71] (grifo nosso).

Explicando a razão de ser dessas três citações diretas, escolheu-se usá-las e destacá-las para explicitar o essencial: Gadamer supera a filosofia da subjetividade a partir da constatação de que pré-existem uma série de elementos que estão sempre condicionando o fenômeno compreensivo. Dentre eles a tradição[72], a historicidade[73] e a linguagem[74].

Ser que pode ser compreendido é linguagem, dirá Gadamer[75]. E é a partir dessa máxima que podemos verdadeiramente entender que a

---

69. OLIVEIRA, Manfredo Araújo de. **Reviravolta linguístico-pragmática na filosofia contemporânea.** 4. ed. São Paulo: Loyola, 2015. p. 228.
70. *Ibid.*, p. 230-231.
71. *Ibid.*, p. 233.
72. Nota explicativa: "A primazia da tradição traz à tona a maneira pela qual nossa identidade está enredada em um contexto histórico mais amplo que molda e sustenta nosso senso cotidiano das coisas. Por conseguinte, não sendo a nossa relação com o passado algo limitador – como se fosse algo que precisamos superar para alcançar uma visão sem pressuposições das coisas. Pelo contrário, nas palavras de Gadamer, 'nossa relação habitual com o passado não se caracteriza pelo distanciamento e libertação da tradição. Em vez disso, estamos sempre situados dentro das tradições, e isso não é um processo de objetificação – ou seja, não concebemos o que a tradição diz como algo diferente, algo estranho. É sempre parte de nós, um modelo ou exemplar.' (TM 282). Dada essa imagem, não há papel a ser desempenhado pelas antigas concepções de 'substâncias' reverenciadas pela filosofia ocidental, incluindo entidades estáticas como 'mente' e 'corpo'. Em seu lugar, há o 'assunto em mãos' (*die Sache*) que está dinamicamente em jogo *entre nós*, o tópico que importa, o que conta para *nós*. Nosso ser, o ser dos interlocutores que buscam o acordo por uma fusão de horizontes, é derivado desse *Sache*". (tradução nossa). GUIGNON, Charles. Identity, history, tradition. *In:* KEANE, N.; LAWN, C. **The Blackwell companion to hermeneutics.** Hoboken, N.J.: John Wiley & Sons, 2016. p. 138.
73. Nota explicativa: "Gadamer, na sequência de Heidegger, orienta seu pensamento para a questão mais filosófica do que é a interpretação em si mesma; defende um modo igualmente convincente que a compreensão é um ato histórico e que como tal está sempre relacionada com o presente. Sustenta que é ingénuo falarmos de «interpretações objetivamente válidas», pois fazê-lo implicaria ser possível uma compreensão que partisse de um ponto de vista exterior à história". PALMER, Richard. **Hermenêutica.** Tradução de Maria Luísa Ribeiro Ferreira. 2. ed. Lisboa: Edições 70, 2018. p. 70.
74. Nota explicativa: "«O fenómeno primário no domínio *da* compreensão não é a compreensão da linguagem mas a compreensão *através* da linguagem»". GERHARD, Ebeling. **Word and faith.** Tradução de James W. Leitch. Philadelphia: Fortress Press, 1963. p. 313 *apud* PALMER, *op. cit.*, p. 78.
75. GADAMER, Hans-Georg. **Verdade e método I:** traços fundamentais de uma hermenêutica filosófica. Tradução de Flávio Paulo Meurer. 15. ed. Petrópolis: Vozes, 2015. p. 23, 24 e 687.

"linguagem é o que está dado e, portanto, não pode ser produto de um sujeito solipsista (*Selbstsüchtiger*), que constrói o seu próprio objeto de conhecimento"[76]. Já em atenção aos ensinamentos do mestre alemão, essa máxima não significa o domínio absoluto daquele que compreende sobre o ser, mas pelo contrário: diz que o sentido não é experimentado onde algo possa ser construído por nossas próprias mãos e que nessa medida pudesse ser concebido por nós mesmos[77]. Por tudo isso, oportuno frisar, repetir e reforçar: o sentido das coisas não está à nossa disposição.

Diante desse contexto e por mais que tão breves palavras acima registradas sejam de fato insuficientes para demonstrar toda a profundidade do legado gadameriano, retoma-se o ponto de que este não é o objetivo deste trabalho. Daí porque da escolha de ter-se realizado uma breve exposição do peso paradigmático deste autor. Gadamer ou Heidegger jamais poderiam ser resumidos em algumas páginas e espera-se que o leitor possa ter compreendido o essencial: são autores que propuseram um arcabouço filosófico-conceitual capaz de jogar luz ao fato de que jamais haverá um grau zero de sentido, pois sempre partimos de algum lugar[78]. Isto é fundamental e talvez seja este o firmamento para tudo que se segue.

Numa última tentativa de esclarecer todo o exposto, ninguém melhor do que o autor em discussão. Gadamer com palavra:

> Quem quiser compreender um texto deverá sempre realizar um projeto. Ele projeta de antemão um sentido do todo, tão logo se mostre um primeiro sentido no texto. Esse primeiro sentido se mostra porque lemos o texto já sempre com certas expectativas, na perspectiva de um determinado sentido. A compreensão daquilo que está no texto consiste na elaboração desse projeto prévio, que sofre uma constante revisão à medida que aprofunda e amplia o sentido do texto. Essa descrição é, de certo, um resumo grosseiro: o processo descrito por Heidegger de que cada revisão do projeto prévio pode lançar um outro projeto de sentido; que projetos conflitantes podem posicionar-se lado a lado na elaboração, até que se confirme de modo mais unívoco a unidade de sentido; que **a interpretação começa com conceitos prévios substituídos depois por conceitos mais adequados**. Em suma, esse constante projetar

---

76. STRECK, Lenio Luiz. **Hermenêutica jurídica e(m) crise**: uma exploração hermenêutica da construção do direito. 11. ed. Porto Alegre: Livraria do Advogado, 2014. p. 256.

77. GADAMER, *op. cit.*, p. 23.

78. STRECK, Lenio Luiz. **Dicionário de hermenêutica**: 50 verbetes fundamentais da teoria do direito à luz da crítica hermenêutica do direito. 2. ed. Belo Horizonte: Casa do Direito, 2020b. p. 363.

> de novo é o que perfaz o movimento semântico de compreender e de interpretar. Quem procura compreender está sujeito a errar por causa das opiniões prévias, que não se confirmam nas coisas elas mesmas. Dessa forma, **a constante tarefa do compreender consiste em elaborar projetos corretos, adequados às coisas, isto é, ousar hipóteses que só devem ser confirmadas 'nas coisas elas mesmas'**. Aqui não há outra 'objetividade' além da elaboração da opinião prévia a ser confirmada. Faz sentido afirmar que **o intérprete não vai diretamente ao 'texto', a partir da opinião prévia pronta e instalada nele. Ao contrário, põe à prova, de maneira expressa, a opinião prévia instalada nele a fim de comprovar sua legitimidade, o que significa, sua origem e sua validade**[79] (grifo nosso).

Em síntese: **(i)** Quando compreendemos, isto acontece a partir das expectativas de sentido que nos dirigem e que provêm da tradição (entrega de algo), **(ii)** essa tradição não está à nossa disposição, pois antes de estar sob nosso poder, nós é que estamos sujeitos a ela, **(iii)** a compreensão não é uma transposição do mundo interior do sujeito ou mesmo uma recriação das suas vivências da mente, pois é na verdade uma elaboração projetos corretos e adequados às "coisas mesmas" e **(iv)** compreender é participar num sentido compartilhado que encontra-se condicionado pela linguagem, pela tradição e pela historicidade.

1.1.6 Um breve balanço sobre a hermenêutica contemporânea

Diante de tudo que foi sendo colocado, resta dizer que a hermenêutica e seus estágios até aqui abordados encontram-se interrelacionados e não raras vezes também sobrepostos. Mas veja-se: isto de forma alguma quer dizer que são iguais.

Acompanhando seu desenvolvimento histórico, tornou-se possível perceber que sua proposta originalmente metodológica foi rompida pelos autores da hermenêutica fundamental. Antes havendo um conjunto de teorizações que visavam compor algum cânone interpretativo, eis que a *filosofia hermenêutica* de Heidegger e a *hermenêutica filosófica* de Gadamer nos trouxeram uma preocupação eminentemente paradigmática para a hermenêutica. Dito de outra forma: de um projeto metodológico que foi sendo (re)pensado por ocasião de novos contextos (tendo função

79. GADAMER, Hans-Georg. **Verdade e método II:** complementos e índice. Tradução de Ênio Paulo Giachini. 6. ed. Petrópolis: Vozes, 2011. p. 75.

instrumental), tornou-se uma nova forma de pensar a próprio conhecimento (adquirindo uma função estruturante).

Enfim retomando àquela conceituação provisória de hermenêutica como o estudo da compreensão, creio que podemos expandi-la. Nesse sentido, a hermenêutica pode ser conceituada como um estudo da compreensão que, por sua vez, coloca em foco ou um aspecto metodológico ou uma exploração filosófica da própria compreensão. Ilustrando essa distinção a partir de Gadamer:

> O sentido de minhas investigações não é oferecer uma teoria geral da interpretação e uma doutrina que diferencia seus métodos, como fez magistralmente E. Betti. Procuro demonstrar aquilo que é comum a todas as maneiras de compreender e mostrar que a compreensão jamais é um comportamento subjetivo frente a um 'objeto' dado, mas frente à história efeitual, e isto significa, pertence ao ser daquilo que é compreendido.[80]

Portanto, então, duas são as formas de encarar a hermenêutica. Por um lado, como um corpo geral de princípios metodológicos que subjazem a interpretação (sendo Betti o seu representante moderno[81]). Mas por outro, como uma exploração filosófica das características e dos requisitos inerentes a toda compreensão (sendo Heidegger e Gadamer seus principais representantes)[82]. Já no contexto brasileiro e na condição de mantenedor do paradigma hermenêutico, Streck[83].

Ante o exposto e em que pese essa distinção, retomo o ponto de que a *hermenêutica alcança à sua dimensão mais autêntica quando deixa de ser um conjunto de artifícios e técnicas*. Com efeito, acompanha-se Stein quando da defesa do autor de que a hermenêutica já se tornou um paradigma filosófico[84], bem como Streck quando da defesa do autor de que o Direito não está imune a essas rupturas paradigmáticas e aos avanços da

---

80. GADAMER, Hans-Georg. **Verdade e método I**: traços fundamentais de uma hermenêutica filosófica. Tradução de Flávio Paulo Meurer. 15. ed. Petrópolis: Vozes, 2015. p. 18.
81. *Cf*: BETTI, Emilio. **Interpretação da lei e dos atos jurídicos**. São Paulo: Martins Fontes, 2007.
82. PALMER, Richard. **Hermenêutica**. Tradução de Maria Luísa Ribeiro Ferreira. 2. ed. Lisboa: Edições 70, 2018. p. 69.
83. TRINDADE, André Karam; OLIVEIRA, Rafael Tomaz de. Crítica hermenêutica do direito: do quadro referencial teórico à articulação de uma posição filosófica sobre o direito. **Revista de Estudos Constitucionais, Hermenêutica e Teoria do Direito (RECHTD)**, São Leopoldo, v. 9, ano 3, p. 311-326, set./dez. 2017.
84. STEIN, Ernildo. **A caminho do paradigma hermenêutico**: ensaios e conferências. 2. ed. Ijuí: Editora Unijuí, 2017. p. 223-238.

filosofia[85]. Mas se é verdade que existe aqui uma encruzilhada, também é verdade que nem toda explicação serve para explicar toda e qualquer coisa. Por tudo isso, segue-se dissertando sobre o aspecto mais atual dessa tradição: da hermenêutica (fundamental) enquanto um verdadeiro paradigma filosófico.

1.2 O QUE É ISTO – A CRÍTICA HERMENÊUTICA DO DIREITO?

1.2.1 Considerações preparatórias

Embora possa parecer contraintuitivo à primeira vista, abordar temas já discutidos anteriormente nunca se traduz simplesmente em reiterar o que já foi dito. Esse fenômeno se deve à realidade incontornável de que quem contribui por último a uma discussão não tem o luxo de ignorar as contribuições precedentes. Em uma troca de ideias, há sempre a expectativa de que emergirá algo inédito, algo que acrescente à conversa; ao mesmo tempo, é fundamental haver um respeito pelas perspectivas e conhecimentos que foram compartilhados anteriormente. Este equilíbrio entre inovação e reverência ao passado é o que enriquece o diálogo e permite que novos entendimentos sejam construídos sobre os alicerces do que já foi explorado, garantindo que cada nova contribuição seja, ao mesmo tempo, um reflexo e uma expansão das ideias que a precederam. Dito de outra forma: muita tinta já foi gasta para definir a Crítica Hermenêutica do Direito (CHD). Seja em formato de livro[86], artigo[87] ou ensaio[88]. Porém é por isso mesmo que um pouco mais de tinta precisa ser utilizada: camadas foram se sobrepondo e a Teoria em questão foi ganhando mais densidade com o passar dos anos.

Não obstante, é apropriado dizer que muitas reflexões foram sendo apresentadas e contrapostas neste trabalho. Sendo que três merecem uma atenção redobrada. Duas sobre o que é uma Teoria e uma terceira sobre o que é a hermenêutica. Nesse sentido, as frisemos antes de continuar.

---

85. STRECK, Lenio Luiz. **O que é isto – decido conforme minha consciência?** 5. ed. Porto Alegre: Livraria do Advogado, 2012. p. 77 e seg.

86. *Cf.* STRECK, Lenio Luiz. **Lições de crítica hermenêutica do direito**. 2. ed. Porto Alegre: Livraria do Advogado, 2016.

87. *Cf.* TRINDADE, André Karam; OLIVEIRA, Rafael Tomaz de. Crítica hermenêutica do direito: do quadro referencial teórico à articulação de uma posição filosófica sobre o direito. **Revista de Estudos Constitucionais, Hermenêutica e Teoria do Direito (RECHTD)**, São Leopoldo, v. 9, ano 3, p. 311-326, set./dez. 2017.

88. *Cf.* BARBOSA, Ana Júlia Silva; QUARELLI, Vinícius. O que é isto – a crítica hermenêutica do direito. **Consultor Jurídico**, São Paulo, 15 jun. 2020. Disponível em: https://www.conjur.com.br/2021-dez-11/diario-classe-isto-critica-hermeneutica-direito. Acesso em: 2 out. 2022.

Primeira: sobre a metáfora do mapa, lembremos que nenhum mapa consegue retratar a realidade de forma definitiva – pois algo sempre fica de fora e pensemos num mapa qualquer. Tendo isto em mente e que Teorias em geral são uma tentativa de dar explicabilidade às nossas compreensões sobre o mundo (sendo elas um mapa em sentido metafórico), nada poderia substituir um determinado mapa além de uma cópia dele mesmo. Veja-se, então, que o objetivo deste trabalho jamais poderia ser retratar a Crítica Hermenêutica do Direito de forma absoluta. Algo sempre ficaria de fora e daí porque não se pretende substituir as explicações de Streck sobre a sua própria Teoria. Por tudo isso, segue-se com um retrato sobre os contornos mais fundamentais da CHD e da reunião de seus muitos fragmentos, bem como espera-se que o leitor consiga melhor se situar neste grande continente teórico.

Segunda: o traço mais fundamental de qualquer Teoria é lidar com algum problema, seja ele qual for. Em consideração a isso, este trabalho também apresenta uma série de explicações sobre quais são e quais foram os problemas (gerais e específicos) enfrentados pela Crítica Hermenêutica do Direito.

Terceira: frisa-se que a hermenêutica que conduz a Crítica Hermenêutica do Direito não possui um viés instrumental. Este trabalho e esta Teoria compreendem a hermenêutica como um verdadeiro paradigma filosófico e em respeito a isso é que se segue.

1.2.2 A Crítica Hermenêutica do Direito de Lenio Luiz Streck

1.2.2.1 Conceituação e propostas

Indo direto ao ponto, a Crítica Hermenêutica do Direito é uma nova teoria jurídica que resulta da imbricação da *filosofia hermenêutica* heideggeriana, *da hermenêutica filosófica* gadameriana e da *teoria interpretativista* dworkiniana. Dentre outras contribuições, sendo a que há um direito fundamental a uma *Resposta Adequada à Constituição* (RAC) a sua tese principal[89], bem como sendo-lhe central a sua forte oposição a

89. Nota explicativa sobre o posicionamento do autor: "De se ressaltar que, por certo não estou afirmando que, diante de um caso concreto, dois juízes não possam chegar a respostas diferentes. Volto a ressaltar que não estou afirmando, com a tese da resposta correta (adequada constitucionalmente) que existam respostas prontas *a priori*, como a repristinar as velhas teorias sintático-semânticas do tempo posterior à revolução francesa. Ao contrário, é possível que dois juízes cheguem a respostas diferentes, e isso o semanticismo do positivismo normativista já havia defendido desde a primeira metade do século passado. Todavia, *meu argumento vem para afirmar que, como a verdade é que possibilita o consenso e não o contrário; no caso das respostas divergentes, ou um ou ambos os juízes*

qualquer relativismo interpretativo e a discricionariedade[90]. Ademais, sendo importante registrar um parêntese desde logo: a CHD não tem a pretensão de "heideguerizar", "gadamerizar" ou tampouco "dworkinizar" o Direito. Ao contrário, tem-se aqui uma Teoria os incorpora antropofagicamente[91].

Fundada por Streck em meados do ano de 2002 a partir da primeira edição da obra *Jurisdição Constitucional e Hermenêutica*[92], a CHD surgiu como uma proposta teórica que desde seu princípio se propôs a realizar uma análise crítica do fenômeno jurídico[93]. Por tudo isso, aqui a razão do primeiro termo que compõem a sua alcunha. Seguindo a proposta crítica inaugurada por Immanuel Kant, tem-se uma Teoria que busca realizar um estudo das condições de possibilidade do próprio conhecimento enquanto tal.

Considerando, portanto, que o Direito não poderia ser produto posições acríticas, a grande inovação da CHD foi a fundação de uma matriz teórica com fundamentos filosóficos e de Teoria do Direito[94] que tornaram possível que a Teoria (re)pensasse o fenômeno jurídico em suas várias expressões (positivismo jurídico, doutrina, ensino jurídico, prática judicial, decisão judicial etc.). Com efeito, salientar as vicissitudes do ativismo judicial brasileiro e sustentar que o Supremo Tribunal Federal é muito mais criticado por seus acertos do que pelos seus erros continua sendo uma problematização capitaneada pela Teoria em questão[95].

Sobre o conceito de Direto, Streck e a CHD acompanham a compreensão dworkiniana de que o Direito é um fenômeno interpretativo[96]. Bem por isso, sustenta a tese de que estamos condenados a interpretar, que existem desacordos empíricos, morais e teóricos que conduzem

estarão equivocados. STRECK, Lenio Luiz. **O que é isto – decido conforme minha consciência?** 5. ed. Porto Alegre: Livraria do Advogado, 2012. p. 90.

90. STRECK, Lenio Luiz. **Para compreender direito**: a hermenêutica jurídica. 2. ed. São Paulo: Tirant Lo Blanch, 2022. p. 22.
91. Nos dizeres de Streck: "os referidos pensadores, cada um em seu nível de contribuição epistêmica, foram incorporados antropofagicamente para construir a CHD. Ou seja, não é Heiddeger e nem Gadamer simplesmente aplicados ao Direito, de modo direto/instrumental. Isso seria um equívoco, uma vez que ambos não tratam diretamente das especificidades do fenômeno jurídico. Deste modo, contribuem enquanto cosmovisão básica". *Ibid.*, p. 33.
92. Obra hoje denominada tão somente de "*Jurisdição Constitucional*".
93. STRECK, Lenio Luiz. **Hermenêutica, jurisdição e decisão**: diálogos com Lenio Streck. 2. ed. Porto Alegre: Livraria do Advogado, 2020a. p. 102 e seg.
94. *Ibid.*, p. 102 e seg.
95. ***Cf***: STRECK, Lenio Luiz. **30 anos da CF em 30 julgamentos**: uma radiografia do STF. Rio de Janeiro: Forense, 2018.
96. ***Cf***: STRECK, Lenio Luiz. O direito como um conceito interpretativo. **Pensar**, Fortaleza, v. 15, n. 2, p. 502, jul./dez. 2010.

nossa prática[97] e que a fundamentação/justificação das decisões judiciais são a condição de possibilidade de qualquer sistema jurídico legítimo[98].

Ao fim e ao cabo culminando na ideia de que o Direito precisa de respostas adequadas, trata-se de uma Teoria antirelativista e antidiscricionária. Para tanto, apostando na tradição, na coerência e na integridade enquanto formas de conter as "contingências" do Direito[99]. Impulsionada pela recepção dos paradigmas filosóficos pela dogmática e pela Teoria do Direito, a CHD busca retomar primazia da compreensão sobre conceitos, sistemas, "métodos" etc.[100] Desse modo, portanto, desnaturalizando ideais enraizadas pelo senso comum.

Aprofundando essas questões, importa referir que uma hermenêutica jurídica trabalhada desde a *hermenêutica filosófica* gadameriana e da *filosofia hermenêutica* heideggeriana implica em um novo olhar sobre o Direito[101] e esta é razão pela qual o autor afirma que CHD é uma terceira cadeira que se estabelece entre os dois grandes paradigmas filosóficos[102]. Nas palavras de Streck:

> a Crítica Hermenêutica do Direito move-se nas águas da fenomenologia hermenêutica, pela qual o horizonte do sentido é dado pela compreensão (Heidegger) e ser que pode ser compreendido é linguagem (Gadamer) [...] **A tarefa da Crítica Hermenêutica do Direito** – CHD – é a de '**desenraizar aquilo que tendencialmente encobrimos**' (Heidegger-Stein)[103] (grifo nosso).

97. *Cf:* DWORKIN. Ronald. **O império do direito**. Tradução de Jeferson Luiz Camargo. 3. ed. São Paulo: Martins Fontes, 2014.
98. Para além da hermenêutica fundamental: "À essa base se incorporam, na CHD, elementos do interpretativismo de Ronald Dworkin, na medida em que comungam da aposta nas verdades interpretativas e, por tanto, do combate à discricionariedade judicial. Dworkin mostrou como há padrões normativos operando para além do que os modelos positivistas conseguem perceber, e que constrangem a decisão do juiz. Assim, passei a desenvolver uma leitura antropofágica de algumas teses dworkinianas, a partir do contexto brasileiro". SEGUNDO, Elpídio Paiva Luz; MENDES, Bruno Cavalcanti Angelin. **Diálogos sino-luso-brasileiros sobre jurisdição constitucional e a crítica hermenêutica do direito de Lenio Luiz Streck**. Salvador: Juspodivm, 2018. p. 24.
99. STRECK, Lenio Luiz. **Dicionário de hermenêutica**: 50 verbetes fundamentais da teoria do direito à luz da crítica hermenêutica do direito. 2. ed. Belo Horizonte: Casa do Direito, 2020b. p. 30.
100. SEGUNDO, *op. cit.*
101. STRECK, Lenio Luiz. **Hermenêutica jurídica e(m) crise**: uma exploração hermenêutica da construção do direito. 11. ed. Porto Alegre: Livraria do Advogado, 2014. p. 310.
102. STRECK, Lenio Luiz. **Lições de crítica hermenêutica do direito**. 2. ed. Porto Alegre: Livraria do Advogado, 2016. p. 10.
103. STRECK, *op. cit.*, p. 10-11.

Ato contínuo ao apontamento de que a CHD também possui uma dimensão prescritiva (presente nas suas tarefas), oportuno esclarecer que essa desenraização daquilo que tendencialmente encobriremos não vem sem custos.

Sob um aspecto metodológico, há de se destacar que a teoria streckiana utiliza-se do "método" fenomenológico-hermenêutico e que essas aspas não existem sem razão[104]. No plano conceitual: "Revolve-se o chão linguístico em que está (sempre) assentada uma determinada tradição; reconstrói-se-lhe a história institucional, fazendo com que o fenômeno se desvele, como em um palimpsesto"[105]. Nesse contexto, tome-se um exemplo frequentemente utilizado pelo autor:

> É como na alegoria do hermeneuta que chega a uma ilha e lá constata que as pessoas cortam (desprezam) a cabeça e o rabo dos peixes, mesmo diante da escassez de alimentos. Intrigado, o hermeneuta foi buscar as raízes desse mito. Descobriu, finalmente, que, no início do povoamento da ilhota, os peixes eram grandes e abundantes, não cabendo nas frigideiras. Consequentemente, cortavam a cabeça e o rabo... Hoje, mesmo que os peixes sejam menores que as panelas, ainda assim continuam a cortar a cabeça e o rabo. Perguntando a um dos moradores o porquê de assim agirem, ouviu: 'Não sei [...] mas as coisas sempre foram assim por aqui!'. Eis o senso comum.[106]

Prescrito seu "método", Streck argumenta que a CHD possui ao menos duas funções inerentes: **(i)** enfrentar problemas de um país de modernidade tardia – tese contida em *Hermenêutica jurídica e(m) Crise* – e **(ii)** demonstrar como e porque a Crítica Hermenêutica do Direito

104. Em apresentação escrita por Streck: "A utilização da expressão 'método' entre aspas denota um modo de filosofar, posto que a fenomenologia hermenêutica não se mostra compatível com a ideia de método acabado e definitivo. Desta forma, o ponto central da adoção desta metodologia consiste na ruptura com as tradicionais estruturas metodológicas da modernidade, que indicam a ideia de certeza e segurança próprias da matematicidade do pensamento moderno. Em contraposição a isso, o método fenomenológico hermenêutico implica um modo de filosofar, concebendo os caminhos metodológicos como precários e provisórios, ou seja, elementos dos quais não se possui total apreensão e domínio". CUNHA, Paulo Ferreira da. **Dicionário de metodologia jurídica**: guia crítico de fundamentos do direito. São Paulo: Tirant Lo Blanch, 2020. p. 24.

105. STRECK, Lenio Luiz. **Dicionário de hermenêutica**: 50 verbetes fundamentais da teoria do direito à luz da crítica hermenêutica do direito. 2. ed. Belo Horizonte: Casa do Direito, 2020b. p. 241.

106. STRECK, Lenio Luiz. **Lições de crítica hermenêutica do direito**. 2. ed. Porto Alegre: Livraria do Advogado, 2016. p. 9.

já é o cerne de uma Teoria da Decisão[107] plenamente aplicável – tese fundamentalmente contida em *Verdade e Consenso*[108].

Sobre a questão da *modernidade tardia*: um dos argumentos basilares de Streck é o de que o Brasil é um país em que as promessas da modernidade sequer foram cumpridas. Isto porque os Direitos humanos, sociais e fundamentais infelizmente ainda são promessas que padecem de realizabilidade e daquilo que o autor denomina *baixa constitucionalidade*[109] (quando tenta-se compreender o novo com os olhos do passado e com isso se impossibilitando que o Direito assimile as conquistas do constitucionalismo). Para o autor, essa seria uma realidade sustentada por práticas dogmático-jurídicas que não permitem a realização desses (novos) direitos. Dito de outra forma: o Direito precisa ser levado mais a sério e em face disso é exsurge a necessidade de também levarmos a Constituição a sério[110]. Para Streck, devemos "(r)omper com este modelo de dogmática jurídica e/ou ultrapassar os obstáculos que impedem o resgate das promessas da modernidade é *tarefa que se impõe aos juristas*"[111].

Já sobre a questão da *decidibilidade*: *Verdade e Consenso* desvela os vários problemas que a falta de uma Teoria da Decisão traz para o Direito como um todo (vide o da discricionariedade) e, em resgate ao fenômeno jurídico, nos aponta que a CHD pode também ser interpretada como uma

---

107. Nota explicativa: "a Teoria da Decisão representa o âmbito discursivo no interior do qual se buscar encontrar anteparos para o exercício da atividade jurisdicional [...] de modo a adequar tal atividade aos contornos democráticos que o Constitucionalismo Contemporâneo impõe. Vale dizer, a fundamentação – mais do que dever do órgão judicante – é um direito fundamental de todo cidadão" ABBOUD, Georges; CARNIO, Henrique Garbellini; OLIVEIRA, Rafael Tomaz de. **Introdução ao direito**: teoria, filosofia e sociologia do direito. 6. ed. São Paulo: Revista dos Tribunais, 2021. p. 607.

108. Sobre o que é uma Teoria da Decisão e qual seu propósito, conferir: **(i)** QUARELLI, Vinícius; BERNSTS, Luísa Giuliani. Teorias da decisão e o porquê de decidir não ser escolher. **Consultor Jurídico**, São Paulo, 2 jul. 2022. Disponível em: https://www.conjur.com.br/2022-jul-02/diario-classe-teorias-decisao-porque-decidir-nao-escolher. Acesso em: 5 out. 2022. **(ii)** QUARELLI, Vinícius; BERNSTS, Luísa Giuliani. Teoria da decisão e a CHD: as três perguntas fundamentais. **Consultor Jurídico**, São Paulo, 15 jun. 2020. Disponível em: https://www.conjur.com.br/2022-abr-23/diario-classe-teoria-decisao-chd-tres-perguntas-fundamentais. Acesso em: 5 out. 2022.

109. ***Cf***: STRECK, Lenio Luiz. A baixa constitucionalidade como obstáculo ao acesso à justiça em *Terrae Brasilis*. **Revista Sequência**, Florianópolis, n. 69, p. 83-108, dez. 2014.

110. Nesse sentido: "Abrir uma clareira no Direito, desocultar caminhos, descobrir as sendas encobertas... É este o desafio! É a partir dessa clareira que aquilo que circunscreve a Constituição poderá vir à tona, *buscando o aparecer no coração da presença*: o Estado Democrático de Direito, a função social do jurista, o resgate das promessas da modernidade (direitos humanos, sociais e fundamentais), a superação da crise de paradigmas que obstaculiza essa *surgência constitucionalizante* em toda a sua principiologia. É dessa clareira, desse espaço livre devidamente desbastado, que poderemos construir a *resistência constitucional*, denunciando aquilo que foi (e é) acobertado/entulhado pelo senso comum da dogmática jurídica". STRECK, Lenio Luiz. **Hermenêutica jurídica e(m) crise**: uma exploração hermenêutica da construção do direito. 11. ed. Porto Alegre: Livraria do Advogado, 2014. p. 393.

111. *Ibid.*, p. 344.

Teoria da Decisão[112]. Ainda, argumenta que precisamos de uma Teoria da Decisão porque juízes deve(ria)m decidir por princípio, e não por conveniência. Mas também considerando que decidir não é o mesmo que escolher, essa distinção faz exsurgir a preocupação da Teoria em comento em pavimentar as condições pelas quais uma decisão judicial pode perfazer-se legitima. Numa autodescrição da CHD, sua tarefa é "estabelecer as condições para a construção de uma teoria da decisão, fechando, assim, um *gap* existente na teoria e nas práticas cotidianas dos juristas"[113].

Compreendidas estas duas questões essenciais, torna-se evidente que a Crítica Hermenêutica do Direito não coaduna com os pressupostos do positivismo jurídico (tradição despreocupada com a decisão judicial[114]) e daí porque desta Teoria não ser uma mera continuidade daquilo que veio antes. Trata-se, na verdade, de uma ruptura e isto é fundamental que se perceba. Em suma, sendo essa a principal razão pela qual a CHD pode ser compreendida mais adequadamente como um não positivismo[115]. Algo mudou e esse algo é uma autêntica preocupação com a fundamentação das decisões judiciais.

Diante da abordagem histórica da Crítica Hermenêutica do Direito traçada até aqui, foram abordadas as principais ideias e fundamentos dessa matriz teórica. Agora, é pertinente sintetizar de forma concisa os pontos essenciais que delineiam a trajetória e a identidade da CHD enquanto marco teórico, proporcionando, assim, uma visão clara das ideias discutidas até então e a seguir. Reconhecendo que ato de definir se traduza num ato de limitação daquilo que é definido, é crucial destacar as principais críticas, teses e influências da Crítica Hermenêutica do Direito de Streck. Cada uma dessas questões constitui o cerne deste trabalho, e a seguir, em forma de tabela, serão ilustradas e sucessivamente rediscutidas ao longo da obra:

---

112. STRECK, Lenio Luiz. **Verdade e consenso**: Constituição, hermenêutica e teorias discursivas. 6. ed. São Paulo: Saraiva, 2017. p. 33.

113. STRECK, Lenio Luiz. **Dicionário de hermenêutica**: 50 verbetes fundamentais da teoria do direito à luz da crítica hermenêutica do direito. 2. ed. Belo Horizonte: Casa do Direito, 2020b. p. 279.

114. Trata-se de um posicionamento demarcado por Streck em diversas de suas obras. Dentre elas: **(i)** STRECK, Lenio Luiz. **Hermenêutica, jurisdição e decisão**: diálogos com Lenio Streck. 2. ed. Porto Alegre: Livraria do Advogado, 2020a. p. 28; **(ii)** STRECK, *op. cit.*, 2020b, p. 301; e **(iii)** STRECK, Lenio Luiz. **Verdade e consenso**: Constituição, hermenêutica e teorias discursivas. 6. ed. São Paulo: Saraiva, 2017. p. 624.

115. STRECK, *op. cit.*, 2020a, p. 80 e 151.

Quadro 1 – Críticas, teses e influências da Crítica Hermenêutica do Direito

<table>
<tr><th>Críticas</th><th>Teses e influências</th></tr>
<tr><td>Positivismo jurídico</td><td rowspan="3">• Código de Processo Civil (CPC) e seus dispositivos:
- Artigos 371, 926 e 927
- Artigos 10 e 489, § 1º</td></tr>
<tr><td>Solipsismo</td></tr>
<tr><td>Ativismo Judicial</td></tr>
<tr><td>Predação do Direito</td><td rowspan="4">• Resposta Adequada à Constituição (RAC) e seus/suas:
- 3 perguntas fundamentais
- 6 hipóteses
- 5 princípios</td></tr>
<tr><td>Discricionariedade/arbitrariedade</td></tr>
<tr><td>Panprincipiologismo</td></tr>
<tr><td>Senso comum teórico dos juristas</td></tr>
<tr><td>Livre apreciação da prova</td><td>Defesa da autonomia do Direito</td></tr>
<tr><td>Livre convencimento motivado</td><td>Constrangimento epistemológico</td></tr>
<tr><td>Ensino Jurídico</td><td>Firmamento do "método" hermenêutico</td></tr>
<tr><td>Precedentalismo[116]</td><td>Referencial teórico</td></tr>
<tr><td rowspan="3">• Recepções equivocadas
- Jurisprudência dos valores
- Ponderação alexyana
- Ativismo norte-americano
- Neoconstitucionalismo
- Métodos interpretativos de Savigny</td><td>Protagonismo no julgamento da presunção de inocência e das suas Ações Diretas de Constitucionalidade (43, 44 e 54)</td></tr>
<tr><td>Resistência contra os abusos realizados pela operação Lava Jato</td></tr>
<tr><td>Direito e Literatura[117]</td></tr>
</table>

Fonte: elaborada pelo autor

1.2.2.2 Cronologia

Registrando brevemente a cronologia da Crítica Hermenêutica do Direito, é relevante retomar que sua origem remonta ao ano de 2002. Contudo, é crucial acrescentar que, inicialmente, essa abordagem era

116. Nota documental: **(i)** a despeito da crítica aos precedentes não constituir um tema muito presente neste trabalho, importa registrar que se trata de um tema caro para o autor; **(ii)** A título de introdução, conferir: STRECK, Lenio Luiz. Interpretando a Constituição: Sísifo e a tarefa do hermeneuta. **Revista do Instituto de Hermenêutica Jurídica**, Porto Alegre, 2007.

117. A despeito da perspectiva teórica deste trabalho, importa registrar que Streck ativamente fomentou aproximações entre o Direito e a Literatura. Para além das obras logo mais recomendadas no *item 1.2.2.4.*, centenas de discussões foram gravas pelo autor. Nesse sentido, o programa Direito & Literatura foi uma atração televisiva originalmente criado pelo Instituto de Hermenêutica Jurídica (IHJ) e que passou a ser dirigido pela Rede de Direito e Literatura. Com o apoio do PPGD da Unisinos, o programa tradicionalmente apresentou debates entre Professores de diferentes áreas do conhecimento, com o objetivo de difundir, no Brasil, o estudo das interfaces entre Direito e Literatura, bem como de desenvolver um novo modo de pensar o Direito e, sobretudo, de compreender os fenômenos sociais no interior das culturas jurídica e literária. Com efeito, trouxe ao conhecimento do público obras que marcaram gerações, levantando questões e proporcionando debates sobre temas da atualidade presentes nos textos literários.

conhecida por outra designação: a Nova Crítica do Direito[118]. Nesse ponto inicial, sob o rótulo de Nova Crítica do Direito, os fundamentos e preceitos que mais tarde se consolidariam como elementos essenciais da Crítica Hermenêutica do Direito começaram a ser delineados. Essa transição na nomenclatura não representa apenas uma mudança terminológica, mas sim uma evolução conceitual que moldou e refinou a abordagem ao longo do tempo.

Conforme Streck deixa claro em *Hermenêutica e Epistemologia*, a partir de *Hermenêutica Jurídica e(m) Crise* (2013) e das reedições que seguiram àquela primeira obra é que sua Teoria passou a ser denominada Crítica Hermenêutica do Direito. O livro, ao consolidar e aprofundar os conceitos fundamentais, não apenas consolida a identidade da Teoria, mas também confere à hermenêutica um papel central em sua estrutura conceitual. A hermenêutica não é apenas um termo na nomenclatura; torna-se o epicentro da Teoria, conferindo-lhe um impulso renovado ao estabelecer como sua tarefa primordial o reconhecimento da universalidade da compreensão. Dessa forma, a evolução da Nova Crítica do Direito para a Crítica Hermenêutica do Direito é não apenas uma questão de nomenclatura, mas sim um marco significativo que destaca a importância crucial atribuída à hermenêutica na compreensão do fenômeno jurídico. Esta mudança reflete não apenas a evolução terminológica, mas também a consolidação de uma abordagem que reconhece a hermenêutica como uma força motriz essencial em seu arcabouço teórico[119].

Por outro lado, e registrando um olhar mais distanciado sobre essas duas décadas de itinerário teórico, peço licença para compartilhar uma pergunta que este escriba fez a Streck em uma aula aberta da saudosa Academia Brasileira de Direito Constitucional. Na ocasião, a indagação proposta buscava extrair *insights* sobre o percurso da Crítica Hermenêutica do Direito ao longo do tempo, explorando o impacto das transformações na sociedade e no próprio campo jurídico na evolução dessa teoria. A resposta do autor não apenas ofereceu uma perspectiva valiosa sobre os desafios e adaptações enfrentados ao longo das duas décadas, mas também lançou luz sobre o papel dinâmico da Crítica Hermenêutica do Direito na compreensão e resposta aos dilemas contemporâneos. Assim, ao observar esse diálogo entre teoria e prática, a Crítica Hermenêutica do Direito

118. STRECK, Lenio Luiz. **Jurisdição constitucional e hermenêutica**: uma nova crítica do direito. Porto Alegre: Livraria do Advogado, 2002.

119. STEIN, Ernildo; STRECK, Lenio (org.). **Hermenêutica e epistemologia**: 50 anos de verdade e método. Porto Alegre: Livraria do Advogado, 2011. p. 161.

revela-se não apenas como um sistema teórico estático, mas como uma abordagem que dialoga ativamente com as mudanças e desafios do seu contexto. Este episódio exemplifica a vitalidade e a adaptabilidade dessa teoria, enriquecendo ainda mais nossa compreensão do seu impacto ao longo desses anos de exploração intelectual.

> **Pergunta**: existem vários autores que são mais bem compreendidos quando notamos as fases pelas quais seu pensamento foi marcado. Sendo Wittgenstein talvez o melhor exemplo. Tendo sua primeira fase no *Tractatus* e sua segunda fase no Investigações Filosóficas. Mas enfim. Seria também possível apontar a existência de um Lenio 1, 2 etc. no pensamento do senhor?
>
> **Resposta** de Streck: claro que sim. Sem dúvida! Um, dois, três e quiçá quatro. Os próprios livros vão mudando e minha perspectiva inicial era de caráter sociológico-antropológico – sendo está a minha primeira fase, por assim dizer. Mas o contexto é importante. Tendo estudado durante a ditadura militar, naquele tempo o Direito era ruim e o Estado era péssimo. Razão pela qual ainda entendia o Direito como uma superestrutura. Carregava um grande ceticismo em relação ao Direito e tão somente o abandonei a partir da promulgação da nova Constituição. Ainda jovem e atirando-me em seus braços, realizei 26 conferências durante o processo constituinte para convocar as pessoas a votarem e surge aqui minha segunda fase. Tudo isso no ano de 1986 e fato é que acreditava muito nisso. Por tudo isso, sou eu um jurássico da Constituição (essa sim uma verdadeira norma)[120]. Mas seguindo para uma terceira fase, passei a detectar que não bastava saber interpretar (simplisticamente falando) se isto era usado para fazer o que quiser com o Direito. Teorias da Argumentação e a ponderação alexyana, por exemplo, se traduziram num verdadeiro ovo da serpente. Caminhávamos para o caos e não só isso,

120. Nota documental: "No dia 6 de outubro de 1988, fiz meu primeiro controle difuso de constitucionalidade tendo por base a parametricidade da recém-promulgada Constituição cidadã. Como Promotor de Justiça, recebi um conjunto de processos judicialiformes vindos da Polícia Civil. Com efeito, à época do regime militar, foi editada a Lei 4.611, pela qual os crimes previstos nos arts. 121, § 3º, e 129, § 6º, do Código Penal, teriam seus processos sob o rito sumário. O que acontecia era que o delegado era, ao mesmo tempo, policial, promotor e juiz. De imediato, suscitei o controle difuso ao juiz da Vara no município de Panambi/RS, que, depois de muita discussão, atendeu ao meu pedido. Deixou de aplicar a Lei 4.611 e aplicou a Constituição. Dali em diante, esses procedimentos judicialiformes deixavam de existir na Comarca. O titular da ação penal, o Ministério Público, passou a ter o domínio dos inquéritos, começando, inclusive, a participar ativamente de uma espécie de controle externo da atividade policial, em obediência ao art. 129, VII, da Lei Maior". STRECK, Lenio Luiz. **30 anos da CF em 30 julgamentos**: uma radiografia do STF. Rio de Janeiro: Forense, 2018. p. 1.

pois também para o decisionismo. Na medida em que o poder interpretativo foi institucionalizado, isso também foi introjetado no poder de relações pessoais. Magistratura, Ministério Público e afins tornaram-se mais autoritários... Numa palavra, detectar a necessidade de uma Teoria da Decisão foi o cerne desta terceira fase. Por fim, minha última e quarta fase foi a formulação daquilo que denomino constrangimento epistemológico. Ao fim e ao cabo, portanto, acompanho Bernd Rüthers quando este autor apontou para os riscos da falta de constrangimento. Onde falta constrangimento, sobra o que há de pior.

1.2.2.3 Da teoria ao referencial teórico

No cenário acadêmico contemporâneo, a relevância de Lenio Luiz Streck projeta-se de forma incontornável no campo da Filosofia e da Teoria do Direito. Conforme atesta o AD Scientific Index 2025[121], Streck figura como o segundo jurista mais citado do mundo na categoria Jurisprudence, contabilizando expressivas 20.758 citações em trabalhos acadêmicos, superado apenas por Daniel Farber, da Universidade de Berkeley. Singular entre os dez primeiros colocados por não pertencer a um país anglo-saxão, Streck também ocupa a terceira posição entre os juristas mais citados da América Latina em todos os ramos do Direito, atrás apenas de Rita Segato e Celso Antônio Bandeira de Mello. Tal reconhecimento internacional não apenas confirma a densidade e a originalidade de sua contribuição teórica, mas, sobretudo, evidencia a consolidação da Crítica Hermenêutica do Direito como um dos referenciais teóricos mais relevantes para a compreensão crítica e filosófica do fenômeno jurídico contemporâneo.

Diante disso, vale registrar que a Crítica Hermenêutica do Direito transcendeu suas aparentes fronteiras. Ao mesmo tempo que se tornou uma Teoria reconhecidamente importante, também se edificou como uma escola de pensamento jurídico que gerou um quadro referencial próprio. Inspirados por essa abordagem inovadora, diversos trabalhos foram dedicados à compreensão mais aprofundada das várias facetas do fenômeno jurídico. Bem por isso, a influência da Crítica Hermenêutica do Direito vai além do reconhecimento de Streck como jurista; ela se

---

121. REDAÇÃO CONJUR. Lenio Streck é o segundo jurista mais citado do mundo em Teoria do Direito. Consultor Jurídico, São Paulo, 23 jan. 2023. Disponível em: https://www.conjur.com.br/2025-jan-23/lenio-streck-e-o-segundo-jurista-mais-citado-do-mundo-em-teoria-do-direito/. Acesso em: 27 abril 2025.

manifesta na produção acadêmica que busca desvendar e analisar as complexidades do ambiente jurídico, influenciada pelas premissas e perspectivas oferecidas por essa escola de pensamento[122].

Para consolidar tal impacto, mais de uma centena de Dissertações de Mestrado e Teses de Doutorado foram escritas a partir da orientação do autor em discussão[123]. Exemplos notáveis incluem: *Jurisdição de ativismo judicial*, de Tassinari[124]; *Decisão judicial e o conceito de princípio: a hermenêutica e a (in)determinação do direito*, de Oliveira[125]; *Uma Teoria da Discricionariedade Administrativa*, de Madalena[126]; e *Entre Positivismo e Interpretativismo: a terceira via de Waldron*, de Morbach[127]; bem como a Tese de Doutorado *Onde habita o juiz Hércules? Uma aproximação entre teorias da interpretação e questões institucionais*, de Lopes[128].

Nessa senda, veja-se que a Crítica Hermenêutica do Direito não se apresenta apenas como mais uma teoria jurídica específica, mas sim como um referencial teórico dotado de densidade filosófica suficiente para criar e sustentar condições necessárias para uma reflexão jurídica profunda sobre próprio Direito. Contudo, importa ter claro que este posicionamento não é casual, mas intencional e estrutural, na medida em que a CHD transcende as limitações típicas das teorias jurídicas tradicionais ao estabelecer um horizonte conceitual e interpretativo abrangente e rigoroso, fundamentado essencialmente na filosofia e na hermenêutica, particularmente nas obras de Martin Heidegger e Hans-Georg Gadamer[129].

---

122. Em especial, aos interessados deixo a recomendação de pesquisarem uma coleção coordenada por Streck. Chama-se "Hermenêutica, Teoria do Direito e Argumentação" e ali podem ser encontrados diversos trabalhos que carregam as preocupações que foram brevemente expostas até então (importância da Teoria do Direito, dos Direitos Fundamentais etc.).

123. Dado concernente às orientações feitas em sede de Mestrado e Doutorado na UNISINOS. Informação extraída do Repositório Digital da Biblioteca da Universidade em questão em 5 de outubro de 2022.

124. *Cf*: TASSINARI, Clarissa. **Jurisdição e ativismo judicial**: limites da atuação do judiciário. Porto Alegre: Livraria do Advogado, 2013.

125. *Cf*: OLIVEIRA, Rafael Tomaz de. **Decisão judicial e o conceito de princípio**: a hermenêutica e a (in) determinação do direito. Porto Alegre: Livraria do Advogado, 2008.

126. *Cf:* MADALENA, Luis Henrique. **Uma teoria da discricionariedade administrativa**. 2. ed. Salvador: Juspodivm, 2020.

127. *Cf:* MORBACH, Gilberto. **Entre positivismo e interpretativismo**: a terceira via de Waldron. 2. ed. São Paulo: Juspodivm, 2021.

128. *Cf*: LOPES, Ziel Ferreira. **Onde habita o juiz Hércules**: uma aproximação entre teorias da interpretação e questões institucionais. 2020. Tese (Doutorado em Direito) – Programa de Pós-Graduação em Direito, Universidade do Vale do Rio dos Sinos (Unisinos), São Leopoldo, 2020.

129. A trabalho de Rafael Tomaz de Oliveira, intitulada A Crítica Hermenêutica do Direito de Lenio Streck: uma aproximação fenomenológico-hermenêutica da teoria jurídica, constitui excelente referência para o aprofundamento do tema. Em sua análise, Oliveira evidencia a Crítica Hermenêutica do Direito (CHD) como uma teoria que articula filosofia e teoria jurídica a partir de um quadro referencial hermenêutico, fundado especialmente na tradição fenomenológica de Heidegger e Gadamer.

Não obstante, é crucial explicitar claramente a distinção entre a CHD como referencial teórico e as teorias jurídicas tradicionais, consideradas em sentido estrito, para compreender adequadamente essa afirmação. Estas últimas, na maioria das vezes, têm objetivos mais delimitados e específicos, frequentemente voltados para resolver questões pontuais e particulares. São teorias projetadas para explicar fenômenos determinados, propor soluções técnicas a problemas jurídicos concretos, ou organizar e sistematizar áreas específicas do Direito. Por exemplo, teorias sobre responsabilidade civil ou contratos fornecem soluções particulares para situações concretas, limitando-se a objetivos instrumentais e específicos. Em contraste, um referencial teórico como a CHD é uma matriz intelectual mais abrangente, na medida em que se apresenta como uma estrutura conceitual que fornece as bases para reflexões mais amplas e profundas, influenciando o modo como o fenômeno jurídico é compreendido e interpretado. Em vez de se restringir a questões isoladas, a CHD promove uma compreensão crítica e histórica do Direito em toda a sua complexidade. Com efeito, não se trata apenas de aplicar ou ajustar regras pré-existentes, mas de refletir sobre a própria condição de possibilidade do Direito enquanto fenômeno.

Fixando uma ideia de essencial importância, note-se que a CHD está profundamente ancorada na tradição fenomenológico-hermenêutica, reconhecendo a interpretação e a compreensão como atividades essenciais e constitutivas do Direito. Tudo isso que, na prática, implica uma rejeição explícita tanto do positivismo jurídico quanto das abordagens subjetivistas em geral. Neste contexto, é igualmente importante (re)enfatizarmos o papel da filosofia hermenêutica e da hermenêutica filosófica para discussão em tela. Para Heidegger e Gadamer, interpretar é um modo existencial de estar no mundo, no sentido de constituir uma atividade situada historicamente e condicionada por contextos. Dessa maneira, resultando a conclusão de que toda interpretação é um encontro dinâmico entre o intérprete e o texto jurídico, afastando a ideia de neutralidade absoluta ou objetividade mecânica.

O autor reconstrói, com rigor, os elementos teóricos que sustentam a CHD, mostrando como ela supera o paradigma da filosofia da consciência ao propor uma epistemologia hermenêutica da intersubjetividade, além de sublinhar a centralidade da linguagem e da historicidade no fenômeno jurídico. A leitura é altamente recomendada a todos que desejam compreender o alcance filosófico e metodológico da CHD e sua distinção frente às teorias jurídicas tradicionais. Nesse sentido, ***cf***: OLIVEIRA, Rafael Tomaz de. A crítica hermenêutica do direito de Lenio Streck: uma aproximação fenomenológico-hermenêutica da teoria jurídica. ***In***: ANDRADE, André Gustavo Corrêa de (org.). **Grandes pensadores do direito**: teóricos e ideias que contribuíram para moldar o pensamento jurídico contemporâneo. Rio de Janeiro: GZ, 2025. p. 578-599.

A CHD, portanto, propõe uma interpretação juridicamente adequada baseada nesta "consciência" histórica e hermenêutica. Ao fazê-lo, oferece uma crítica radical às abordagens tradicionais que buscam a aplicação neutra e objetiva do Direito, propondo, em contrapartida, uma interpretação rigorosamente fundamentada na tradição jurídica e nas condições hermenêuticas específicas do contexto histórico, cultural e institucional em que ocorre. Neste sentido, sendo relevante destacar que a CHD critica também a concepção tradicional de aplicação do Direito, própria das teorias jurídicas estritas. Na perspectiva hermenêutica, não há uma separação nítida entre criação e aplicação do Direito. A interpretação já implica um ato criativo, integrando-se ao próprio fenômeno jurídico em sua manifestação prática. Esta compreensão não é uma concessão à arbitrariedade interpretativa; pois, pelo contrário, reforça a exigência de rigor e fundamentação na tradição jurídica, destacando a importância do contexto interpretativo e histórico.

Outro aspecto importante da CHD é a centralidade da filosofia no Direito, diferente da abordagem convencional que frequentemente trata a filosofia como um complemento secundário. Ao promover uma "filosofia no Direito", a CHD incorpora a reflexão filosófica diretamente ao âmago das questões jurídicas, fazendo da filosofia um elemento constitutivo e estruturante, e não apenas um adereço intelectual opcional. Ao propor este novo paradigma hermenêutico-filosófico, a CHD supera limitações das abordagens convencionais, frequentemente incapazes de lidar com as complexidades interpretativas e históricas próprias do Direito. A adoção deste referencial teórico tem implicações práticas fundamentais para operadores do Direito, como juízes, advogados e acadêmicos, incentivando-os a reconhecer o caráter interpretativo e histórico do Direito e a buscar interpretações coerentes com a tradição jurídica.

Considerando, então, todo o percurso argumentativo realizado até este ponto, é possível afirmar que a Crítica Hermenêutica do Direito se situa como um referencial teórico que vai além dos limites das teorias jurídicas tradicionais. Tal assertiva funda-se na constatação de que, enquanto as teorias jurídicas em sentido estrito tendem a se concentrar em questões delimitadas e pontuais, oferecendo soluções técnicas e específicas para determinados problemas jurídicos, a CHD busca estabelecer uma matriz interpretativa e filosófica mais ampla, que aborda o fenômeno jurídico em toda sua complexidade. Neste contexto, a CHD ancora-se fortemente nas tradições filosóficas da hermenêutica de Heidegger e Gadamer, reconhecendo a interpretação como uma atividade essencialmente situada histórica e culturalmente, distanciando-se de abordagens positivistas e subjetivistas de qualquer natureza. Ao enfatizar a centralidade da filosofia no próprio Direito, superando a visão instrumental e secundária tradicional, a CHD integra a reflexão filosófica diretamente ao âmago das discussões jurídicas. Com isso, proporcionando ferramentas conceituais e metodológicas que permitem uma autêntica (re)interpretação do Direito.

1.2.2.4 Recomendações de leitura

Finalmente, para aqueles que almejam aprofundar-se na Crítica Hermenêutica do Direito e compreender todas as suas nuances, uma recomendação de leitura desponta como um ponto de partida essencial. Essas obras não são apenas uma fonte de conhecimento, mas constituem a verdadeira justificativa para afirmar que a CHD se traduz em um autêntico referencial teórico. Ao todo, são cinquenta e quatro obras significativas, sendo algumas delas escritas pelo próprio autor da Teoria e outras coordenadas por ele. Essa extensa lista de publicações não apenas reflete a profundidade do pensamento jurídico proporcionado pela CHD, mas também evidencia a influência duradoura e a importância contínua de Streck como um autor que moldou e enriqueceu o discurso jurídico contemporâneo.

Obra que discorre tematicamente sobre os conceitos e ideias da CHD: (1ª) *Dicionário de Hermenêutica* (obra que esclarece vários conceitos utilizados por Streck).

Obras que constituem o cerne da Crítica Hermenêutica do Direito: (2ª) *O que é isto – decido conforme minha consciência?* (trata-se de uma boa introdução); (3ª) *Hermenêutica Jurídica e(m) Crise* (obra que apresenta as bases da CHD); (4ª) *Lições de Crítica Hermenêutica do direito* e (5ª) *Para Compreender direito* (obras intermediárias que assentam alguns conceitos importantes); (6ª) *Verdade e Consenso* (obra mais sofisticada de Streck e onde sua Teoria da Decisão ganha maior destaque) e (7ª) *Jurisdição Constitucional* (obra que confere delineamento para todo o sistema constitucional brasileiro).

Obras complementares: (8ª) *Hermenêutica, jurisdição e decisão: Diálogos com Streck* (obra de perguntas e respostas que jogam luz a questões subjacentes); (9ª) *Precisamos falar sobre direito e moral* (obra que indica uma relação possível entre Direito e moral); (10ª) *O que é isto – o senso incomum?* (obra que clareia ainda mais a proposta crítica de Streck); (11ª) *30 anos da CF em 30 julgamentos: uma radiografia do STF* (obra que faz uma análise crítica sobre a atuação do Supremo Tribunal Federal); e (12ª) *Garantismo, Hermenêutica e (neo)Constitucionalismo: um debate com Ferrajoli* (obra que registrou um diálogo importante entre Streck e Ferrajoli).

Obras sobre a Lava Jato: (13ª) *O livro das suspeições*; e (14ª) *O livro das parcialidades.*

Obra sobre o julgamento da presunção de inocência: (15ª) *O Dia em que a Constituição foi julgada: a história das ADC's 43, 44 e 54.*

Outras obras sobre Hermenêutica Filosófica e Filosofia Hermenêutica: (16ª) *Hermenêutica e Epistemologia: 50 Anos de Verdade e Método*; e (17ª) *Festschrift [um tributo a Ernildo Stein].*

Obras sobre Direito Constitucional e Direito Público: (18ª) *Ciência Política & Teoria do Estado*; (19ª) *Comentários à Constituição do Brasil*; (20ª) *Curso de Direito Constitucional*; e (21ª) *Crise dos Poderes da República.*

Obras sobre Direito Processual Civil: (22ª) *Comentários ao Código de Processo Civil: de acordo com a Lei N. 13.256 de 2016*; (23ª) *Hermenêutica e jurisprudência no novo Código de Processo Civil*; (24ª) *Precedentes judiciais e hermenêutica: o sentido da vinculação no CPC/2015*; (25ª) *O que é isto – o precedente judicial e as súmulas vinculantes?*; e (26ª) *O fim do Livre Convencimento Motivado.*

Obras sobre Direito Penal: (27ª) *O que é isto – as garantias processuais penais?*; e (28ª) *Direito Penal em Tempos de Crise.*

Obras sobre Direito e Literatura: (29ª) *Os Modelos de Juiz: ensaios de Direito e Literatura*; e (30ª) *Direito e Literatura: da realidade à ficção da realidade.*

Outras obras em geral: (31ª) *Ensino, Dogmática e Negacionismo Epistêmico*; (32ª) *Juiz Não é Deus: Juge n´est pas Dieu*; (33ª) *Compreender Direito: desvelando as obviedades do discurso jurídico*; (34ª) *Compreender Direito: como o senso comum pode nos enganar*; (35ª) *Compreender Direito: nas brechas da Lei*; (36ª) *Comentários à nova Lei do Abuso de Autoridade*; (37ª) *Dicionário Senso Incomum: mapeando as perplexidades do Direito*; (38ª) *Superinterpretação no Direito*; (39ª) *O que é fazer a coisa certa no Direito*; e (40ª) *Ensino Jurídico E(m) Crise: Ensaio Contra a Simplificação do Direito.*

Obras anteriores a CHD que de alguma forma já apresentavam o posicionamento crítico de Streck: (41ª) *Constituição: limites e perspec-*

tivas da revisão[130]; (42ª) *Tribunal do Júri: símbolos e rituais*[131]; (43ª) *O mandado de injunção no direito brasileiro: análise crítica e perspectivas políticas*[132]; e (44ª) *Crime e constituição: a legitimidade da função investigatória do Ministério Público.*

Obras que contaram com a coordenação de Streck e que de alguma forma exploram seu legado: (45ª) *Diálogos Sino-Luso-Brasileiros sobre Jurisdição Constitucional e a Crítica Hermenêutica do Direito de Streck*; (46ª) *Ponderação e Arbitrariedade: a inadequada recepção de Alexy pelo STF*; (47ª) *A Discricionariedade nos Sistemas Jurídicos Contemporâneos*; (48ª) *Neoconstitucionalismo: a ideologia fadada ao fracasso do arbítrio*; (49ª) *Ronald Dworkin e a Decisão Jurídica*; (50ª) *Introdução Crítica ao Positivismo Jurídico Exclusivo: a Teoria do Direito de Joseph Raz*; (51ª) *A Possibilidade de Superação da Discricionariedade Judicial Positivista pelo Abandono do Livre Convencimento no CPC/2015*; (52ª) *Contrapúblicos Interpretativos: Uma Provocação Feminista às Respostas Corretas em Direito*; (53ª) *Uma Teoria da Discricionariedade Administrativa*; (54ª) *Teoria do Direito e Decisão Judicial: Elementos para a Compreensão de uma Resposta Adequada*; (55ª) *Nas fronteiras da argumentação: a discricionariedade judicial na teoria discursiva de Alexy*; (56ª) *Entre Positivismo e Interpretativismo: a terceira via de Waldron*; (57ª) *O espinho do ouriço: metaética, interpretação e objetividade moral em Ronald Dworkin*; (58ª) *Onde o Direito e a Moral se encontram: Introdução Hermenêutica ao Positivismo Jurídico Inclusivo de Matthew Kramer*; (59ª) *A pena é uma Poderosa Espada: o Contextualismo Linguístico de Quentin Skinner e a Questão do Método na Historiografia (Jurídica)*; (60ª) *Jurisdição Constitucional de Crise*; (61ª) *Metódica em Transformação: a Ponderação no Direito Civil Brasileiro*; e (62ª) *Legalidade e Autoritarismo: o Papel dos Juristas na Consolidação da Ditadura Militar de 1964.*

---

130. Nota documental: visando a preservação da Constituição, trata-se de uma obra que aponta para a existência de limites implícitos e explícitos. No limite, defendendo que a Constituição Federal de 1988 possui um núcleo duro que não pode(ria) ser alterado.

131. Nota documental: desde a sua primeira edição que remota a década de oitenta, trata-se de uma obra sobre processo penal em que Streck desde ali já denunciava os problemas do *in dubio pro societate* e dos estereótipos que permeiam o fenômeno jurídico. Em linhas gerais, realiza uma leitura filosófica do Direito a partir de autores como Ludwig Wittgenstein (enquanto filosofia da linguagem ordinária), bem como procura colocar em xeque o senso comum das práticas jurídicas.

132. Nota documental: trata-se do primeiro livro publicado por Streck e que coloca(va) em discussão a efetividade da Constituição. Nela, aponta-se o desacerto de dogmática jurídica tradicional em relação ao (des)uso do Mando de Injunção em face da sua leitura enquanto ação de inconstitucionalidade por omissão subsidiária.

2

RESPOSTAS AOS CRÍTICOS

É relevante destacar já que existem outros trabalhos dedicados à exploração de críticas dirigidas a teóricos do Direito, tendo como exemplo a obra *Dworkin and His Critics: With Replies by Dworkin*[1]. Inspirado por essa abordagem, empreende-se aqui um estudo que visa analisar quinze críticas frequentemente direcionadas a Lenio Luiz Streck e à sua Teoria. Ao adotar essa perspectiva crítica, busca-se não apenas compreender as objeções levantadas, mas também oferecer respostas contextuais e comentadas. Este exercício visa promover um diálogo construtivo, possibilitando uma análise aprofundada das críticas em questão e, ao mesmo tempo, permitindo uma (re)interpretação da Crítica Hermenêutica do Direito.

Enquanto objeto, foram selecionadas aquelas críticas já reconhecidas como relevantes e que se encontram na obra *Diálogos com Streck: Hermenêutica, jurisdição e decisão*[2]. Por conseguinte, oportuno apontar que todas seguem (re)examinadas por três razões principais: **(i)** diante da natureza da obra *Diálogos com Streck* (forma de entrevista), algumas ideais de Streck não puderam ser exploradas em profundidade; **(ii)** essa profundidade não explorada pode ser esclarecedora para que iniciados e não iniciados possam melhor compreender as fronteiras da Crítica Hermenêutica do Direito; e **(iii)** as críticas foram assim selecionadas na intenção de afastar qualquer discricionariedade e/ou preferência deste escriba.

1. *Cf:* BURLEY, Justine. **Dworkin and his critics**: with replies by Dworkin. Oxford: Wiley-Blackwell, 2004.
2. STRECK, Lenio Luiz. **Hermenêutica, jurisdição e decisão**: diálogos com Lenio Streck. 2. ed. Porto Alegre: Livraria do Advogado, 2020a. p. 120-153.

Do ponto de vista metodológico, é importante antecipar que cada pergunta e sua respectiva resposta estão sumarizadas no início de cada subcapítulo. Para complementar e oferecer uma base mais completa, todas as proposições conclusivas de Lenio Luiz Streck sobre as temáticas abordadas estão disponíveis em notas de rodapé. Com efeito, visa-se proporcionar uma estrutura organizada para a análise das críticas/respostas, permitindo aos leitores uma compreensão clara e direta do conteúdo apresentado em cada seção. Ao mesmo tempo, as notas de rodapé oferecem um acesso imediato às considerações mais aprofundadas do autor, enriquecendo o entendimento e a contextualização das respostas apresentadas ao longo deste livro.

Enquanto chave de leitura deste capítulo, interessa assinalar a importância do princípio da caridade[3]. Defendido desde há muito por autores como Davidson e Blackburn (para ficar apenas nestes), aplicá-lo significa um gesto de cortesia para com nosso interlocutor. Nos apoiando em Blackburn, significa compreender que devemos interpretar quaisquer declarações de forma a maximizar a sua verdade e a sua racionalidade[4]. Com efeito, trata-se um gesto de "boa-fé epistêmica" no sentido de pressupor que há algum sentido a ser compreendido naquilo que é declarado pelo outro e, assim sendo, tanto as declarações críticas quanto às respostas de Streck seguem assim interpretadas.

Por fim, acompanha-se o entendimento de Lopes e Nobre de que é preciso superar aquilo que este segundo denominou "modelo do parecer"[5]. Isto é, quando trabalhos acadêmicos imitam a lógica da *práxis*

---

3. Nota explicativa: "Um traço constituinte, que é condição e exigência para que ocorra um diálogo autêntico, é o que D. Davidson desenvolveu – no campo da interpretação – sob a expressão Princípio da Caridade. Embora seja algo um tanto inusitado, esse princípio é fundamental no âmbito filosófico e evoca, de certa forma, a noção de amizade desenvolvida por Aristóteles, como um princípio que move e rege a filosofia. Conforme tal princípio, **trata-se de balizar a interpretação das palavras e a argumentação entre os parceiros do diálogo**, de modo que, 'assim como **devemos maximizar o acordo ou arriscar-nos a não encontrar sentido no que o estrangeiro está dizendo**, também devemos maximizar a autoconsistência que lhe atribuímos, sob pena de não entender a ele'. Este princípio tem o consenso mais universal como pressuposto de verdade e validade, que pode ser um critério para erigir a autenticidade do diálogo, porém não o único. **Na busca de sentido do texto e das palavras, o Princípio da Caridade opta pela tradução que procura maximizar o acordo em torno da interpretação.** Aplicado ao diálogo hermenêutico, implica a maximização do acordo com relação à pessoa e à opinião do outro pautado pela comunhão da paixão pelo saber. Esse princípio, mais que uma opção pessoal que se deve fazer para bem dialogar, é uma condição para uma teoria coerente e praticável" (grifo nosso). ROHDEN, Luiz. **Hermenêutica filosófica**: entre a linguagem da experiência e a experiência da linguagem. São Leopoldo: UNISINOS, 2019. p. 237-238.
4. BLACKBURN, Simon. **The Oxford Dictionary of Philosophy**. 2nd ed. Oxford: Oxford University Press, 2005. p. 59.
5. ***Cf:*** LOPES, Ziel Ferreira. **Onde habita o juiz Hércules**: uma aproximação entre teorias da interpretação e questões institucionais. 2020. f. 29. Tese (Doutorado em Direito) – Programa de Pós-Graduação em Direito, Universidade do Vale do Rio dos Sinos (Unisinos), São Leopoldo, 2020.

da advocacia de compilar apenas citações favoráveis ao que se quer defender sem examinar rigorosamente os argumentos contrários[6]. Ao fim e cabo, a partir do princípio da caridade e do exame rigoroso de cada crítica, prende-se compreender toda a problemática envolvida *sob a sua melhor luz*[7].

2.1 DA INSUFICIÊNCIA DA HERMENÊUTICA FILOSÓFICA PARA A CRIAÇÃO DE UMA INSUPERÁVEL TEORIA JURÍDICA

Enquanto primeira crítica, tem-se de que "*(m)esmo a hermenêutica filosófica descrevendo adequadamente o processo compreensivo, disto não se seguiria que a partir dela se pudesse gerar uma nova e insuperável teoria jurídica*"[8]. Dito de outro modo, que não haveria nexo de causalidade entre uma teoria jurídica insuperável e a sua origem calcada numa adequada descrição do processo compreensivo. Com efeito, constata-se que os críticos de Streck buscam alegar é que a presunção de veracidade-adequação da hermenêutica filosófica não seria suficiente para que o autor pudesse engendrar uma *insuperável teoria jurídica*.

Ao desmembrar a indagação, Streck esclarece sua posição, enfatizando que jamais afirmou ser possível derivar uma teoria jurídica intrinsecamente insuperável a partir do paradigma filosófico em questão (hermenêutica filosófica). Ademais, vai além ao argumentar que a própria pretensão de alcançar a insuperabilidade seria, por natureza, algo anti-hermenêutico. Em sua defesa, destaca que a Crítica Hermenêutica do Direito não se coloca como a única perspectiva válida, mas sim como uma entre diversas matrizes teóricas que coexistem no cenário jurídico. Além disso, enfatiza que a CHD e a hermenêutica filosófica são elabo-

6. "O parecer não procura, no conjunto do material disponível, um padrão de racionalidade e inteligibilidade para, só então, formular uma tese explicativa, o que seria talvez o padrão e o objetivo de uma investigação acadêmica no âmbito do direito. Dessa forma, no caso paradigmático e modelar do parecer, a resposta vem de antemão: está posta previamente à investigação". NOBRE, Marcos. Apontamentos sobre a pesquisa em direito no Brasil. **Revista Novos Estudos CEBRAP**, São Paulo, n. 66, p. 145-153, jul. 2003. Disponível: http://bibliotecavirtual.cebrap.org.br/arquivos/ 019_artigo.pdf. Acesso em: 03 mar. 2023.

7. Trata-se de um termo eminente dworkiniano que nos aponta para a intenção de compreender um dado fenômeno a partir da sua melhor interpretação. ***Cf:*** **(i)** DWORKIN, Ronald. **A raposa e o porco-espinho**: justiça e valor. Tradução de Marcelo Brandão Cipolla. São Paulo: WMF Martins Fontes, 2014; e **(ii)** DWORKIN, Ronald. **Uma questão de princípio**. Tradução de Luís Carlos Borges. 2. ed. São Paulo: Martins Fontes, 2005.

8. STRECK, Lenio Luiz. **Hermenêutica, jurisdição e decisão**: diálogos com Lenio Streck. 2. ed. Porto Alegre: Livraria do Advogado, 2020a. p. 120.

rações distintas; no sentido da primeira configurar uma teoria jurídica, enquanto a segunda um empreendimento filosófico. Essa clarificação proporciona uma visão mais abrangente e matizada da abordagem de Streck, destacando a coexistência de diferentes correntes teóricas e a natureza específica de sua contribuição para o pensamento jurídico[9].

Examinando com maior profundidade cada argumento, percebe-se que toda essa primeira crítica se nutre de um certo ceticismo em relação ao âmago da Crítica Hermenêutica do Direito. Surge a indagação: Streck acredita que sua Teoria seria insuperável? A hermenêutica filosófica seria compatível com ideias insuperáveis? Afinal, qual é o lugar da hermenêutica filosófica perante a CHD? Essa linha de questionamento não apenas revela as complexidades subjacentes à discussão, mas também destaca a necessidade de uma análise mais profunda das posições de Streck e do papel desempenhado pela hermenêutica filosófica dentro do quadro conceitual da Crítica Hermenêutica do Direito.

(i) Streck acredita que sua Teoria seria insuperável?

Partindo da premissa de que o próprio autor esclarece nunca ter afirmado que a Crítica Hermenêutica do Direito seria uma teoria jurídica insuperável[10], é pertinente expandir essa resposta e explorar o horizonte jurídico-teórico para além da CHD. Diante do evidente, é válido ampliar o escopo da análise, considerando que quando questionado sobre o futuro da Teoria do Direito como um todo, Streck aborda a complexidade dos projetos teóricos existentes, muitas vezes assemelhando-se a uma Babel na qual cada abordagem busca ser mais crítica do que a outra. Em resposta, ele direciona nosso olhar não apenas para os desafios inerentes aos projetos teóricos contemporâneos, mas também para o problema fundamental

---

9. "De fato, entendo ser esta a leitura filosófica mais adequada para pensar o ser humano e o modo como este (auto)compreende, para dizer de forma muito resumida. Porém, **nunca afirmei que a partir desta leitura seria gerado uma teoria jurídica insuperável**. É indevida essa acusação. Na realidade eu diria até que **isto é anti-hermenêutico**, diante de nossa finitude e de estarmos lançados na faticidade em que algo sempre nos escapa. Como pensar num projeto teórico insuperável? **A CHD se apresenta como uma matriz teórica alternativa**, ao lado dela se apresentam outras que também são dignas de nota. Incluo nessas algumas contribuições relevantes à do positivismo exclusivo, como a noção de preempção de Joseph Raz [...] **A Crítica Hermenêutica do Direito, fundada por mim, é uma teoria jurídica; a hermenêutica filosófica de Gadamer é um empreendimento filosófico**, isto é, não são a mesma coisa, e nem a instrumentalizamos. **Tanto Heidegger quanto Gadamer servem como vetores/standards de racionalidade**, como diria Ernildo Stein – este ícone da filosofia no Brasil – com os quais podemos desenvolver uma teoria do direito que nos permita ler a realidade jurídica com outros olhos" (grifo nosso). STRECK, *op. cit.*, 2020a, p. 125.
10. *Ibid.*, p. 125.

que deve ser enfrentado pelas Teorias jurídicas em geral: a carência (e a necessidade) de uma Teoria de Decisão. Essa abordagem, nas palavras de Streck, revela-se como um convite para refletir não apenas sobre as questões imediatas, mas também sobre os alicerces estruturais que sustentam as teorias jurídicas e sua capacidade de fornecer uma orientação efetiva para a tomada de decisões no ambiente jurídico. Em seus termos:

> No painel do qual participei no congresso do IBC-CRIM **em agosto de 2015, chamei a atenção para a necessidade da construção de uma teoria da decisão, tecla na qual bato de há muito, como sabem**. Sei que esse assunto desagrada parcela considerável de juristas. Alguns, por ignorância (no sentido de *ignorare*, portanto, sem ofensa), não se dão conta de que **o problema do protagonismo judicial, vitaminada por discricionariedades, livre convencimento, etc., é um problema da própria democracia**. Outros atendem a uma espécie de razão cínica, sendo subdivididos em grupos. Vou tentar mostrar isso em poucas palavras. Primeiro, há os que são contra porque acham que 'isso é assim mesmo' e que não temos como fugir do solipsismo, suas derivações ou vulgatas. Contentam-se em lidar com isso a partir de uma falácia naturalista. Há outro grupo, cujos integrantes são assumidamente pragmatistas ou pragmaticistas, achando que cada decisão é um grau zero de sentido e que o que importa mesmo é 'resolver problemas'. Na verdade, resolvem um problema e criam dezenas. Há ainda um terceiro grupo. Seus componentes não concebem que o direito tenha um elevado grau de autonomia. Sim, para estes, tudo vira sociologia, economia ou política, estando ali enquadrados adeptos de um certo tipo de marxismo baseado, grosso modo, em Althusser.
>
> [...]
>
> O que interliga esses três grupos? Simples e complexo. Mas, em uma frase, **o fio condutor é o fato de que transferem o polo de tensão do direito para a decisão. Pronto. O problema é que, ao fazerem isso, correm o risco de se transformar em profetas do passado**, como se o tempo fosse uma sucessão de agoras. É certo que não podemos desconsiderar a práxis, como se o direito fosse um amontoado de conceitos sem coisa. Também é certo que a falta de pesquisas empíricas tende a gerar uma doutrina vazia, puramente especulativa. Mas o outro extremo, a 'empiricização', pode levar a um direito cego, sem imaginação institucional, sem horizonte. Uma pessoa sem horizontes é aquela que não conse-

gue ver nada além das coisas imediatas. Ela diz: 'é assim mesmo' (grifo nosso).[11]

Em coerência as ideias defendidas em obras como *O que é isto – decido conforme minha consciência?*[12], *Hermenêutica Jurídica e(m) Crise*[13]; *Lições de Crítica Hermenêutica do direito*[14], *Para Compreender direito: a Hermenêutica Jurídica*[15], *Verdade e Consenso*[16], *Jurisdição Constitucional*[17] e no *Dicionário de Hermenêutica*[18] (componentes do núcleo duro da CHD), Lenio Luiz Streck defende a tese de que a democracia e a jurisdição, encontram na Teoria da Decisão uma de suas condições essenciais de possibilidade. Essa perspectiva fundamenta-se na ideia de que, caso seja

---

11. STRECK, Lenio Luiz. **Hermenêutica, jurisdição e decisão**: diálogos com Lenio Streck. 2. ed. Porto Alegre: Livraria do Advogado, 2020a. p. 242-243.
12. Por todas elas: "Está na (falta de uma) **teoria da decisão** o ponto nodal da (não) superação do positivismo e de seus elementos fundantes (fontes sociais, cisão entre direito e moral e discricionariedade)" (grifo nosso). STRECK, Lenio Luiz. **O que é isto – decido conforme minha consciência?** 5. ed. Porto Alegre: Livraria do Advogado, 2012. p. 120.
13. Por todas elas: "Há um espaço que o Judiciário não alcança. Por isso, uma **teoria da decisão** é importante para nos assegurar dos limites desse espaço não alcançado pelo Judiciário; um espaço democraticamente garantido, para que nossa democracia não se transforme em uma juristocracia" (grifo nosso). STRECK, Lenio Luiz. **Hermenêutica jurídica e(m) crise**: uma exploração hermenêutica da construção do direito. 11. ed. Porto Alegre: Livraria do Advogado, 2014. p. 67.
14. Por todas elas: "Para uma melhor compreensão acerca do papel do intérprete do direito nesta quadra da história, faz-se necessária a desconstrução de uma tese que vem servindo de base para a caracterização dos modelos de direito e de juiz nos diversos sistemas jurídicos contemporâneos, o que tem levado a diversos e diferentes equívocos na teoria do direito. Essa questão tem uma relação umbilical com a questão da democracia e da divisão de poderes, na medida em que a jurisdição constitucional afetará essa problemática de acordo com aquilo que se pode denominar de **teoria da decisão** e o papel a ser exercido pelo juiz" (grifo nosso). STRECK, Lenio Luiz. **Lições de crítica hermenêutica do direito**. 2. ed. Porto Alegre: Livraria do Advogado, 2016. p. 143.
15. Por todas elas: "é papel da doutrina engajar-se na busca de **uma teoria da decisão** judicial, fiel ao Direito e aos sentidos que a tradição da própria prática impõe; uma teoria responsável, ela, sim, por estabelecer esses critérios que definem as diretrizes de uma resposta institucional adequada e democrática, a única que pode resolver nossos desacordos para além do emotivismo que nos tem derrotado" (grifo nosso). STRECK, Lenio Luiz. **Para compreender direito**: a hermenêutica jurídica. 2. ed. São Paulo: Tirant Lo Blanch, 2022. p. 66.
16. Por todas elas: "A falta de uma teoria da decisão é a causa de vários problemas para a teoria do Direito. Uma delas é a incorporação no sistema jurídico de teorias alienígenas recepcionadas de forma acrítica, sem contextualizar o ambiente histórico e social na qual foram criadas. Incorporar teorias ou métodos de autores estrangeiros pode trazer ganhos qualitativos formidáveis, desde que sejam contextualizados e adaptados a problemas e questões atuais daquele determinado ordenamento pelo qual se quer aplicá-las". STRECK, Lenio Luiz. **Verdade e consenso**: Constituição, hermenêutica e teorias discursivas. 6. ed. São Paulo: Saraiva, 2017. p. 87.
17. Por todas elas: "[...] a aplicação do direito necessita de uma **teoria da decisão**, como modo de preservar a força deontológica dos direitos previstos na Constituição, evitando que o Poder Judiciário fragilize esse grau de autonomia alcançado (pelo direito)". STRECK, Lenio Luiz. **Jurisdição constitucional e decisão jurídica**. 4. ed. São Paulo: Revista dos Tribunais, 2014. p. 654.
18. Por todas elas: "[...] a democracia sempre corre perigo se a aplicação do Direito pelos juízes e Tribunais é feita sem uma adequada **teoria da decisão** judicial, enfim, de uma criteriologia e, finalmente" (grifo nosso). STRECK, Lenio Luiz. **Dicionário de hermenêutica**: 50 verbetes fundamentais da teoria do direito à luz da crítica hermenêutica do direito. 2. ed. Belo Horizonte: Casa do Direito, 2020b. p. 388.

comprometida a capacidade de proferir decisões em conformidade com a Constituição, a democracia perde sentido, e o Direito perde sua razão de existir. Para elucidar esse posicionamento, alicerça-se na necessidade de proteger o Direito contra ameaças tanto endógenas quanto exógenas, visando resguardar sua integridade e vitalidade. Em síntese, a Teoria da Decisão emerge como um elemento crucial para preservar os pilares fundamentais da democracia e do Direito, atuando como um escudo protetor contra potenciais desafios que possam comprometer sua integridade. Explicando melhor esse posicionamento: blindar o Direito contra seus predadores endógenos e exógenos[19], resguardar a força normativa da Constituição[20] e possibilitar que a Jurisdição seja exercida dentro dos parâmetros da Constituição[21] só são tarefas passíveis de realização caso seja possível apontar como (in)adequada àquela decisão que (des) respeitou o Direito. Com efeito, Direito e Teoria da Decisão assumiriam um papel análogo ao das correntes para Ulysses: protegem-nos contra o fascínio sedutor do canto das sereias, seja esse encanto representado pela consciência do juiz, pela voz das ruas, pela moral, pela discricionariedade, pela ideologia, entre outros.

Em harmonia com aquilo que é sustentado em *Verdade e Consenso* e levando em conta que nossa história recente empreendeu um "*deslocamento do polo de tensão entre os poderes do Estado em direção à jurisdição*

---

19. Nota explicativa: "a autonomia do Direito representa a blindagem ou resistência contra os seus predadores 'naturais', exógenos e endógenos. Com efeito, a moral, a política e a economia, embora sejam fundadores cooriginários ao Direito, institucionalmente passam a buscar espaços na ossatura jurídica estatal. Esse é o jogo democrático. Dentro das regras, é legitimo que os diversos discursos busquem alterar, suprimir ou acrescentar normativas legais-constitucionais. Qualquer alteração, supressão ou acréscimo feito fora das regras do jogo significará fragilização da autonomia do Direito. Exatamente por isso o Direito terá que estar blindado. Observe-se que, ao lado dos predadores exógenos, há os endógenos, representados pelos discursos voluntaristas, pamprincipiologismos, ponderações, dualismos metodológicos, discricionarismos e coisas do gênero, todos voltados a substituir, de algum modo, o Direito posto". STRECK, Lenio Luiz. **Dicionário de hermenêutica**: 50 verbetes fundamentais da teoria do direito à luz da crítica hermenêutica do direito. 2. ed. Belo Horizonte: Casa do Direito, 2020b. p. 26.

20. Nota explicativa: "a Constituição, nesta quadra da história, a partir da revolução copernicana que atravessou o direito público depois do segundo pós-guerra, passa a ser – em determinadas circunstâncias – condição de possibilidade do exercício do regime democrático". STRECK, Lenio Luiz. **Verdade e consenso**: Constituição, hermenêutica e teorias discursivas. 6. ed. São Paulo: Saraiva, 2017. p. 114.

21. Nota explicativa: "[...] em países de modernidade tardia, como o Brasil, na inércia/omissão dos Poderes Legislativo e Executivo no cumprimento do catálogo de direitos constitucionais (mormente no âmbito do direito à saúde, à função social da propriedade, ao direito ao ensino fundamental etc.), não se pode abrir mão da intervenção da justiça constitucional na busca da concretização dos direitos constitucionais de várias dimensões. Daí crescer em importância a necessidade de uma teoria da decisão judicial preocupada com a democracia. E democracia quer dizer controle das decisões judiciais, uma necessária prestação de contas". STRECK, Lenio Luiz. **Para compreender direito**: a hermenêutica jurídica. 2. ed. São Paulo: Tirant Lo Blanch, 2022. p. 95.

(constitucional), pela impossibilidade de o legislativo (a lei) antever todas as hipóteses de aplicação"[22], resta evidente a importância de uma Teoria da Decisão: edificar uma forma das decisões judiciais serem controladas de forma a não colocarem em risco a própria edificação constitucional. Em última instância, a Teoria da Decisão desempenha um papel fundamental ao garantir que as decisões judiciais estejam alinhadas com os princípios constitucionais, oferecendo uma salvaguarda vital para a integridade do sistema jurídico diante das complexidades e desafios emergentes no cenário contemporâneo.

Retomando o ponto de que Streck relata nunca ter afirmado que Crítica Hermenêutica do Direito seria uma *insuperável teoria jurídica*[23] e relembrando que a pretensão de Teoria em questão é "*estabelecer as condições para a construção de uma teoria da decisão*"[24], conclui-se que a insuperabilidade teórica nunca foi um norte teórico do autor. Concorde-se ou não com a Teoria de Decisão proposta pela CHD, dela se perfazem seus limites. Numa última passagem sobre o tema:

> Quem critica a hermenêutica por ter pretensões absolutistas desconhece, profunda e lamentavelmente, aquilo que pretende criticar. O que pretendo, e sempre pretendi, é mostrar que – como paradigma de observação do Direito – a analítica está esgotada. É preciso pensar diferente. A hermenêutica é uma delas. Não é a única. Mas é, dentre todas, aquela que se apresenta melhor.[25]

(ii) A *hermenêutica filosófica* seria compatível com ideias insuperáveis?

Não sem razão, alguns leitores talvez tenham ficado surpresos com a declaração de Streck de que insuperabilidades conceituais são algo essencialmente anti-hermenêutico. Com alguma razão pois desde há muito a hermenêutica é compreendida como um conjunto de métodos interpretativos aptos a proporcionar uma interpretação verdadeira e sem razão por que não é dessa hermenêutica que Streck encontra sustentação (vide *item 1.1.6.*). Outra vez mais sob um olhar metafórico:

---

22. STRECK, *op. cit.*, 2017, p. 302.
23. *Ibid.*, p. 302.
24. STRECK, Lenio Luiz. **Dicionário de hermenêutica**: 50 verbetes fundamentais da teoria do direito à luz da crítica hermenêutica do direito. 2. ed. Belo Horizonte: Casa do Direito, 2020b. p. 279.
25. STRECK, Lenio Luiz. **Verdade e consenso**: Constituição, hermenêutica e teorias discursivas. 6. ed. São Paulo: Saraiva, 2017. p. 51.

> O ser humano, enquanto ser no mundo, está condenado a interpretar. Como no mito de Sísifo, levamos a pedra todos os dias ao alto da montanha e a pedra rola de volta. No dia seguinte começa tudo de novo. A pedra não fica no alto porque não existe o significado final, perfeito, acabado. Não existe o 'sentido último'. Jamais alcançaremos um sentido que contenha todas as respostas de antemão. Pelo contrário. Portanto, retornemos, Hermes e Sísifo nos legaram lições importantes. Chamamos a esse fenômeno circular de hermenêutica. E é justamente a ausência, ou impossibilidade de acesso aos sentidos últimos que faz do homem Homem, e não Deus.[26]

Desenvolvendo essa passagem em outros termos, note-se que a *hermenêutica filosófica* brandida por Streck não é compatível com ideias insuperáveis pelo "simples" fato de que toda compreensão deve encontrar guarida na finitude[27]. Para o autor, a "*(h)ermenêutica é, antes de qualquer método de interpretação, a compreensão da nossa própria condição enquanto seres jogados no mundo*"[28] e daí porque da primazia da finitude. O horizonte da facticidade torna a verdade algo necessariamente precário e inerente a temporalidade. Em termos menos abstratos, a verdade tem sempre um sentido histórico e que por isso mesmo não pode transcendê-la. Reforçando os dizeres de Gadamer "*não é a história que nos pertence mas somos nós que pertencemos a ela*"[29].

No contexto da Crítica Hermenêutica do Direito, o controle intersubjetivo dos sentidos não se funda numa objetividade da realidade exterior (metafísica clássica) e nem numa epistemologia do sujeito (metafísica moderna)[30] pois a verdade reivindicada pela Teoria em questão encontra-se "fundada naquilo que a 'comunidade' já compartilha, e que não se pode alcançar em sua total radicalidade: a indisponibilidade histórica dos sentidos"[31].

---

26. STRECK, Lenio Luiz. **Para compreender direito**: a hermenêutica jurídica. 2. ed. São Paulo: Tirant Lo Blanch, 2022. p. 11.
27. *Cf.* STEIN, Ernildo. **Compreensão e finitude**: estrutura e movimento da interrogação heideggeriana. 2. ed. Ijuí: Unijuí, 2016.
28. STRECK, Lenio Luiz. **Dicionário de hermenêutica**: 50 verbetes fundamentais da teoria do direito à luz da crítica hermenêutica do direito. 2. ed. Belo Horizonte: Casa do Direito, 2020b. p. 360.
29. GADAMER, Hans-Georg. **Verdade e método I**: traços fundamentais de uma hermenêutica filosófica. Tradução de Flávio Paulo Meurer. 15. ed. Petrópolis: Vozes, 2015. p. 367.
30. Conferir *item 1.1.5*.
31. STRECK, *op. cit.*, p. 447.

Acompanhando Westphal[32] e Streck[33], vale esclarecer que a hermenêutica aqui desenvolvida é um "universo de três andares". Toda proposição é duplamente derivativa e isto quer dizer que se apoia numa interpretação que por sua vez se apoia numa compreensão. Na medida em que interpretar é explicar o compreendido[34] e que estamos condenados a interpretar (lembremos de Sísifo), oportuno também esclarecer por que a obra *Verdade e Método* de Gadamer pode (ou deve) ser lida como *verdade contra o método*:

> Porque o autor tenta mostrar que no nível da linguagem (assim como no da experiência da arte e no do conhecimento histórico), manifesta-se uma verdade que não é produzida pelo método lógico-analítico, que não é de caráter lógico-semântico. E é um tipo de verdade à qual temos acesso por caminhos totalmente diferentes dos que estão estabelecidos pelo conhecimento científico em geral (GADAMER, 2012). Em outras palavras, Gadamer fala de um acontecer da verdade no qual sempre estamos embarcados pela tradição, sendo a hermenêutica a matriz que cuida dessa verdade que não se submete às regras metódicas das ciências humanas e, por isso, ela é chamada hermenêutica filosófica (e não metodológica).[35]

Numa palavra final, a verdade, aqui, é maior que a linguagem que o método quer controlar[36] e compreendê-la é também compreender que nunca a compreenderemos em absoluto.

(iii) Afinal, qual é o lugar da *hermenêutica filosófica* perante a CHD?

Retomando o ponto de que "*(t)anto Heidegger quanto Gadamer servem como vetores/standards de racionalidade*"[37], vale desenvolver essa

---

32. ***Cf:*** A hermenêutica enquanto epistemologia. GRECO, John; SOSA, Ernest (org.). **Compêndio de epistemologia**. São Paulo: Loyola, 2012. p. 645 e seg.
33. ***Cf:*** Hermenêutica e decisão jurídica: questões epistemológicas. STEIN, Ernildo; STRECK, Lenio (org.). **Hermenêutica e epistemologia**: 50 anos de verdade e método. Porto Alegre: Livraria do Advogado, 2011. p. 153 e seg.
34. ***Cf:*** A Fundamentação das Decisões Judiciais a partir da Crítica Hermenêutica do Direito: Fundamentalidade teórica e prática. FERRAZ, Miriam Olivia Knopik. **Law experience 2021**: jurisdição constitucional e direitos fundamentais. 2. ed. Curitiba: FAE/AFESBJ, 2021. p. 135 e seg.
35. STRECK, Lenio Luiz. **Dicionário de hermenêutica**: 50 verbetes fundamentais da teoria do direito à luz da crítica hermenêutica do direito. 2. ed. Belo Horizonte: Casa do Direito, 2020. p. 444-445.
36. STEIN, Ernildo. **Anamnese**. A filosofia e o retorno do reprimido. Porto Alegre: Edipucrs, 1997. p. 151.
37. STRECK, Lenio Luiz. **Hermenêutica, jurisdição e decisão**: diálogos com Lenio Streck. 2. ed. Porto Alegre: Livraria do Advogado, 2020a. p. 125.

afirmação para compreendê-la em profundidade. No limite, esclarecer o que se quer dizer quando se diz *vetores/standards de racionalidade*. Mas sigamos em partes.

Como asseverado em obras como *Verdade e Consenso*, *Hermenêutica Jurídica e(m) Crise*, *Lições de Crítica Hermenêutica do Direito* e no *Dicionário de Hermenêutica* (para citar apenas as principais), Streck nos explica que tanto Heidegger quanto Gadamer foram articuladores de um projeto filosófico que rompeu os padrões metafísicos da filosofia tradicional. Frise-se que foram os inauguradores de uma hermenêutica para além do método e isto é fundamental que se compreenda. Numa breve retrospectiva, houve uma superação do paradigma aristotélico tomista (metafísica clássica) e do paradigma da filosofia da consciência (metafísica moderna) a partir da compreensão que o sentido de *algo enquanto algo* não está a nem nas coisas mesmas e nem na consciência de si do pensamento pensante.

Por muitas vezes prestando homenagem ao filosófico que pioneiramente desenvolveu a concepção de "paradigmas filosóficos" (Stein[38]) enquanto elementos organizadores e estruturantes do próprio processo de conhecimento, Streck incorporou essa concepção nos seguintes termos:

> As posições teóricas que assumimos refletem, muitas vezes, apenas a superfície de um processo compreensivo muito mais complexo. Na verdade, em inúmeros casos, elas acabam por espelhar um conjunto de elementos que conformam o modo de se organizar o pensamento e de determinação do processo de conhecimento [...]. Esse fator ordenador, que condiciona o enquadramento do conhecimento em uma determinada época, nós chamamos, com Ernildo Stein, de paradigmas filosóficos. Na formulação do Filósofo gaúcho, esses paradigmas filosóficos funcionam como 'princípios organizadores' que exercem uma função no conhecimento científico. Para ele, esse elemento organizador 'pode ser considerado como um vetor da racionalidade científica, isto é, como um princípio com o qual se pode examinar aquilo que é implicitamente carregado pelo discurso científico'. Nesse sentido, a noção de paradigma filosófico funciona como um transcendental não clássico, ou seja, não ligado às amarras da subjetividade.

38. *Cf:* **(i)** STEIN, Ernildo. **Exercícios de fenomenologia**: limites de um paradigma. 1. ed. Ijuí: Unijuí, 2004; e **(ii)** STEIN, Ernildo. **A caminho do paradigma hermenêutico**: ensaios e conferências. 2. ed. Ijuí: Editora Unijuí, 2017.

Exerce ele uma função de fundamentação, no sentido de ser um elemento organizador, estruturante e abrangente.[39]

Nesse contexto, quando o autor se utiliza da termologia *vetores/standards de racionalidade*, "*(i)sso significa que, para que o filosofar tenha resultados profícuos, é necessário que o filósofo (ou jusfilósofo) saiba se movimentar no interior de um paradigma filosófico*"[40]. Assim, compreender a hermenêutica enquanto um paradigma é tanto um ato de apercebimento do chão filosófico em que estamos desde-sempre situados quanto um ato de observar novos horizontes que se apresentam justamente em razão desse novo ponto referencial. Se é verdade, por uma questão de lógica, que o horizonte se encontra nos olhos quem vê e não na realidade, verdadeiramente compreendermos onde estamos é também conseguir observar melhor o nosso entorno. Alegoricamente falando: este lugar em que Streck se apoia (*hermenêutica filosófica*) não é igual ao seu projeto teórico (Crítica Hermenêutica do Direito) e daí porque do autor afirmar que são empreendimentos diferentes.

Evitando mal-entendidos: "paradigmas filosóficos" e "vetores/standards de racionalidade" são termos equiparáveis e o que os diferencia é que a literatura costuma usar o segundo para explicar o primeiro.

Por certo, o que Stein legou a Streck e ao Direito é uma semântica que jogou luz a uma dimensão mais profunda do processo de conhecimento. Passamos a (re)conhecer como conhecemos o mundo. Mas como não poderia deixar de ser, também o Direito[41].

39. STRECK, Lenio Luiz. **Hermenêutica jurídica e(m) crise**: uma exploração hermenêutica da construção do direito. 11. ed. Porto Alegre: Livraria do Advogado, 2014. p. 142.

40. STRECK, Lenio Luiz. **Verdade e consenso**: Constituição, hermenêutica e teorias discursivas. 6. ed. São Paulo: Saraiva, 2017. p. 51.

41. Sobre o tema, vale frisar que o que Stein sustenta é "que toda boa filosofia é, antes de tudo, uma tentativa de responder ao problema do conhecimento e que os paradigmas filosóficos se postam como standards de racionalidade que pretendem enfrentar toda essa problemática. Nos termos do próprio autor, esses standards de racionalidade constituem-se como 'um princípio com o qual se pode examinar aquilo que é implicitamente carregado pelo discurso' e, **no contexto jurídico, isto quer dizer que é justamente a partir desses standards que os juristas se tornam capazes de encontrar uma teoria capaz de orientar o levantamento de problemas e o conjunto de impasses a serem resolvidos. No limite, o standard se antecipa em nosso conhecimento – o sustentando e o condicionando. Processos de argumentação e até de validação do discurso jurídico são sempre questões que vêm depois, sempre**" (grifo nosso). STRECK, Lenio Luiz; MADALENA, Luis Henrique Braga; QUARELLI, Vinícius. Desacordos compreensivos: uma necessária explicitação dos fundamentos teóricos na discussão jurídico-científica. **Revista Direito e Práxis**, Ahead of print, Rio de Janeiro, v. 20, n. 10, p. 1-23, 2023. DOI: 10.1590/2179-8966/2022/69069. Disponível em: https://www.e-publicacoes.uerj.br/index.php/revistaceaju/article/ view/69069/44891. Acesso em: 10 mar. 2023.

Diante do todo exposto, nota-se que a CHD tem na *hermenêutica filosófica* uma relação de interdependência que se deu (**i**) a partir da antropofagia feita Streck[42] e (**ii**) da compreensão da hermenêutica enquanto um autêntico paradigma filosófico.

2.2 DA INSUFICIÊNCIA DA HERMENÊUTICA FILOSÓFICA PARA A CRIAÇÃO DE UMA TEORIA DA DECISÃO

Como segunda crítica, tem-se que "*a hermenêutica filosófica, per si, não teria a capacidade de estabelecer limites definitivos à decisão judicial*"[43]. Ressignificando a inquirição supratranscrita em outros termos, que o paradigma filosófico que apoia Streck/CHD não seria capaz de fornecer limites definitivos às decisões judiciais. Desta vez, é perceptível que a crítica direcionada a Streck sugere que a hermenêutica filosófica, quando considerada isoladamente, careceria da capacidade intrínseca de desenvolver uma Teoria da Decisão definitiva. Em outras palavras, os críticos argumentam que, ao se limitar à hermenêutica filosófica como base, não seria possível construir um arcabouço teórico robusto o suficiente para fundamentar decisões judiciais de forma conclusiva e abrangente.

De forma objetiva, Streck se defende frisando que pretensões de insuperabilidade são algo essencialmente anti-hermenêutico e que isso também vale para o contexto do estabelecimento de limites definitivos às decisões judiciais. Ademais, indicando que desconhece quem acredita em tal possibilidade[44].

Revisitando a questão com maior profundidade, é pertinente destacar o imenso valor nas considerações apresentadas. Cada ponto levantado oferece uma oportunidade valiosa para uma reflexão mais aprofundada e uma análise mais abrangente do tema em questão. Essa abordagem minuciosa não apenas enriquece nosso entendimento, mas também nos permite explorar diversas perspectivas e nuances que podem estar subjacentes ao tópico discutido. É, portanto, essencial reconhecer e valorizar a profundidade das questões levantadas, pois elas podem lançar luz sobre aspectos significativos e inspirar uma análise mais detalhada e perspicaz.

---

42. Em caso de dúvida quanto ao termo, rever nota n. 126 e ler atentamente o próximo item deste capítulo.
43. STRECK, Lenio Luiz. **Hermenêutica, jurisdição e decisão**: diálogos com Lenio Streck. 2. ed. Porto Alegre: Livraria do Advogado, 2020a. p. 120.
44. "No mesmo sentido, também **anti-hermenêutico dizer que a hermenêutica filosófica estabelece limites à decisão**, não sei quem afirma isso" (grifo nosso). *Ibid.*, p. 125.

Bem por isso, tendo-se esclarecido por que a *hermenêutica filosófica* e a Crítica Hermenêutica do Direito são empreendimentos diferentes (*item 2.1*), resta espaço para responder como se tornam diferentes e perde espaço quaisquer digressões que sobreponham ao já explanado. Considerando, ainda, que a crítica em relação à pretensão de insuperabilidade do paradigma filosófico no qual Streck se encontra apoiado já foi respondido (*item 2.1*), sobrevêm a oportunidade de explicar como a Crítica Hermenêutica do Direito articula a sua própria Teoria da Decisão. Nessa conjuntura e por essas razões, este subcapítulo é delineado tanto no sentido de esclarecer o processo criativo da Crítica Hermenêutica do Direito quanto no sentido de aprofundar nossa compreensão sobre como a CHD busca estabelecer limites fundamentais às decisões judiciais.

(i) 1ª razão: cooriginariedade e antropofagia Crítica Hermenêutica do Direito

A Hermenêutica filosófica e a Crítica Hermenêutica do Direito divergem devido às suas distintas naturezas, e presumo que o leitor tenha compreendido o cerne da questão. Foi a partir de um empreendimento filosófico que Streck elaborou sua abordagem no âmbito jurídico. De fato, existe uma relação genealógica da Crítica Hermenêutica do Direito com os escritos de pensadores como Gadamer, Heidegger, e outros do mesmo campo. Um exemplo ilustrativo é que Heidegger nunca dedicou atenção ao Direito em sua obra[45] e, como continuidade, o fato de que Streck escreveu dezenas de livros sobre o assunto. Por conseguinte, é razoável afirmar que hermenêutica filosófica e CHD tem uma relação de cooriginariedade e que a segunda passa a ter autonomia em relação a primeira para articular as suas próprias teses. Em outros termos, CHD e *hermenêutica filosófica* possuem uma origem comum (calcada na filosofia) e um direcionamento inerentemente distinto em razão das suas singularidades.

Na qualidade de justificativa dessa autonomia, surge então o termo empregado no título do presente item. Antropofagia é um vocábulo comumente utilizado por Streck para explicar como o legado de Heidegger, Gadamer, Wittgenstein e Dworkin foram por ele incorporados para o advento de sua Teoria – a Crítica Hermenêutica do Direito. Em seus próprios termos:

45. STRECK, Lenio Luiz. **Hermenêutica, jurisdição e decisão**: diálogos com Lenio Streck. 2. ed. Porto Alegre: Livraria do Advogado, 2020a. p. 196.

> a CHD tem como fundamento filosófico a Filosofia Hermenêutica (Heidegger), a Hermenêutica Filosófica (Gadamer) e no plano da Teoria do Direito compartilha de/com elementos da teoria integrativa de Ronald Dworkin. Mas é necessário fazer uma ressalva: **os referidos pensadores, cada um em seu nível de contribuição epistêmica, foram incorporados antropofagicamente para constituir a CHD**. Ou seja, não é Heidegger e nem Gadamer simplesmente aplicados ao Direito, de modo direto/instrumental. Isso seria um equívoco, uma vez que ambos não trataram diretamente das especificidades do fenômeno jurídico. Deste modo, contribuem enquanto cosmovisão básica. No mesmo sentido, a CHD apesar de se aproximar da ideia do Direito como integridade (law as integrity), não é uma teoria dworkiniana. Se assim fosse, teria que partilhar o todo da obra de Dworkin – o que não ocorre – assim, não seria outra teoria, mas apenas uma aplicação do jurista norte-americano à realidade brasileira. Assim, resultando de (des)leituras antropofágicas, a CHD se constitui como uma matriz autônoma, não escondendo seus aportes basilares e o(s) seu(s) lugar(es) de fala (grifo nosso).[46]

Desenvolvendo essa citação, cabe refletirmos sobre a diferença entre pensarmos como/com um autor e de pensarmos a partir dele. Ao passo que pensar como/com um autor é glosar suas referências e discuti-lo em seus próprios termos, pensar a partir dele é tê-lo como cosmovisão para o desenvolvimento de algo diferente[47].

Note-se, então, devido a que Streck se distancia até mesmo de autores como Dworkin. Se neste último a *hermenêutica filosófica* é implícita, em Streck ela é explícita[48]. Não menos importante, há de se dizer que uma

46. STRECK, Lenio Luiz. **Para compreender direito**: a hermenêutica jurídica. 2. ed. São Paulo: Tirant Lo Blanch, 2022. p. 33.

47. Exemplificando: "O que a Crítica Hermenêutica do Direito e os hermeneutas brasileiros fazem ao exprimir suas críticas sobre súmulas vinculantes não se traduz num discurso com hermenêutica, mas, sim, num discurso hermenêutico propriamente dito. Não discorrem com ou como o autor alemão. Na verdade, posicionam-se teoricamente a partir dele – uma vez que o mesmo autor realizou uma desconstrução da metafísica ocidental (ainda fundada em uma leitura possível da Metafísica de Aristóteles) e é sobre esse paradigma filosófico que as súmulas vinculantes se encontram pretensamente justificadas". STRECK, Lenio Luiz; MADALENA, Luis Henrique Braga; QUARELLI, Vinícius. Desacordos compreensivos: uma necessária explicitação dos fundamentos teóricos na discussão jurídico-científica. **Revista Direito e Práxis**, Ahead of print, Rio de Janeiro, v. 20, n. 10, p. 1-23, 2023. DOI: 10.1590/2179-8966/2022/69069. Disponível em: https://www.e-publicacoes.uerj.br/index.php/revistaceaju/article/ view/69069/44891. Acesso em: 10 mar. 2023.

48. Sobre essa interpretação e sobre o posicionamento de Streck quanto as semelhanças entre Gadamer-Dworkin, cumpre esclarecer: "Há muitas parecenças entre Dworkin e Gadamer, como venho explicando de há muito. Veja: eu não estou dizendo – e nunca disse – que Dworkin é gadameriano.

Teoria foi formulada num contexto de *common law* e outra num contexto de *civil law*. Posto isto e muito embora ambas as teorias carreguem uma mesma preocupação similar que é a oposição à discricionariedade judicial, carregam também diferenças importantes: (**i**) Dworkin se compromete com decisões corretas (*one right answer*) por intermédio da coerência e integridade normativas. Sendo *Juiz Hercules* e *romance em cadeia* algumas das suas ideias mais populares; (**ii**) já Streck se compromete com decisões corretas (*resposta adequada à Constituição*) a partir de uma autêntica compreensão da força normativa da Constituição e da sua possível parametricidade[49] – elementos estes que, como se verá, se encontram explicitados por um conjunto de heurísticas elaboradas pelo autor.

Perante o exposto, não resta dúvida de que Streck-Dworkin e CH-D-hermenêutica possuem conexões importantes. Mas que disso não se conclua que são empreendimentos teóricos análogos. Em contexto: nem a *hermenêutica fundamental* e nem a teoria dworkiniana tiveram como preocupação a realidade de países de modernidade tardia como Brasil e por isso a CHD se singulariza enquanto uma autêntica teoria brasileira.

(ii) 2ª razão: nexo entre Crítica Hermenêutica do Direito e Teoria da Decisão

Em oposição ao positivismo kelseniano, ao realismo jurídico[50], ao pragmatismo jurídico[51], ao positivismo *lato sensu* enquanto tradição[52] e as diversas outras matrizes teóricas[53] que pouco se preocupa(ra)m com a questão de como juízes deve(ria)m decidir, Teorias que carregam essa pretensão são aquelas que, acompanhando Arthur Kaufmann, podemos

---

Sempre disse que há coisas em comum e existem algumas coisas que Dworkin buscou em Gadamer. Há apenas duas menções de Dworkin a Gadamer. Mas o conceito de direito de Dworkin se aproxima sobremodo da hermenêutica. A coerência e a integridade têm relação com a tradição e a autoridade da tradição propostas por Gadamer". STRECK, *op. cit.*, p. 42.

49. Para um entendimento mais completo sobre o tema, recomenda-se o texto "Semelhanças e diferenças entre a Resposta Adequada à Constituição (RAC) da CHD e a tese de Dworkin" (presente na obra *Para compreender direito*).

50. ***Cf:*** verbete "realismo jurídico" presente no Dicionário de Streck.

51. ***Cf:*** **(i)** QUARELLI, Vinícius; MADALENA, Luis Henrique Braga; SAMPAR, Rene Erick. Inconstitucionalidades paradigmáticas e o pragmatismo. **Constituição, Economia e Desenvolvimento**: Revista Eletrônica da Academia Brasileira de Direito Constitucional, Curitiba, v. 14, n. 26, p. 295-313, 10 nov. 2022; e **(ii)** verbete "pragmatismo" presente no Dicionário de Streck.

52. ***Cf:*** verbete "positivismo" presente no Dicionário de Streck.

53. ***Cf:*** STRECK, Lenio Luiz (coord.). **A discricionariedade nos sistemas jurídicos contemporâneos**. 2. ed. Salvador: Juspodivm, 2019.

conceituar de *teorias normativas*[54]. Aqui nos afastando da intenção de divagar como cada tradição supramencionada escapa da discussão de como como juízes deve(ria)m decidir, recomenda-se aos mais interessados a leitura das notas que acompanham cada denominação e sigamos com o essencial: *decidir não é o mesmo que escolher*[55].

Nesse contexto, compreender a figura do juiz enquanto portador de responsabilidade e a decisão judicial enquanto um ato a ser justificado é o que explica esse postulado, bem como sua dualidade[56]. Em vista disso, mais sentido tem a afirmação de Streck de que CHD também pode ser interpretada como uma Teoria da Decisão[57] e mais profundidade a declaração de que sua tarefa é a de estabelecer as condições para a construção de uma Teoria da Decisão[58]. Compreender-defender que *decidir não é o mesmo que escolher* é, também, ter uma preocupação verdadeiramente qualitativa em relação ao Direito. Em uma breve síntese que talvez nos ajude:

> cumpre salientar que aquilo que se denomina '**Teoria de Decisão**' não enseja tão somente reflexões acerca de como os juízes devem decidir. Em vez disso, **abrange a preocupação da própria Teoria do Direito acerca de como se justificam as decisões judiciais e o que isso implica na prática**. Nessa senda, autores como Lenio Streck, Ronald Dworkin e Robert Alexy possuem propostas que singularizam seus escritos e isto não pode ser desconsiderado. A tese da resposta adequada à Constituição (RAC) de Streck, as propostas do Romance em Cadeia e do Juiz Hércules de Dworkin e a teoria da ponderação de Alexy exsurgem enquanto **concepções diferentes que de alguma forma compartilham uma mesma pre-**

54. "Por **teorias normativas** da decisão devem entender-se, no domínio jurídico, as teorias que prescrevem ao juiz como e segundo que regras ele decide de modo certo ou justo" (grifo nosso). KAUFMANN, Arthur. **Introdução à filosofia do direito e à teoria do direito contemporâneas**. 3. ed. Lisboa: Fundação Calouste Gulbenkian, 2015. p. 530.

55. ***Cf:*** QUARELLI, Vinícius; BERNSTS, Luísa Giuliani. Teorias da decisão e o porquê de decidir não ser escolher. **Consultor Jurídico**, São Paulo, 2 jul. 2022. Disponível em: https://www.conjur.com.br/2022-jul-02/diario-classe-teorias-decisao-porque-decidir-nao-escolher. Acesso em: 5 out. 2022.

56. "essa diferença não se apresenta em um nível valorativo (ou seja, não se trata de afirmar que a decisão é melhor ou pior que a escolha), mas, sim, estrutural. Respostas de escolha são respostas parciais; respostas de decisão são respostas totais, nas quais entra em jogo a existência inteira [...] há uma diferença entre o decidir, que é um ato de responsabilidade política e o escolher, que é um ato de razão prática. O primeiro é um ato estatal; o segundo, da esfera do cotidiano, de agir estratégico." STRECK, Lenio Luiz. **Dicionário de hermenêutica**: 50 verbetes fundamentais da teoria do direito à luz da crítica hermenêutica do direito. 2. ed. Belo Horizonte: Casa do Direito, 2020b. p. 387-388.

57. STRECK, Lenio Luiz. **Verdade e consenso**: Constituição, hermenêutica e teorias discursivas. 6. ed. São Paulo: Saraiva, 2017. p. 33.

58. *Ibid.*, p. 14.

> **ocupação: como são decididas as questões jurídicas?** (dimensão aplicativa que envolve precipuamente uma teoria das fontes e da decisão judicial) (grifo nosso).[59]

Decisões judiciais não são um ato de escolha, não cabe ao juiz decidir de acordo com a sua consciência e o Direito não está à nossa disposição quiçá pareçam afirmações óbvias diante de todo esse contexto. Mas o que se adianta em absoluto é que respondê-las nunca foi uma tarefa fácil. Dificuldade essa que se soma ao problema da complexidade de se compreender corretamente o Direito – algo que Lopes denomina *sobrecarga cognitiva*[60].

Jogando luz ao problema tomada de decisão, Streck cunhou a tese da *resposta adequada à Constituição* (RAC) e aqui se encontra o elo entre Crítica Hermenêutica do Direito e Teoria da Decisão. Visto que procura deslindar o problema, cuida-se de um Teoria que vai além da mera problematização. Em breves palavras que jamais poderiam resumir a tese da *resposta adequada à Constituição* e apenas conferindo-lhe um esboço possível[61]:

> a CHD propõe uma teoria da decisão que alcance a resposta adequada à Constituição. Em primeiro lugar porque a interpretação do Direito em um Estado democrático de Direito não é compatível com esquemas interpretativos-procedimentais que conduzam a múltiplas respostas. Tal como Dworkin (*Law as Integrity*), parte-se da ideia do Direito como atividade interpretativa, situando-o em um contexto intersubjetivo de fundamentação como forma de assegurar a coerência e a integridade da decisão, sem perder de vista a responsabilidade política do julgador na promoção da igualdade. Logo, o juiz deve decidir pela interpretação que melhor reflita a estrutura das instituições e decisões da comunidade.
>
> Além disso, é imprescindível que o intérprete compreenda o sentido da Constituição, a partir do círculo hermenêutico, e não

59. QUARELLI, Vinícius; BERNSTS, Luísa Giuliani. Teorias da decisão e o porquê de decidir não ser escolher. **Consultor Jurídico**, São Paulo, 2 jul. 2022. Disponível em: https://www.conjur.com.br/ 2022-jul-02/diario-classe-teorias-decisao-porque-decidir-nao-escolher. Acesso em: 5 out. 2022.

60. LOPES, Ziel Ferreira. **Onde habita o juiz Hércules**: uma aproximação entre teorias da interpretação e questões institucionais. 2020. f. 84. Tese (Doutorado em Direito) – Programa de Pós-Graduação em Direito, Universidade do Vale do Rio dos Sinos (Unisinos), São Leopoldo, 2020.

61. Sobre o tema da Teoria da Decisão proposta pela CHD, oportuno frisar o ponto de que este trabalho não tem a pretensão de substituir as elaborações de Streck sobre este tema ou sobre qualquer outro. Antes de tudo por ser uma tarefa impossível. De toda forma, ao pesquisador dedicado e ao leitor atento é que dedico as notas que seguem.

> como um elemento objetivo, separado do intérprete. As condições de possibilidades para que o intérprete compreenda o texto constitucional implicam a existência de uma pré-compreensão sobre a totalidade do sistema jurídico-político-social, da qual depende a força normativa da Constituição. Nesse espectro, a baixa compreensão acerca do sentido da Constituição acarretará sua baixa aplicação e, por conseguinte, haverá um déficit à efetivação dos direitos e garantias fundamentais.
>
> Assim, a proposta da CHD é a resistência através da Constituição como instância de autonomia do Direito, que está sob constante ameaça dos predadores endógenos (discricionariedades judiciais) e exógenos (política, discurso corretivo da moral e análise econômica do Direito). Busca-se o resgate do papel transformador do Direito pela obrigatoriedade de que as decisões judiciais estejam sedimentadas nos compromissos fundamentais que guarnecem a política de uma comunidade.
>
> **Dentro de uma estrutura democrática, o Direito deve ser uma prática de sentidos compartilhados. A decisão judicial não é um ato individual, e, sim, fruto de um debate público. A resposta adequada à Constituição é, portanto, aquela que respeita a autonomia do Direito, evita a discricionariedade e segue a coerência e a integridade do Direito a partir de uma fundamentação minuciosa** (grifo nosso).[62]

Levando-se em considerações os principais escritos de Streck sobre o tema e aqui me refiro à *Verdade e Consenso*, *Hermenêutica Jurídica e(m) Crise*, *Jurisdição Constitucional*, *Lições de Crítica Hermenêutica do Direito*, *Dicionário de Hermenêutica* e *Para Compreender Direito: a Hermenêutica Jurídica*, trata-se de uma tese que busca deliminar parâmetros constitucionais, democráticos e juridicamente coerentes para tomada de decisão. Há parametricidade constitucional primeiramente porque leva a sério a noção força normativa da constituição[63] e em segundo lugar porque compreende que a integridade do Direito tem na Constituição o seu alfa e

---

62. BARBOSA, Ana Júlia Silva; QUARELLI, Vinícius. O que é isto – a crítica hermenêutica do direito. **Consultor Jurídico**, São Paulo, 15 jun. 2020. Disponível em: https://www.conjur.com.br/2021-dez-11/diario-classe-isto-critica-hermeneutica-direito. Acesso em: 2 out. 2022.

63. Nesse sentido: "qualquer resposta correta é necessariamente uma resposta adequada à Constituição. Uma norma – que é sempre o produto da interpretação de um texto (que, por sua vez, é sempre evento) – somente é válida se estiver de acordo com a Constituição. Portanto, o intérprete deve, antes de tudo, compatibilizar a norma com a Constituição, conferindo-lhe a totalidade eficacial". STRECK, Lenio Luiz. **Verdade e consenso**: Constituição, hermenêutica e teorias discursivas. 6. ed. São Paulo: Saraiva, 2017. p. 347.

o seu ômega – o que significa toda legalidade há ser constitucional e que toda resposta deve ser confirmada na própria Constituição[64]. Quanto ao aspecto democrático, compromete-se nesse sentido pois defende a ideia de que nenhuma decisão judicial é um ato individual na medida em que, pelo contrário, toda decisão necessariamente dever ser "*produto de um debate público, elaborado com razões públicas, e que vincula as pessoas em nome da comunidade democrática*"[65]. Por fim, busca delimitar parâmetros juridicamente coerentes pois, assim como Dworkin, postula que todo juiz deve se posicionar diante da história institucional do Direito e deve-lhe respeito "*a partir da melhor interpretação possível do material jurídico básico (leis, códigos, precedentes etc.) e dos princípios que conformam esse empreendimento coletivo*"[66].

Diante do contexto brasileiro e em atenção aos escritos do autor, importa assentar que se trata de uma tese que encontra fundamento na própria Constituição. A um, porque o autor compreende que múltiplas respostas são incompatíveis com o Estado Democrático de Direito[67]. A dois, porque "*o sentido da obrigação de fundamentar as decisões, previsto no art. 93, IX, da Constituição do Brasil, implica, necessariamente, a justificação dessas decisões*"[68]. Já em relação a discricionariedade judicial enquanto elemento passível de ceticismo em relação a CHD – visto que procura superar a noção de zona de penumbra em todas as suas complexidades e desdobramentos[69] –, oportuno esclarecer que sua pretensão

---

64. STRECK, Lenio Luiz. **Dicionário de hermenêutica**: 50 verbetes fundamentais da teoria do direito à luz da crítica hermenêutica do direito. 2. ed. Belo Horizonte: Casa do Direito, 2020b. p. 392-393.
65. *Ibid.*, p. 405.
66. *Ibid.*, p. 406.
67. Nesse sentido: "Penso que, a partir da hermenêutica filosófica – que tenho trabalhado como uma *Crítica Hermenêutica do Direito* –, é possível alcançar aquilo que pode ser denominado 'a resposta hermeneuticamente adequada à Constituição', que, se assim se quiser, também pode ser chamada de 'resposta correta'. Como procuro demonstrar, **a interpretação do Direito no Estado Democrático de Direito é incompatível com esquemas interpretativos-procedimentais que conduzam a múltiplas respostas, cuja consequência (ou origem) são discricionariedades, arbitrariedades e deciosinismos.** Evidentemente, isso implica um reforço do *locus* privilegiado da situação concreta: a decisão de primeiro grau e a justificação/ fundamentação exaustiva que deve explicitar a resposta dada ao problema" (grifo nosso). STRECK, *op. cit.*, 2017, p. 361.
68. *Ibid.*, p. 442.
69. Especificamente sobre o tema *discricionariedade*, recomenda-se a leitura do prefácio de Streck na obra *O Direito em suas entranhas – A discricionariedade judicial no Brasil, entre a estratégia e o arbítrio*, bem como o verbete destinado ao tema no *Dicionário de Hermenêutica*. Ademais, válido pontuar desde logo qual é a discricionariedade combatida pelo autor: "A discricionariedade que combato é a do *subjectum*, que *dispõe* dos sentidos do direito, como se fosse 'proprietário dos sentidos'". STRECK, Lenio Luiz. **O que é isto – decido conforme minha consciência?** 5. ed. Porto Alegre: Livraria do Advogado, 2012. p. 73.

teórica é combatê-la a partir de um compromisso com a Constituição e com a legislação democraticamente construída[70].

Em um de seus trabalhos mais citados[71], Streck argumenta que o problema de admitir a discricionariedade enquanto *excesso de liberdade na atribuição dos sentidos* é que isto inevitavelmente resulta em um ato de escolha que fragiliza o Direito em sua dimensão mais existencial. Tudo isso que, dito de outro modo, significa que o Direito que tolera a discricionariedade é o mesmo Direito que se aceita vulnerável aos seus predadores (política, discurso corretivo advindo da moral, análise econômica do direito, etc.). Em um único postulado: aos juízes não cabe dar lições de moral ou de política – a eles cabe aplicar o Direito.

Contrapondo-se ao problema e enfrentando de uma vez por todas as críticas relativas à pretensão de insuperabilidade:

> **O direito fundamental a uma resposta correta (constitucionalmente adequada à Constituição) não implica a elaboração sistêmica de respostas definitivas**, porque isso provocaria um congelamento de sentidos. Respostas definitivas pressupõem o sequestro da temporalidade. E a hermenêutica praticada pela Crítica Hermenêutica do Direito é fundamentalmente dependente da temporalidade. O tempo é o nome do ser. Ou seja, a pretensão a respostas definitivas (ou verdades apodíticas) nem sequer teria condições de ser garantida. A decisão (resposta) estará adequada na medida em que for respeitada, em maior grau, a autonomia do Direito (que se pressupõe produzido democraticamente), evitada a discricionariedade (além da abolição de qualquer atitude arbitrária) e respeitada a coerência e a integridade do Direito, a partir de uma detalhada fundamentação (grifo nosso).[72]

(Re)considerando, então, que as Teorias da Decisão não só se preocupam acerca de como juízes deve(ria)m decidir – visto que que também se preocupam com a justificação[73] – Streck desenvolveu uma série de

70. *Ibid.*, p. 118.
71. STRECK, Lenio Luiz. Aplicar a "letra da lei" é uma atitude positivista? **Novos Estudos Jurídicos**, Itajaí, v. 15, n. 1, p. 158–173, 2010. DOI: 10.14210/nej.v15n1. p158-173. Disponível em: https://periodicos.univali.br/index.php/nej/article/view/2308. Acesso em: 3 abr. 2023.
72. STRECK, Lenio Luiz. **Dicionário de hermenêutica**: 50 verbetes fundamentais da teoria do direito à luz da crítica hermenêutica do direito. 2. ed. Belo Horizonte: Casa do Direito, 2020b. p. 392.
73. Especificamente no que diz respeito a fundamentação, postula que: "Resposta adequada à Constituição/ resposta correta significa ter responsabilidade política e isso implica assumir uma

elementos que favorecem a implementação de sua tese. Formando uma espécie de tripé epistêmico, elaborou **(i)** três perguntas fundamentais que visam filtrar-afastar atitudes/decisões de caráter ativista; **(ii)** cinco princípios/padrões fundantes da decisão jurídica; e **(iii)** seis hipóteses em que o Poder Judiciário pode deixar de aplicar uma lei ou dispositivo de lei. Elementos estes que ainda somam àquilo que autor denominou *condição hermenêutica de sentido* (CHS).

Em seu conjunto, totalizam uma *criteriologia* apta a normatizar a tomada de decisão. Mas que disso não se siga ou se interprete que a Crítica Hermenêutica do Direito se perfaz apenas destes elementos. Em atenção a crítica do autor de que muitas Teorias no/do Direito ainda acreditam que a decisão judicial se resolverá em um conjunto de regras que possam dirigir o processo argumentativo (ficando no plano da analítica)[74], importa delimitar que a CHD não poderia mimetizar aquilo que reprova e a diferença fundamental desta para outras Teorias é a de que seus elementos não se esgotam neles mesmos. Em uma (des)leitura quiçá surpreendente a partir de Nassim Nicholas Taleb, são heurísticas no sentido de se apresentarem como "regras básicas e gerais simplificadas que tornam as coisas simples e fáceis de implementar. Mas sua principal vantagem é que o usuário sabe que elas não são perfeitas, apenas adequadas, e assim ele se sente menos enganado pelos poderes que elas exercem. Quando nos esquecemos disso, elas se tornam perigosas"[75].

Em nosso campo, vale entender que os sentidos do Direito não estão aqui pré-determinados. Sendo precisamente essa a diferença entre criteriologia e criterialismo[76], Streck desenvolve uma série de recursos que buscam substanciar a CHD enquanto uma criteriologia decisória que determina limites jurisdicionais adequados à Constituição. Para dizer o essencial: antever e determinar resultados são pretensões criterialistas

---

obrigação não apenas 'de resultado', mas também 'de meio', fazendo, aqui, uma alusão à teoria geral das obrigações. E isso se demonstrará na fundamentação do juiz. Os fundamentos expostos pelo juiz devem, necessariamente, enfrentar substancialmente todos os argumentos levantados pelas partes, de forma clara e sólida, de tal modo que a parte possa saber não apenas o que se decidiu, mas o porquê levou o juiz a decidir de tal forma". STRECK, Lenio Luiz. **Dicionário de hermenêutica**: 50 verbetes fundamentais da teoria do direito à luz da crítica hermenêutica do direito. 2. ed. Belo Horizonte: Casa do Direito, 2020b. p. 402-403.

74. STRECK, Lenio Luiz. **Hermenêutica, jurisdição e decisão**: diálogos com Lenio Streck. 2. ed. Porto Alegre: Livraria do Advogado, 2020a. p. 144.

75. TALEB, Nassim Nicholas. **Antifrágil**: coisas que se beneficiam com o caos. Rio de Janeiro: Objetiva, 2020. p. 19.

76. STRECK, Lenio Luiz. **Dicionário senso incomum**: mapeando as perplexidades do Direito. São Paulo: Dialética, 2023. p. 49-52.

inerentes ao que poderíamos denominar paradoxo de Günther[77] e não é disto que se trata. Se por um lado o criterialismo é impossível em razão da facticidade que sempre surpreende, a criteriologia se desvela na qualidade de estabelecimento das condições de possibilidade de uma resposta adequada. Metaforicamente falando, do *criterialismo* se espera uma profecia que quer pré-dizer o Direito e da *criteriologia* um direcionamento de futuro[78].

Não por acaso partindo de perguntas – e perguntas vem sempre antes das respostas – o cânone decisional proposto pela CHD conduz uma discussão que só aferirá autenticidade quando compreendido o caso concreto e qual o seu contexto em face à Constituição. Não obstante, sigamos com uma breve referenciação de cada parte deste "tripé".

Sempre diante de um caso concreto e, em especial, àqueles casos em que Direitos sociais-fundamentais se encontram presentes, a Crítica Hermenêutica do Direito preconiza que o juiz deverá responder a três perguntas fundamentais[79]. Com suporte nelas, propõem impedir atos ativistas (fenômeno sempre deletério a democracia) e justificar interpretações adequadas à Constituição. Em ordem:

1ª) se está diante de um Direito Fundamental com exigibilidade?

Por meio desta pergunta exsurge o primeiro ponto crucial de diferença entre ativismo judicial e judicialização da política: a normatividade, isso porque, diante da inexistência de um fundamento normativo que justifique e motive a intervenção do Poder Judiciário com propósito de concretizar um direito, resta evidente

77. Sobre a denominação: "para Günther, se nosso saber abrangesse todos os casos de aplicação, então a validade coincidiria com a adequação. Seria a norma perfeita, e a objetividade conteria as hipóteses aplicativas. Em síntese, o texto conteria a norma, ou melhor, conteria todas as normas (hipóteses de aplicação) possíveis. Mas, convenhamos, isso nunca vai acontecer, circunstância da qual é impossível discordar". STRECK, Lenio Luiz. **Verdade e consenso**: Constituição, hermenêutica e teorias discursivas. 6. ed. São Paulo: Saraiva, 2017. p. 166.

78. Nesse sentido: "a decisão se dá, não a partir de uma escolha, mas, sim, a partir do comprometimento com algo que se antecipa. No caso da decisão jurídica, esse algo que se antecipa é a compreensão daquilo que a comunidade política constrói como direito (ressalte-se, por relevante, que essa construção não é a soma de diversas partes, mas, sim, um todo que se apresenta como a melhor interpretação – mais adequada – do direito)". STRECK, Lenio Luiz. **O que é isto – decido conforme minha consciência?** 5. ed. Porto Alegre: Livraria do Advogado, 2012. p. 113.

79. Referências importantes: **(i)** STRECK, Lenio Luiz. **Dicionário de hermenêutica**: 50 verbetes fundamentais da teoria do direito à luz da crítica hermenêutica do direito. 2. ed. Belo Horizonte: Casa do Direito, 2020b. p. 394, **(ii)** STRECK, Lenio Luiz. **30 anos da CF em 30 julgamentos**: uma radiografia do STF. Rio de Janeiro: Forense, 2018. p. 6, 71, 275-276 e 293, **(ii)** STRECK, Lenio Luiz. **Jurisdição constitucional**. 6. ed. Rio de Janeiro: Forense, 2019. p. 217. e **(iv)** NEVES, Isadora Ferreira Neves. **Ativismo judicial e judicialização da política**: três perguntas fundamentais para uma distinção. São Paulo: Juspodivm, 2023.

o ativismo judicial. Assim, se respondida de forma negativa, esta pergunta denuncia a aplicação do direito como mero ato de volitivo do intérprete. Decorrem deste questionamento pelo menos três outras questões, como bem coloca Isadora [Ferreira Neves] em sua tese: a primeira diz respeito à construção de uma normatividade constitucional fundada no rompimento com o dualismo metodológico, a segunda concerne à construção de uma resposta constitucionalmente adequada que supere o paradigma consequencialista e a terceira apresenta o caráter contramajoritário inerente à jurisdição constitucional na consolidação dos direitos fundamentais. [80]

2ª) o atendimento a esse pedido pode ser, em situações similares, universalizado?[81]

A segunda pergunta está relacionada com a coerência, no sentido em que determina que casos semelhantes devem ter respostas iguais, elemento este, inclusive, que atribui legitimidade decisória ao Poder Judiciário. Neste ponto, entra em questão a atuação do Estado que diante da escassez de recursos e da pluralidade de interesses, delibera acerca das circunstâncias excepcionais para a concessão de benefícios e, ao ignorar a possibilidade de universalização, interfere nos fundamentos de gestão da coisa pública, praticando ativismo. [82]

3ª) Para atender a um direito fundamental está-se fazendo uma transferência ilegal/inconstitucional de recursos que fira a igualdade e a isonomia?

Por meio desta pergunta exsurge o primeiro ponto crucial de diferença entre ativismo judicial e judicialização da política: a normatividade, isso porque, diante da inexistência de um fundamento normativo que justifique e motive a intervenção do Poder Judiciário com propósito de concretizar um direito, resta evidente

---

80. QUARELLI, Vinícius; BERNSTS, Luísa Giuliani. Teoria da decisão e a CHD: as três perguntas fundamentais. **Consultor Jurídico**, São Paulo, 15 jun. 2020. Disponível em: https://www.conjur. com.br/2022-abr-23/diario-classe-teoria-decisao-chd-tres-perguntas-fundamentais. Acesso em: 5 out. 2022.

81. "A segunda pergunta está relacionada com a coerência, no sentido em que determina que casos semelhantes devem ter respostas iguais, elemento este, inclusive, que atribui legitimidade decisória ao Poder Judiciário. Neste ponto, entra em questão a atuação do Estado que diante da escassez de recursos e da pluralidade de interesses, delibera acerca das circunstâncias excepcionais para a concessão de benefícios e, ao ignorar a possibilidade de universalização, interfere nos fundamentos de gestão da coisa pública, praticando ativismo". *Ibid.*

82. *Ibid.*

o ativismo judicial. Assim, se respondida de forma negativa, esta pergunta denuncia a aplicação do direito como mero ato de volitivo do intérprete. Decorrem deste questionamento pelo menos três outras questões, como bem coloca Isadora [Ferreira Neves] em sua tese: a primeira diz respeito à construção de uma normatividade constitucional fundada no rompimento com o dualismo metodológico, a segunda concerne à construção de uma resposta constitucionalmente adequada que supere o paradigma consequencialista e a terceira apresenta o caráter contramajoritário inerente à jurisdição constitucional na consolidação dos direitos fundamentais. [83]

Explicitados em obras como *Verdade e Consenso*[84], *Jurisdição Constitucional e Decisão Jurídica*[85], *Dicionário de Hermenêutica*[86] e *Comentários à Constituição do Brasil*[87] (onde consta o maior detalhamento), tem-se os seguintes cinco princípios/padrões fundantes da decisão jurídica:

1º) Princípio um: a preservação da autonomia do direito

Está sendo respeitada a autonomia do Direito? Essa decisão não está comprometida com argumentos morais, políticos ou econômicos? A decisão está imune aos predadores endógenos e exógenos do Direito?[88]

2º) Princípio dois: o controle hermenêutico da interpretação constitucional – a superação da discricionariedade

Esta decisão é discricionária? Para chegar a ela, foi efetuada a reconstrução da história institucional da regra a ser aplicada? Esta decisão é arbitrária? Se eu decidi conforme 'minha concepção sobre o Direito', esta concepção é coerente com o que vem

83. *Ibid.*

84. STRECK, Lenio Luiz. **Verdade e consenso**: Constituição, hermenêutica e teorias discursivas. 6. ed. São Paulo: Saraiva, 2017. p. 649-650.

85. STRECK, Lenio Luiz. **Jurisdição Constitucional e decisão jurídica**. 4. ed. São Paulo: Revista dos Tribunais, 2014. p. 322 e seg.

86. STRECK, Lenio Luiz. **Dicionário de hermenêutica**: 50 verbetes fundamentais da teoria do direito à luz da crítica hermenêutica do direito. 2. ed. Belo Horizonte: Casa do Direito, 2020b. p. 395.

87. CANOTILHO, José Joaquim Gomes; MENDES, Ferreira Gilmar; SARLET, Ingo Wolfgang; STRECK, Lenio Luiz; LEONCY, Léo Ferreira. **Comentários à Constituição do Brasil**. 2. ed. São Paulo: Saraiva Educação, 2018. p. 73-89.

88. STRECK, *op. cit.*, 2017, p. 649-650.

sendo decidido e o que consta na doutrina? Foi feito um controle hermenêutico da presente decisão?[89]

3º) Princípio três: o respeito à integridade e à coerência do Direito (este princípio foi incorporado no artigo 926, do Código de Processo Civil aprovado em 2015)

Esta decisão possui uma consistência articulada? Os argumentos estão integrados ao conjunto do Direito? Esta decisão pode ser aplicada a outros casos semelhantes? O princípio que se extrai da holding desta decisão possui caráter de universalidade?[90]

4º) Princípio quatro: o dever fundamental de justificar as decisões (também incorporado no inciso VI do parágrafo primeiro do artigo 489, do Código de Processo Civil)

Esta decisão está devidamente justificada/fundamentada? Todos os argumentos das partes foram enfrentados?[91]

5º) Princípio cinco: o direito fundamental a uma resposta constitucionalmente adequada

Esta decisão está respeitando o direito fundamental a ter a melhor resposta a partir do Direito, sendo, portanto, uma resposta constitucionalmente adequada? A resposta foi dada com fundamento no Direito, entendido, a partir de um conceito interpretativo, como aquilo que é emanado pelas instituições jurídicas, sendo que as questões a ele relativas encontram, necessariamente, respostas nas leis, nos princípios constitucionais, nos regulamentos e nos precedentes que tenham DNA constitucional, e não na vontade individual do aplicador?[92]

Por fim, Streck apresenta seis hipóteses pelas quais o Judiciário pode deixar de aplicar uma lei (*lato sensu*) ou um dispositivo legal[93]. *A*

---

89. *Ibid.*, p. 649-650.
90. *Ibid.*, p. 649-650.
91. STRECK, Lenio Luiz. **Verdade e consenso**: Constituição, hermenêutica e teorias discursivas. 6. ed. São Paulo: Saraiva, 2017. p. 649-650.
92. *Ibid.*, p. 649-650.
93. Referências importantes: **(i)** *Ibid.*, p. 633 e seg; **(ii)** STRECK, Lenio Luiz. **Dicionário de hermenêutica**: 50 verbetes fundamentais da teoria do direito à luz da crítica hermenêutica do direito. 2. ed. Belo Horizonte: Casa do Direito, 2020b. p. 393; **(iii)** STRECK, Lenio Luiz. **Jurisdição constitucional e decisão jurídica**. 4. ed. São Paulo: Revista dos Tribunais, 2014. p. 322; e **(iv)** CANOTILHO, José Joaquim Gomes; MENDES, Ferreira Gilmar; SARLET, Ingo Wolfgang; STRECK, Lenio Luiz; LEONCY, Léo Ferreira. **Comentários à Constituição do Brasil**. 2. ed. São Paulo: Saraiva Educação, 2018. p. 78.

contrario sensu, hipóteses que podem anteceder àquelas perguntas antes referidas pelo simples fato de evidenciar aquilo que merece ser apreciado enquanto válido. *In verbis* em razão da sua extensão:

> **a)** quando a lei (o ato normativo) for inconstitucional, caso em que deixará de aplicá-la (controle difuso de constitucionalidade *stricto sensu*) ou a declarará inconstitucional mediante controle concentrado;
>
> **b)** quando for o caso de aplicação dos critérios de resolução de antinomias. Nesse caso, há que se ter cuidado com a questão constitucional, pois, v.g., a *lex posterioris*, que derroga a *lex anterioris*, pode ser inconstitucional, com o que as antinomias deixam de ser relevantes;
>
> **c)** quando aplicar a interpretação conforme a Constituição (*verfassungskonforme Auslegung*), ocasião em que se torna necessária uma adição de sentido ao artigo de lei para que haja plena conformidade da norma à Constituição. Nesse caso, o texto de lei (entendido na sua 'literalidade') permanecerá intacto; o que muda é o seu sentido, alterado por intermédio de interpretação que o torne adequado à Constituição;
>
> **d)** quando aplicar a nulidade parcial sem redução de texto (*Teilnichtigerklärung ohne Normtextreduzierung*), pela qual permanece a literalidade do dispositivo, sendo alterada apenas a sua incidência, ou seja, ocorre a expressa exclusão, por inconstitucionalidade, de determinada(s) hipótese(s) de aplicação (*Anwendungsfälle*) do programa normativo sem que se produza alteração expressa do texto legal. Assim, enquanto, na interpretação conforme, há uma adição de sentido, na nulidade parcial sem redução de texto ocorre uma *abdução* de sentido;
>
> **e)** quando for o caso de declaração de inconstitucionalidade com redução de texto, ocasião em que a exclusão de uma palavra conduz à manutenção da constitucionalidade do dispositivo;
>
> **f)** quando – e isso é absolutamente corriqueiro e comum – for o caso de deixar de aplicar uma regra em face de um princípio, entendidos estes não como *standards* retóricos ou enunciados performativos. Claro que isso somente tem sentido fora de qualquer pamprincipiologismo. É por meio da aplicação principiológica que será possível a não aplicação da regra a determinado caso (a aplicação principiológica sempre ocorrerá, já que não há regra sem princípio e o princípio só existe a partir de uma regra –

> pensemos, por exemplo, na regra do furto, que é 'suspensa' em casos de 'insignificância'). Tal circunstância, por óbvio, acarretará um compromisso da comunidade jurídica, na medida em que, a partir de uma exceção, casos similares exigirão – mas exigirão mesmo – aplicação similar, graças à integridade e à coerência. Trata-se de entender os princípios em seu caráter deontológico e não meramente teleológico. Como uma regra só existe – no sentido da *applicatio* hermenêutica – a partir de um princípio que lhe densifica o conteúdo, a regra só persiste, naquele caso concreto, se não estiver incompatível com um ou mais princípios. A regra permanece vigente e válida; só deixa de ser aplicada naquele caso concreto. Se a regra é, em definitivo, inconstitucional, então se aplica a hipótese 1. Por outro lado, há que ser claro que um princípio só adquire existência hermenêutica por intermédio de uma regra. Logo, é dessa diferença ontológica (*ontologische Differenz*) que se extrai o sentido para a resolução do caso concreto (grifo nosso).[94]

Em sede de conclusão, conclui-se como possível e talvez até desejável fazer uma (re)aproximação entre Streck e seus críticos. A crítica de que a *hermenêutica filosófica*, per si, não tem a capacidade de estabelecer limites definitivos às decisões judiciais tem fundamento e ainda mais em se observando que esta nunca foi sua pretensão. Como também tem fundamento o argumento de Streck de que CHD e *hermenêutica filosófica* são empreendimentos de natureza distinta. Em vista disso, a verdade que subsiste nesses dois posicionamentos é o de que os críticos postularam uma discordância nunca defendida pela CHD e que tanto Streck quanto seus críticos são refratários as pretensões de insuperabilidade – questão essa que já foi desenvolvida *ad nauseam*. Em um axioma final: estabelecer limites às decisões judiciais diz muito mais respeito a Crítica Hermenêutica do Direito de Lenio Luiz Streck do que a hermenêutica heideggeriana-gadameriana.

2.3 DO FUNDAMENTALISMO TEÓRICO DA CHD ENQUANTO UMA BLINDAGEM À DIVERGÊNCIA

Seguindo para terceira, tem-se uma crítica que ganha profundidade caso de pronto compreendamos a sua bidimensionalidade. Em seus termos, alega que "haveria um fundamentalismo dogmático na CHD,

---

94. STRECK, Lenio Luiz. **Verdade e consenso**: Constituição, hermenêutica e teorias discursivas. 6. ed. São Paulo: Saraiva, 2017. p. 634-635.

especificamente, no que diz respeito ao seu *background* filosófico, que seria apenas um artifício, uma blindagem à divergência"[95]. Assim, se por um lado busca adjetivar a CHD enquanto fundamentalista, por outro também busca expor uma consequência (blindagem) e eis porque bidimensional. No que concerne a cada nódulo dessa crítica, Streck assim se posiciona:

> Aquele que se dedica minimante ao estudo da **CHD** sabe que a sua abordagem se **desenvolveu em consonância com a matriz Hermenêutica. Este é um modo de ler a realidade. Não é o único**. Eu nunca afirmei isso. Só afirmo que é aquele que entendo ser o mais adequado diante das reflexões que nos propomos a fazer (grifo nosso).[96]
>
> **A necessidade de, por vezes, voltarmos a Heidegger e Gadamer, não é uma blindagem, mas, sim, um exercício constante de repisar o nosso lugar de fala**. [...] Ademais, não é culpa minha – e desculpem-me a ironia – que o giro ontológico-linguístico tenha acontecido na história da humanidade. Não é culpa minha que **a filosofia seja condição de possibilidade de estarmos no mundo** (grifo nosso).[97]

Feita essa contextualização, importa assentar que o que Streck alega é que *a hermenêutica não é o único modo de ler a realidade* e que a filosofia se coloca como um autêntico *lugar de fala* diante de todo esse contexto. Sem mais o que acrescentar, dois conceitos frequentemente utilizados pelo autor talvez se mostrem úteis para que o leitor verdadeiramente compreenda cada um desses pontos[98]. Uma vez que aqui me refiro às ideias de **(i)** *Paradigmas Filosóficos* e **(ii)** *Filosofia no Direito*, sigamos com uma breve recapitulação de cada qual.

---

95. STRECK, Lenio Luiz. **Hermenêutica, jurisdição e decisão**: diálogos com Lenio Streck. 2. ed. Porto Alegre: Livraria do Advogado, 2020a. p. 121.
96. *Ibid.*, 126.
97. *Ibid.*, p. 126.
98. No plano da justificativa e antecipando possíveis críticas, importa registrar que as referidas ideias (*Paradigmas Filosóficos* e *Filosofia no Direito*) foram selecionadas pelo fato de verdadeiramente serem noções frequentemente utilizadas por Streck. Tanto é assim que a primeira possui subcapítulo próprio em três obras do autor [*Lições de Crítica Hermenêutica do Direito*, *Hermenêutica Jurídica e(m) Crise* e *Verdade e Consenso*] e a segunda até mesmo um verbete no mais recente Dicionário do autor (*Dicionário Senso Incomum*).

(i) *Paradigmas Filosóficos:* consolidando aquilo que foi desenvolvido nos itens *1.1.15.* e *2.1.*, bem como expandido as suas reflexões, este conceito reflete uma ideia desenvolvida pelo filósofo brasileiro Stein na obra *Exercícios de Fenomenologia: limites de um paradigma.* Nela, Stein talha essa ideia que preexistia os seus escritos[99] e confere-lhe um novo aspecto. Não obstante Aristóteles, Platão e Thomas Kuhn tenham legado reflexões importantes sobre a temática, o que singulariza os escritos do brasileiro é compreender este termo enquanto uma espécie de mínimo denominador comum de todo processo de conhecimento. Em suas palavras, por se tratar "de uma dimensão organizadora e estruturante com que sempre operamos quando lidamos com processos de argumentação e até de validação dos discursos"[100]. Com efeito:

> O que vale frisar é que, em 'Exercício de Fenomenologia: limites de um paradigma', **Stein sustenta que toda boa filosofia é, antes de tudo, uma tentativa de responder ao problema do conhecimento e que os paradigmas filosóficos se postam como standards de racionalidade que pretendem enfrentar toda essa problemática** [...]. Nos termos do próprio autor, esses standards de racionalidade constituem-se como 'um princípio com o qual se pode examinar aquilo que é implicitamente carregado pelo discurso' [...] **e, no contexto jurídico, isto quer dizer que é justamente a partir desses standards que os juristas se tornam capazes de encontrar uma teoria capaz de orientar o levantamento de problemas e o conjunto de impasses a serem resolvidos**. No limite, o standard se antecipa em nosso conhecimento – o sustentando e o condicionando. Processos de argumentação e até de validação do discurso jurídico são sempre questões que vêm depois, sempre (grifo nosso).[101]

---

99. ***Cf:*** MORIN, Edgar. **O método 4**: as ideias: habitat, vida, costumes, organização. Porto Alegre: Sulina, 2011. p. 262 e seg.

100. STEIN, Ernildo. **Exercícios de fenomenologia**: limites de um paradigma. 1. ed. Ijuí: Unijuí, 2004. p. 159.

101. STRECK, Lenio Luiz; MADALENA, Luis Henrique Braga; QUARELLI, Vinícius. Desacordos compreensivos: uma necessária explicitação dos fundamentos teóricos na discussão jurídico-científica. **Revista Direito e Práxis**, Ahead of print, Rio de Janeiro, v. 20, n. 10, p. 1-23, 2023. DOI: 10.1590/2179-8966/2022/69069. Disponível em: https://www.e-publicacoes.uerj.br/index.php/revistaceaju/article/view/69069/44891. Acesso em: 10 mar. 2023.

Transpondo essa ideia para o contexto da CHD, obras *como Lições de Crítica Hermenêutica do Direito*[102], *Hermenêutica Jurídica e(m) Crise*[103] e *Verdade e Consenso*[104] se utilizam dela para expor que precisamos, antes de tudo, (re)conhecer nosso lugar de fala. Afinal, o Direito e qualquer proposição sobre ele depende desse reconhecimento que, em última instância, sustenta as nossas razões enquanto razões. Sem nos apoiarmos em um paradigma filosófico e seja ele qual for (*metafísica clássica, metafisica moderna, hermenêutica fundamental* etc.), estaríamos fadados a enfrentar um grau zero de sentido em qualquer coisa poderia ser afirmada – algo inexoravelmente irrealizável na medida em que **(i)** desde sempre estamos inseridos em um dado contexto histórico-linguístico e **(ii)** nunca haverá um ponto arquimediano a partir do qual o teórico será capaz de avaliar conceitos jurídicos, políticos e filosóficos de forma externa – lembremos, aqui, do papel da linguagem enquanto condição de possibilidade de qualquer enunciação.

Apesar da semântica diversa e nos aproximando da noção foucaultiana de *espiteme* enquanto aquilo que *define as condições de possibilidade de um saber*[105], talvez seja possível compreender o ideário de Streck e de Stein de forma semelhante. Qualquer conhecimento (jurídico) depende de um arcabouço que torne possível afirmar algo enquanto verdadeiro/falso, bom/ruim ou mesmo adequado/inadequado. Sendo precisamente isto que a noção de *paradigmas filosóficos* busca desvelar, este conceito nos aponta para o fato de que no Direito, por exemplo, "é muito comum encontrarmos teorias que apresentam determinados postulados epistemológicos que, se olhados mais de perto, representam apenas a consequência da projeção desse modo de organização"[106].

(ii) *Filosofia no Direito*: consolidando mais este, trata-se de um conceito cunhado por Streck e pelo filósofo Stein em conferência por ambos ministrada no Programa de Pós-Graduação em Direito da Universidade Federal do Paraná no ano de 2003. Desde sua origem buscando evidenciar

102. STRECK, Lenio Luiz. **Lições de crítica hermenêutica do direito**. 2. ed. Porto Alegre: Livraria do Advogado, 2016. p. 104-108.

103. STRECK, Lenio Luiz. **Hermenêutica jurídica e(m) crise**: uma exploração hermenêutica da construção do direito. 11. ed. Porto Alegre: Livraria do Advogado, 2014. p. 142-144.

104. STRECK, Lenio Luiz. **Verdade e consenso**: Constituição, hermenêutica e teorias discursivas. 6. ed. São Paulo: Saraiva, 2017. p. 51-66.

105. FOUCAULT, Michel. **As palavras e as coisas**: uma arqueologia das ciências humanas. 8. ed. São Paulo: Martins Fontes, 1999. p. 229.

106. STRECK, Lenio Luiz. **Hermenêutica jurídica e(m) crise**: uma exploração hermenêutica da construção do direito. 11. ed. Porto Alegre: Livraria do Advogado, 2014. p. 142-143.

que a Filosofia não poderia ser interpretada como um mero apêndice do processo de conhecimento, "a ideia era designar outro modo de conceber as inter-relações entre a Filosofia e o Direito, a partir da compreensão dos paradigmas filosóficos como standards/vetores de racionalidade para a enunciação do jurídico" [107].

Conforme explanado em *Hermenêutica e Epistemologia*[108], interessa reconhecermos que o Direito não é uma mera racionalidade instrumental à nossa disposição. Para tanto, (re)conhecendo que o conhecimento jurídico guarda estrita correlação com a Filosofia, bem como percebendo que o Direito não pode(ria) ficar imune aos avanços da história da filosofia. Em caso contrário, é como se fosse possível que em certa parte do mundo vigorasse o que Wittgenstein defendeu em seu *Tractatus Logico-Philosophicus* (primeira fase do autor), e, na outra, o que disse em *Investigações Filosóficas* (segunda fase do autor).

Levando em consideração o que Streck acrescenta no *Dicionário Senso Incomum*[109], pensar a Filosofia no Direito também quer dizer uma ruptura com a ideia de Filosofia do Direito. Ao passo que essa segunda e mais tradicional nomenclatura carrega a ideia inexplícita de que o Direito teria uma filosofia própria/instrumental, pensar a *Filosofia no Direito* é desvelar a falsa fronteira entre a Filosofia e o Direito.

Transpondo em forma de exemplo:

> Dworkin e Richard Posner trocaram palavras em seus escritos sobre a imprescindibilidade de se adotar uma postura teórica em sentido filosófico. No sentido da necessariedade das posturas teórico-filosóficas, Dworkin em 'A Justiça de Toga' (sobretudo no capítulo intitulado 'O Elogio da Teoria') e argumentando pela desnecessariedade, Posner em 'A problemática da teoria moral e jurídica'. Buscando ilustrar esse argumento, vale retomar o exemplo levantado por Dworkin ainda no início do capítulo supramencionado. Suponhamos que uma pessoa tenha tomado medicamentos genéricos que possam resultar em efeitos colaterais danosos. Também suponhamos que diversos fabricantes tenham

107. STRECK, Lenio Luiz (coord.). **A discricionariedade nos sistemas jurídicos contemporâneos**. 2. ed. Salvador: Juspodivm, 2019. p. 43.
108. STEIN, Ernildo; STRECK, Lenio (org.). **Hermenêutica e epistemologia**: 50 anos de verdade e método. Porto Alegre: Livraria do Advogado, 2011. p. 163.
109. STRECK, Lenio Luiz. **Dicionário senso incomum**: mapeando as perplexidades do Direito. São Paulo: Dialética, 2023. p. 93-94.

> fabricado esses medicamentos; e que a pessoa em questão não tem ideia de qual deles efetivamente fabricou os comprimidos que ela comprou. Por fim, ainda suponhamos que a pessoa tomou a medicação ao longo de dois anos e que por isso mesmo ela não tem certeza de qual medicamento lhe fez mal. Diante desse quadro é que surgem perguntas como: a pessoa poderá processar algum desses laboratórios?, todos eles? ou ainda, seria possível afirmar que nenhum deles tem responsabilidade civil e que por isso não poderiam ser processados?. Nenhuma dessas perguntas vem com uma resposta pronta e daí porque '(n)a prática, é impossível refletir sobre a resposta correta a questões de direito a menos que se tenha refletido profundamente'. Eis o papel da Teoria. Não há fatos brutos no mundo e os fatos só o são quando interpretados.
>
> [...]
>
> Do estudo do debate entre os autores em questão, pode-se extrair que **toda teoria jurídica que pretende postular ou refutar algo se utiliza de algum fundamento filosófico**. Como não há um grau zero de sentido, da mesma forma que não se pode conceber uma vontade de poder incondicionada, **toda alegação necessariamente se justifica em um paradigma que confere as condições de possibilidade para se dizer o que se está dizendo**. Portanto, o que Dworkin postula é que toda proposta teórica (em sentido filosófico) não apenas é possível como também inevitável (grifo nosso).[110]

Feitas essas observações, cumpre alinharmos que o Direito não está imune a Filosofia. Antes, dela depende e dela se fundamenta. Em vista disso, *Filosofia no Direito* é uma ideia que nos aponta para algo que desde-sempre sustentou o discurso jurídico.

Também presente na conclusão deste trabalho, vale antecipar um outro conceito que pode, desde logo, agregar mais densidade às imbricações entre a Filosofia e o Direito. Evitando digressões ou repetições, *Desacordos Compreensivos*[111] são tanto uma derivação quanto uma expansão das noções anteriores. Tendo-se compreendido qualquer enunciação depende de uma racionalidade que torne possível dizê-la e fundamentá-la

---

110. STRECK, Lenio Luiz; MADALENA, Luis Henrique Braga; QUARELLI, Vinícius. Desacordos compreensivos: uma necessária explicitação dos fundamentos teóricos na discussão jurídico-científica. **Revista Direito e Práxis**, Ahead of print, Rio de Janeiro, v. 20, n. 10, p. 1-23, 2023. DOI: 10.1590/2179-8966/2022/69069. Disponível em: https://www.e-publicacoes.uerj.br/index.php/revistaceaju/article/view/69069/44891. Acesso em: 10 mar. 2023.

111. "o conceito proposto neste estudo tem o condão de demonstrar que as discussões e elaborações teóricas deve(ria)m guardar uma lógica anterior à própria logicidade argumentativa". *Ibid.*

(*Paradigmas Filosóficos*), bem como que toda racionalidade (jurídica) encontra sustento na filosofia (*Filosofia no Direito*), derivam dessas ideias o entendimento de que toda crítica teórica deve(ria) ser formulada no sentido de levar em consideração as dimensões paradigmáticas-filosóficas da teorização em exame – sob pena de promover-se uma contraposição de concepções antagônicas e incompatíveis (situação em que não há possibilidade de uma análise cientificamente válida).

Ausentes as condições de compreensão (paradigmática e filosófica), perde-se objeto qualquer apreciação crítica de uma determinada ideia. Sendo precisamente isto que a noção de *Desacordos Compreensivos* busca desvelar, veja-se que "ocorrem quando uma divergência nem mesmo é compreendida em sua totalidade e quando uma das partes envolvidas desconsideram a profundidade dos pressupostos do seu interlocutor"[112]. Com efeito, desta ideia se depreende que a divergência e a crítica só encontram validade a partir do (re)conhecimento dos fundamentos daquilo que examinamos. Em uma breve citação:

> deve-se levar em conta a dimensão filosófica da linguagem explicitada a partir da busca dos elementos implícitos que sustentam o discurso [...] **divergências teóricas apenas podem existir onde pré-existem condições mínimas de compreensão**. Ausentes as condições de compreensão é que exsurge a categoria de desacordos que nos propusemos a denunciar. Uma vez que não há grau zero de sentido, o Desacordo Compreensivo opera na dimensão conflitual dos sentidos. Assim como os textos, as teorias não são tudo; mas também não podem ser nada. Há textos e contextos. Longe de pretender alguma espécie de hierarquização da Teoria do Direito, o que enfim se propõe é que **alegações (teóricas e críticas) precisam ser testadas como também devem guardar uma coerência paradigmático-filosófica** (grifo nosso).[113]

À luz dessas ideias e em atenção ao fenômeno dos *Desacordos Compreensivos*, fundamentalismo teórico e blindagem filosófica são críticas pouco construtivas em relação a CHD. Por mais de uma vez, Streck re-

---

112. STRECK, Lenio Luiz; MADALENA, Luis Henrique Braga; QUARELLI, Vinícius. Desacordos compreensivos: uma necessária explicitação dos fundamentos teóricos na discussão jurídico-científica. **Revista Direito e Práxis**, Ahead of print, Rio de Janeiro, v. 20, n. 10, p. 1-23, 2023. DOI: 10.1590/2179-8966/2022/69069. Disponível em: https://www.e-publicacoes.uerj.br/index.php/revistaceaju/article/view/69069/44891. Acesso em: 10 mar. 2023.

113. *Ibid.*

conhece que a hermenêutica não é o único paradigma filosófico legítimo para compreender o mundo (jurídico) e isto precisa ser apontado[114]. Já em relação à blindagem filosófica, um estudo aprofundado da Teoria em questão nos aponta para o fato de que se trata de um quadro referencial teórico que inclusive talhou ideias contrárias a essa acusação. Inicialmente, *Paradigmas Filosóficos*, *Filosofia no Direito* e *Desacordos Compreensivos* são termos que buscam evidenciar que qualquer teorização deve guardar coerência com a Filosofia e que, bem por isso, são um conjunto de ideias que buscam favorecer (e jamais desfavorecer) um ambiente de divergência teórica pautada na coerência interna de cada proposta.

2.4 DO DESPREZO AS TEORIAS CONCORRENTES

Praticamente como um desdobramento das reflexões que levantamos até então, acrescenta-se a elas a crítica de "haveria um desprezo a todas e quaisquer teorias jurídicas concorrente"[115] por parte da Crítica Hermenêutica do Direito. Em virtude da assertividade dessa acusação, pouco pode se depreender para além dela. Não obstante, é razoável supor que se trata de uma avaliação que guarda estrita correlação com aquela que imputa fundamentalismo teórico à CHD e, bem por isso, algumas ideias seguem revisitadas. Antes disso, porém, oportuno observar como Streck se posiciona:

> não desprezo teorias concorrentes. **Cobro delas coerência** e **que não sejam um resultado de um *mix* teórico**, por exemplo. Há autores que aproveitam um pouco de cada teoria, só as partes boas, juntam tudo e dizem: pronto, eis a solução. Mas a teoria do direito não pode ser assim. Não dá para ser habermasiano e, no final, dizer que a ponderação alexiana resolve. E assim por diante. Portanto, é óbvio que reconheço os méritos e as sofisticações de outros projetos teóricos, se assim não fosse, não perderíamos anos

114. Nesse sentido: **(i)** "Aquele que se dedica minimante ao estudo da CHD sabe que a sua abordagem se desenvolveu em consonância com a matriz Hermenêutica. Este é um modo de ler a realidade. Não é o único. Eu nunca afirmei isso". STRECK, Lenio Luiz. **Hermenêutica, jurisdição e decisão**: diálogos com Lenio Streck. 2. ed. Porto Alegre: Livraria do Advogado, 2020a. p. 126; e **(ii)** "Quem crítica a hermenêutica por ter pretensões absolutistas desconhece, profunda e lamentavelmente, aquilo que pretende criticar. O que pretendo, e sempre pretendi, é mostrar que – como paradigma de observação do Direito – a analítica está esgotada. É preciso pensar diferente. A hermenêutica é uma delas. Não é a única. Mas é, dentre todas, aquela que se apresenta melhor". STRECK, Lenio Luiz. **Verdade e consenso**: Constituição, hermenêutica e teorias discursivas. 6. ed. São Paulo: Saraiva, 2017. p. 51.

115. STRECK, Lenio Luiz. **Hermenêutica, jurisdição e decisão**: diálogos com Lenio Streck. 2. ed. Porto Alegre: Livraria do Advogado, 2020a. p. 121.

> estudando-os para demonstrar as suas possíveis insuficiências [...]. **Sendo mais claro ainda, você não precisa concordar comigo. Mas quero que sua crítica ou a teoria à qual está filiado não ignore os paradigmas filosóficos.** [...] Portanto, não desprezo outras correntes. Apenas tenho dificuldades em entender como algumas correntes ou autores pensam que podem trabalhar o direito longe da filosofia (grifo nosso).[116]

Ante o referido, nos aponta que quaisquer teorizações devem guardar respeito para com, no mínimo, três elementos – **(i)** coerência interna, **(ii)** evitar *mix* teóricos[117] e **(iii)** situar-se dentro de algum paradigma filosófico. Com efeito, perdendo espaço a ideia de desprezo e ganhando a espaço a ideia de uma epistemologia teórica a partir da edificação do estudo das condições de possibilidade pelas quais uma Teoria assim se concebe.

Afastando-se do desprezo enquanto crítica vazia e tendo presente que talvez inexista posicionamento mais adequado do que aquele que se segue pelo exemplo, *Verdade e Consenso* é tanto uma obra em que acontece uma "virada teórica" no pensamento de Streck – no sentido de evidenciar ainda mais o problema da decisão judicial[118] – quanto uma obra que traz rigor epistemológico ao debate acadêmico.

Como registrado desde a sua apresentação e da exposição das raízes da controvérsia que motivaram sua escrita, *Verdade e Consenso* visa desvelar quais são os pontos de (des)encontro entre a tradição hermenêutica e as posições habermasianas em relação do Direito[119]. Levando à sério a ideia de coerência interna, importa dizer que se trata de um escrito

116. *Ibid.*, p. 126.

117. Nota explicativa: tendo "mixagem metodológica" enquanto outra possível denominação, significa o sincretismo/mixagem de teorias incompatíveis e/ou descontextualizadas. Como nos aponta Streck: **(i)** "Incorporar teorias ou métodos de autores estrangeiros pode trazer ganhos qualitativos formidáveis, desde que sejam contextualizados e adaptados a problemas e questões atuais daquele determinado ordenamento pelo qual se quer aplicá-las". STRECK, Lenio Luiz. **Verdade e consenso**: Constituição, hermenêutica e teorias discursivas. 6. ed. São Paulo: Saraiva, 2017. p. 87; e **(ii)** "é equivocado mixar perspectivas teóricas incompatíveis entre si, como a concepção de princípios de Dworkin e Alexy; do mesmo modo, não se pode pretender preencher os 'gaps' decorrentes da ausência de uma teoria de decisão em Habermas com a ponderação originária da teoria da argumentação alexiana; fundamentalmente, devemos ter em conta o paradigma filosófico no qual se move o autor e a matriz teórica que sustenta suas teses [...]. Em outras palavras, não é possível servir a vários senhores da ciência ao mesmo tempo. Trata-se de uma opção paradigmática". STRECK, Lenio Luiz. **Lições de crítica hermenêutica do direito**. 2. ed. Porto Alegre: Livraria do Advogado, 2016. p. 156.

118. ABBOUD, Georges; CARNIO, Henrique Garbellini; OLIVEIRA, Rafael Tomaz de. **Introdução ao direito**: teoria, filosofia e sociologia do direito. 6. ed. São Paulo: Revista dos Tribunais, 2021. p. 603.

119. "Não sendo possível o encontro de um campo de discussão comum, então que se chegue a uma compreensão de posições inconciliáveis, não abandonando jamais, porém, a vontade de distinguir

constituído de cinco subcapítulos propedêuticos quase que tão somente destinados a contextualizar o local de fala do autor[120] e que se somam aos sete subcapítulos finais que se destinam a fazer um balanço geral da problemática[121]. Especificamente sobre o problema dos *mix* teóricos "em que se retiram de contextos paradigmáticos diversos elementos que parecem bons ou úteis para o discurso próprio"[122], por exemplo, Streck apresenta cinco recepções equivocadas no Direito brasileiro (Jurisprudência dos Valores; Ponderação alexyana; Ativismo norte-americano; Neoconstitucionalismo; e os Métodos interpretativos de Savigny). Em uma breve reflexão sobre cada uma:

a) Jurisprudência dos Valores

> Como se sabe, no caso alemão, a Jurisprudência dos Valores serviu para equalizar a tensão produzida depois da outorga da *Grundgesetz* pelos aliados, em 1949. Com efeito, nos anos que sucederam à consagração da lei fundamental, houve um esforço considerável por parte do *Bundesverfassungsgericht* para legitimar uma Carta que não tinha sido constituída pela ampla participação do povo alemão [...] Entretanto – e aqui deve ser feita a crítica ao equívoco no modo como a tese foi recepcionada –, **os juristas brasileiros não atentaram para as distintas realidades (Brasil e Alemanha). No caso específico do Brasil, onde, historicamente, até mesmo a legalidade burguesa tem sido difícil de 'emplacar', a grande luta tem sido a de estabelecer as condições para o fortalecimento de um espaço democrático de edificação da legalidade**, plasmado no texto constitucional (grifo nosso).[123]

b) Ponderação alexyana[124]

> Da Jurisprudência dos Valores os teóricos brasileiros tomaram emprestada a tese fundante – a de que a Constituição é uma ordem concreta de valores, sendo o papel dos intérpretes o de encontrar

---

e aproximar". STRECK, Lenio Luiz. **Verdade e consenso**: Constituição, hermenêutica e teorias discursivas. 6. ed. São Paulo: Saraiva, 2017. p. 22.

120. Me refiro aqui ao item "*Elementos para a (pré)compreensão dos pontos centrais da obra*"

121. Desta vez, refiro-me ao importante Posfácio em que Streck inclusive amplia algumas de suas ideias, bem como consolida sua Teoria da Decisão.

122. STRECK, *op. cit.*, p. 22.

123. STRECK, Lenio Luiz. **Verdade e consenso**: Constituição, hermenêutica e teorias discursivas. 6. ed. São Paulo: Saraiva, 2017. p. 79.

124. Especificamente sobre o tema da Ponderação alexyana, conferir: MORAIS, Fausto Santos de. **Ponderação e arbitrariedade**: a inadequada recepção de Alexy pelo STF. 2. ed. Salvador: Juspodivm, 2018.

e revelar esses interesses ou valores. O modo mais específico de implementação dessa recepção foi a teoria da argumentação de Robert Alexy (segunda recepção equivocada), que, entretanto, **recebeu uma leitura superficial por parcela considerável da doutrina e dos tribunais.** [...] **O mais paradoxal nesse sincretismo teórico é que Alexy elabora sua teoria exatamente para 'racionalizar' a ponderação de valores, ao passo que, no Brasil, os pressupostos formais – racionalizadores – são praticamente desconsiderados, retornando às estratégias de fundamentação da jurisprudência da valoração** (grifo nosso).[125]

c) Ativismo norte-americano[126]

Do mesmo modo, também **o termo ativismo judicial vem sendo empregado no Brasil de um modo tabula rasa.** Note-se: nos Estados Unidos – e esta é/foi a terceira recepção equivocada –, a discussão sobre o governo dos juízes e sobre o ativismo judicial acumula mais de 200 anos de história. Não se pode esquecer, por outro lado, que ativismo judicial, nos Estados Unidos, foi feito às avessas num primeiro momento (de modo que não se pode considerar que o ativismo seja sempre algo positivo). [...] Assim, é preciso diferenciar o ativismo judicial da judicialização da política, questão que no Brasil foi examinada com pouca profundidade, como se os fenômenos tratassem da mesma coisa. [...] **a judicialização da política é um fenômeno, ao mesmo tempo, inexorável e contingencial**, porque decorre de condições sociopolíticas, bem como consiste na intervenção do Judiciário na deficiência dos demais Poderes. **Por outro lado, o ativismo é gestado no interior da própria sistemática jurídica, consistindo num ato de vontade daquele que julga**, isto é, caracterizando uma "corrupção" na relação entre os Poderes, na medida em que há uma extrapolação dos limites na atuação do Judiciário pela via de uma decisão que é tomada a partir de critérios não jurídicos (grifo nosso).[127]

---

125. STRECK, *op. cit.*, p. 80.

126. ***Cf.*: (i)** TASSINARI, Clarissa. **Jurisdição e ativismo judicial**: limites da atuação do judiciário. Porto Alegre: Livraria do Advogado, 2013; e **(ii)** NEVES, Isadora Ferreira Neves. **Ativismo Judicial e Judicialização da Política**: três perguntas fundamentais para uma distinção. São Paulo: Juspodivm, 2023.

127. STRECK, Lenio Luiz. **Verdade e consenso**: Constituição, hermenêutica e teorias discursivas. 6. ed. São Paulo: Saraiva, 2017. p. 87.

d) Neoconstitucionalismo[128]

Esse belo epíteto – cunhado por um grupo de constitucionalistas espanhóis e italianos (o termo foi cunhado por Susanna Pozzollo) –, embora tenha representado um importante passo para afirmação da força normativa da Constituição na Europa Continental, no Brasil, acabou por incentivar/institucionalizar uma recepção acrítica da Jurisprudência dos Valores, da teoria da argumentação de Robert Alexy (que cunhou o procedimento da ponderação com instrumento pretensamente racionalizador da decisão judicial) e do ativismo judicial norte-americano. Nesse sentido, torna-se necessário afirmar que a adoção do nomen juris 'neoconstitucionalismo' certamente é motivo de ambiguidades teóricas e até de mal-entendidos.[129]

e) Métodos interpretativos de Savigny

Basta lembrar que Savigny não 'inventou' os tais métodos de interpretação. Pelo contrário, simplesmente compilou – no âmbito da ciência jurídica que pretendia fundar – os elementos já desenvolvidos em outros ambientes, tais quais a literatura e a teologia (principalmente nesse último caso). Os cânones de Savigny envolviam as questões gramaticais, lógicas, sistemáticas e históricas que envolviam os conceitos jurídicos. Mas isso, é bom frisar, no contexto de um Direito que tinha como objeto de estudo algo maior que um simples código estatuído por um parlamento. Era da história que se falava.[130]

Desde logo pedindo escusas pelo uso alongado de citações diretas, espera-se que o leitor tenha compreendido o essencial. Teorias estrangeiras não são um mal em si mesmo e o que as torna problemáticas diz muito mais respeito a sua falta de ajustamento ao contexto brasileiro. Com efeito, incorporações acríticas são aquilo que Streck busca condenar em obras como *Verdade e Consenso*. No mesmo sentido, quando **(i)** *Precedentes Judiciais e Hermenêutica*[131] e **(ii)** *Hermenêutica e Jurisprudência no Código*

---

128. *Cf*: SANTOS, Bruno. Aguiar. **Neoconstitucionalismo**: a ideologia fadada ao fracasso do arbítrio. Salvador: Juspodivm, 2018.
129. STRECK, *op. cit.*, p. 89.
130. *Ibid.*, p. 88.
131. *Cf*: STRECK, Lenio Luiz. **Precedentes judiciais e hermenêutica**: o sentido da vinculação no CPC/2015. 3. ed. Salvador: Juspodivm, 2021.

de Processo Civil[132] criticam o procedentalismo enquanto vulgada daquilo que verdadeiramente existe em países de *common law*; quando **(i)** *O Fim do Livre Convencimento Motivado*[133] e **(ii)** *Juiz não é Deus*[134] criticam a forma pela qual a prova (não) é apreciada em *terrae brasilis*; e quando *O que é Isto – o Precedente Judicial e as Súmulas Vinculantes?*[135] evidencia os problemas do uso indiscriminado das Súmulas Vinculantes enquanto tentativa de (pré)dizer o Direito[136], destas obras se conclui que a Teoria do Direito deve(ria) estruturar-se de forma coerente.

Não fossem suficientes os exemplos acima esquadrinhados, *Garantismo, hermenêutica e (neo)constitucionalismo: um debate com Ferrajoli*[137] é uma obra em que Streck e outros sete juristas brasileiros inauguram um modo de abordagem até então inédito para Teoria do Direto de *terra brasilis*. Calcado no diálogo enquanto superação do "monólogo teórico" típico daqueles escritos em que cada autor sacramenta seu ponto de vista, trata-se de uma obra que busca travar um debate entre autores de pressupostos teóricos claramente diversos. À visto disso e conquanto compartilhem das mesmas preocupações – preservação da força normativa das constituições, vinculação dos poderes públicos, necessidade de se levar os Direitos Fundamentais a sério, consolidação do regime democrático e a busca constante pelo aprimoramento do estado constitucional de direito[138] – autores como Streck e Ferrajoli, por exemplo, filiam-se a tradições diferentes (hermenêutica e analítica, respectivamente)[139]. Com efeito, tendo compreensões também diferentes em razão do prisma defendido por cada qual: Crítica Hermenêutica do Direito (Streck) e positivismo crítico (Ferrajoli)[140].

---

132. *Cf*: STRECK, Lenio Luz. **Hermenêutica e jurisprudência no código de processo civil**: coerência e integridade. 2. ed. São Paulo: Saraiva Educação, 2018.
133. *Cf*: NUNES, Dierle; LEITE, Georges Salomão; STRECK, Lenio Luiz (org.). **O fim do livre convencimento motivado.** Rio de Janeiro: Tirant lo Blanch, 2018.
134. *Cf*: STRECK, Lenio Luiz. **Juiz não é Deus**: juge n'est pas Dieu. Curitiba: Juruá, 2016.
135. *Cf*: STRECK, Lenio Luiz; ABBOUD, Georges. **O que é isto – o precedente judicial e as súmulas vinculantes?** 2. ed. Porto Alegre: Livraria do Advogado, 2013.
136. Nota documental: essa crítica foi engendrada por Streck desde a sua Tese de Doutorado – "Eficácia, Função e Poder das Súmulas no Direito".
137. FERRAJOLI, Luigi; STRECK, Lenio Luiz; TRINDADE, André Karam. **Garantismo, hermenêutica e (neo) constitucionalismo**: um debate com Luigi Ferrajoli. 2. ed. São Paulo: Tirant Lo Blanch, 2022.
138. *Ibid.*, p. 14.
139. Nota documental: Ferrajoli intensificou sua crítica ao (des)uso dos princípios jurídicos depois de ouvir uma conferência proferida por Streck na Academia Brasileira de Direito Constitucional, em meados de 2010. Em sequência disso, passou a adotar o termo "pamprincipiologismo" em alguns de seus escritos.
140. Nesse sentido e para além das fronteiras da obra em comento: "Ferrajoli, um assumido positivista, é – no que está absolutamente correto – contra o ativismo judicial. Entretanto, pergunto: ativismos

Tendo presente que Streck organizou e participou da obra em comento, veja-se que as divergências de todos os autores se constituíram de forma estritamente acadêmica. Partindo da premissa assentada por Ferrajoli de opor constitucionalismo garantista (ou normativo) e constitucionalismo principialista (ou argumentativo), passando pela réplica dos juristas brasileiros e culminando na tréplica em que Ferrajoli consolida suas perspectivas, dessa estrutura se verifica o diálogo enquanto firmamento deste debate. Nesse sentido, não por acaso é que Streck e Trindade nos pontuam no balanço da obra que "diferentes matrizes teóricas apresentarão diferentes respostas ao problema da interpretação e da aplicação do direito"[141].

Especificamente sobre o ponto das divergências teóricas, cumpre (re)pensar aquilo que antes se apontou como *Desacordo Compreensivo*. Originalmente cunhado por Streck, Madalena e por este escriba, trata-se de uma ideia que nos direciona para o estabelecimento das melhores condições de uma discussão jurídico-científica. Em virtude do fato de que toda discussão necessariamente se constitui de uma prática intersubjetiva e para além da pretensão de repetir tudo aquilo que já foi assinalado[142],

---

e discricionariedade não seriam teses semelhantes, portanto, faces de uma mesma moeda? Permito-me afirmar isso porque, embora critique fortemente o uso da ponderação, Ferrajoli admite uma espécie de 'fatalidade discricionária', isto é, para ele, existem três espaços fisiológicos e insuprimíveis de discricionariedade judiciária: a) o poder de qualificação jurídica, que corresponde aos espaços de interpretação da lei, ligados à semântica da linguagem legal; b) o poder de verificação factual ou de valoração das provas, que corresponde aos espaços da ponderação dos indícios e dos elementos probatórios; c) o poder equitativo de conotação dos fatos verificados, que corresponde aos espaços da compreensão e ponderação dos conotados singulares e irrepetíveis de cada fato, mesmo se todos igualmente subsumíveis na mesma figura legal do crime. Na sequência, Ferrajoli considera que esses espaços podem vir a ser reduzidos, reconhecendo, então, a importância de uma teoria da argumentação que serviria para orientar, racionalmente, a motivação das decisões tomadas, diminuindo a (insuprimível) discricionariedade. Com isso, aparentemente, Ferrajoli se aproxima de judicialistas como Prieto Sanchís, ao acreditar nas possibilidades de uma argumentação racional e um consequente absolutismo moral (embora afaste a moral, ao seu modo). Não esqueçamos, aqui, que ambos – e isso também pode ser visto em Alexy – acreditam no poder discricionário dos juízes. Numa palavra: a questão que se coloca é que a defesa do positivismo – mesmo com os cuidados que Ferrajoli professa – pode proporcionar, em determinadas circunstâncias, a institucionalização da crença no poder discricionário dos juízes. A pergunta que fica é: como controlar esse poder concedido aos juízes? Parece evidente que uma tese semântica (analítica) não dá conta desse controle. Em países como o Brasil, a fronteira entre a discricionariedade e a arbitrariedade por vezes é inexistente". STRECK, Lenio Luiz. **Verdade e consenso**: Constituição, hermenêutica e teorias discursivas. 6. ed. São Paulo: Saraiva, 2017. p. 624-625.

141. FERRAJOLI, Luigi; STRECK, Lenio Luiz; TRINDADE, André Karam. **Garantismo, hermenêutica e (neo) constitucionalismo**: um debate com Luigi Ferrajoli. 2. ed. São Paulo: Tirant Lo Blanch, 2022. p. 250.

142. ***Cf:*** STRECK, Lenio Luiz; MADALENA, Luis Henrique Braga; QUARELLI, Vinícius. Desacordos compreensivos: uma necessária explicitação dos fundamentos teóricos na discussão jurídico-científica. **Revista Direito e Práxis**, Ahead of print, Rio de Janeiro, 2023. Disponível em: https://www.e-publicacoes.uerj.br/index.php/revistaceaju/article/view/69069/44891. Acesso em: 10 mar. 2023. DOI: 10.1590/2179-8966/2022/69069.

importa ter em vista que quaisquer alegações – sejam teóricas ou críticas – precisam levar em consideração toda a profundidade inerente àquilo que foi levantado pelo nosso interlocutor. Nesse contexto, cobrar rigor filosófico-jurídico se mostra como uma verdadeira condição de possibilidade de qualquer discussão e o desprezo seria, na realidade, deixar de nos importarmos com esse necessário rigor.

Sem mais o que acrescentar, rotular a CHD enquanto uma teorização que despreza teorias jurídicas concorrentes é uma alegação que não encontra verificabilidade. Diante da produção de Streck, cobrar rigor epistemológico – **(i)** coerência interna, **(ii)** evitar mix teóricos, **(iii)** situar-se dentro de algum paradigma filosófico e **(iv)** evitar *Desacordos Compreensivos* – nada mais é do que a razão de ser de uma divergência levada a sério e obras como **(i)** *Garantismo, hermenêutica e (neo)constitucionalismo* e **(ii)** *Verdade e Consenso* são, como esclarecido, exemplos dessa abordagem.

2.5 DA INCOERÊNCIA INTERNA NA CHD (MORAL, AUTONOMIA DO DIREITO E O EXEMPLO DA LEI DE INTRODUÇÃO ÀS NORMAS DO DIREITO BRASILEIRO)

"Existiria certa incoerência interna na CHD por rejeitar a correção moral do direito, e supostamente, aceitar uma correção filosófica a partir da matriz hermenêutica"[143], "argumentam que parece ter a Constituição institucionalizado Heidegger, Gadamer, etc."[144] e, como exemplo, citam a crítica que Streck realiza a Lei de Introdução às normas do Direito Brasileiro (LINDB) – "de que essa lei seria um regramento positivista"[145]. Compreendida em suas três partes como aqui se propôs referir, importa reconhecer a complexidade do que se alegou enquanto quinta crítica: **(i)** que a CHD apresentaria incoerência interna por aceitar uma correção filosófica do Direito e por negar uma correção moral, **(ii)** que, em razão dessa correção, a Constituição teria institucionalizado os autores da tradição hermenêutica e **(iii)** que as críticas feitas a LINDB seriam uma ilustração dessa incoerência.

Sobre cada um destes pontos, Streck diretamente nos esclarece dois. Quanto ao primeiro, "(d)izer que eu não aceito a correção moral do di-

143. STRECK, Lenio Luiz. **Hermenêutica, jurisdição e decisão**: diálogos com Lenio Streck. 2. ed. Porto Alegre: Livraria do Advogado, 2020a. p. 121.

144. *Ibid.*, p. 121.

145. *Ibid.*, p. 121.

reito, mas que aceito uma correção filosófica, é mais do que equivocado. Nunca disse algo semelhante"[146]. Já quanto ao terceiro:

> Em síntese, o problema da LINDB não é ela ser positivista. **O problema é ela não estar de acordo com o paradigma constitucional** pós-88. **Já expliquei várias vezes isso.** [...] Insisto que o problema da LINDB é a sua inadequação ao novo direito que surgiu com a Constituição e, por isso, defendo que ela é incompatível[147]

Tendo presente, então, que Streck declara nunca ter defendido supremacias corretivas em relação do Direito (morais ou filosóficas), despiciendo nos alongarmos sobre essa inexistência. Não obstante, pouco se falou sobre a relação Direito-Moral e nisto reside uma justificativa para nos alongarmos neste tópico em particular. Quando ao ponto dois (*institucionalização*), pouco pode ser extraído da quinta resposta de Streck e cumpre observar como o autor se posiciona para além deste breve excerto. Finalmente quanto ao ponto três, oportuno aprofundarmos aquilo que foi frisado. Com efeito, diante dessa estruturação é que seguimos.

(i) Qual a relação da moral perante o Direito?

Retomando um vocábulo anteriormente empregado, *cooriginariedade* é uma expressão comumente utilizada por Streck e que se faz presente na medida em que o autor se utiliza dela para explicar qual é, no seu entender, o ponto de encontro entre o Direito e a moral enquanto premissas externas ao direito positivo. Como explicitado em obras como *Verdade e Consenso*[148] (onde consta o maior detalhamento) e *30 anos da CF em 30 julgamentos*[149] (onde Streck examina um caso concreto), *cooriginariedade* diz respeito a interação aparentemente paradoxal entre o fenômeno jurídico e a moral. Especificamente sobre essa interação, declara que a moral é tanto um elemento constitutivo do Direito – no sentido de que é institucionalizada pelo legislador democrático – quanto também uma idealização que não pode ter a pretensão-função de parametrizar o fenômeno jurídico para além das fronteiras pré-estabelecidas pela Cons-

146. STRECK, Lenio Luiz. **Hermenêutica, jurisdição e decisão**: diálogos com Lenio Streck. 2. ed. Porto Alegre: Livraria do Advogado, 2020a. p. 127.

147. *Ibid.*, p. 127-128.

148. STRECK, Lenio Luiz. **Verdade e consenso**: Constituição, hermenêutica e teorias discursivas. 6. ed. São Paulo: Saraiva, 2017. p. 150, 179, 190, 191, 248, 261, 263, 264, 336, 377, 383, 393, 397, 480, 509, 515, 546, 582, 588 e 589.

149. STRECK, Lenio Luiz. **30 anos da CF em 30 julgamentos**: uma radiografia do STF. Rio de Janeiro: Forense, 2018. p. 230.

tituição enquanto instância intersubjetiva[150]. Nesse sentido, o que segue da normatização do Direito é a sua autonomização enquanto fenômeno.

Ao lado de pensadores como Habermas[151], Streck postula que a relação entre o Direito e a moral se desenvolve mediante uma complementação inexoravelmente recíproca que, no limite, culmina em uma absorção da esfera moral. Nesse sentido: "A esfera moral, agora absorvida pelo Direito, não conduz a um abandono às questões de justiça, mas, 'o que é justo perde o caráter de virtualidade para a ação e assume feições efetivas por meio da institucionalização jurídica'"[152].

Aprofundando essa questão e uma vez compreendido que o Direito não pode(ria) estar subordinado à moral enquanto discurso corretivo:

> Direito e moral possuem esse 'ponto de estofo' (para usar uma expressão de Lacan) – que pode ser chamado de 'cooriginariedade', 'complementaridade' ou 'razão hermenêutica-estruturante-que--impede-a-cisão-entre-o-Direito-e-a-moral' – porque o Direito do Estado Democrático de Direito, sustentado nos princípios que traduzem o mundo prático, origina-se de um lugar que não (mais) 'sobrevive' como 'território da convencionalidade jurídica' sem compromisso com a faticidade e a historicidade. **A moral não é (mais) uma instância paramétrico-corretiva, pela simples razão de que a fundamentação moral já está nesse 'ponto de estofo' referida 'ao Direito gerado democraticamente'** e juridicamente institucionalizado. Expulsa pelo positivismo, **ela retorna – agora como uma necessidade –, não mais como corretiva/autônoma, e, sim, traduzindo as insuficiências do Direito que o positivismo pretendia que fossem dar 'conta do mundo' a partir do 'mundo**

150. Nesse sentido: "Nesse novo paradigma, o direito deve ser compreendido no contexto de uma crescente autonomização, alcançada diante dos fracassos da falta de controle da e sobre a política. A Constituição é, assim, a manifestação deste (acentuado) grau de autonomia do direito, devendo este ser entendido na sua dimensão autônoma face às outras dimensões com ele intercambiáveis, como, por exemplo, a política, a economia e a moral (e aqui há que se ter especial atenção, uma vez que a moral tem sido utilizada como a 'porta de entrada' dos discursos adjudicadores com pretensões corretivas do direito, trazendo consigo a política e a análise econômica do direito; é nesse contexto em que deve ser vista a 'retomada' da moral pelo direito, a partir daquilo que Habermas tão bem denomina de cooriginariedade). Essa autonomização dá-se no contexto histórico do século XX, tendo atingido o seu auge com a elaboração das Constituições do segundo pós-guerra". CANOTILHO, José Joaquim Gomes; MENDES, Ferreira Gilmar; SARLET, Ingo Wolfgang; STRECK, Lenio Luiz; LEONCY, Léo Ferreira. **Comentários à Constituição do Brasil**. 2. ed. São Paulo: Saraiva Educação, 2018. p. 77.

151. ***Cf:*** HABERMAS, Jürgen. **Direito e democracia**: entre faticidade e validade. Rio de Janeiro: Tempo Brasileiro, 1997. v. 1 e 2.

152. STRECK, Lenio Luiz. **30 anos da CF em 30 julgamentos**: uma radiografia do STF. Rio de Janeiro: Forense, 2018. p. 230.

> **de regras'. Efetivamente, é por ela que o Direito se abre ao déficit social representado pelo superado modelo liberal-individualista de Direito** (grifo nosso)[153]
>
> Em outras palavras, **há que se ter claro que o espaço da adjudicação de 'valores' a partir de discursos com pretensões corretivas já foi 'ocupado' pelo legislador democrático,** valendo por todos, nesse particular, o acerto da tese habermasiana da cooriginariedade entre direito e moral (grifo nosso)[154]

Ante o referido, da primeira citação é possível reconhecer como Streck assimila o papel da moral (enquanto necessidade) e como ela deixou de ser uma mera instância corretiva em razão do advento do Estado Democrático de Direito. Não menos importante, da segunda se compreende como a moral não se substancia em um vazio de sentido e como é que depende do legislador democrático.

Por último, vale referenciar que o autor não defende a separação entre Direito e moral[155]. Afastar a possibilidade de que juízos morais possam corrigir o Direito não significa, como se verá, a autossuficiência deste. Senão por isto, lembre-se que a CHD é uma Teoria não positivista e que disso se segue que diferir descrição e descrição é uma discussão sem objeto.

Somando-se a *cooriginariedade*, *autonomia do Direito* é outra expressão que urge referenciação. Por sua vez explicada em obras como *Dicionário de Hermenêutica* (verbete próprio), *Verdade e Consenso*[156] e *Comentários à Constituição do Brasil*[157], *autonomia do Direito* é um conceito que busca desvelar a dimensão de subsistência autônoma que o Direito tem em face à política, à economia e à moral. No que concerne a sua história, Streck explica que:

> Essa autonomização do Direito é alcançada diante dos fracassos da falta de controle sobre a política e exsurge no Estado Constitu-

153. STRECK, Lenio Luiz. **Verdade e consenso**: Constituição, hermenêutica e teorias discursivas. 6. ed. São Paulo: Saraiva, 2017. p. 264.
154. CANOTILHO, José Joaquim Gomes; MENDES, Ferreira Gilmar; SARLET, Ingo Wolfgang; STRECK, Lenio Luiz; LEONCY, Léo Ferreira. **Comentários à Constituição do Brasil**. 2. ed. São Paulo: Saraiva Educação, 2018. p. 83.
155. STRECK, Lenio Luiz. **Para compreender direito**: a hermenêutica jurídica. 2. ed. São Paulo: Tirant Lo Blanch, 2022. p. 23.
156. STRECK, *op. cit.*, 2017, p. 549 e seg.
157. CANOTILHO; MENDES; SARLET; STRECK; LEONCY, *op. cit.*, p. 83.

> cional forjado a partir do segundo pós-guerra, embora traços de força normativa da constituição já pudessem ser encontrados em autores como Hermann Heller bem antes desse marco temporal. Essa autonomia é ruptural e paradigmática, devendo ser entendida como ordem de validade, representada pela força normativa de um direito produzido democraticamente e que institucionaliza essas e outras dimensões com ele intercambiáveis (grifo nosso).[158]

No contexto Segunda Guerra Mundial e diante do fracasso do Direito em conter a política[159], Streck assinala que o Direito Constitucional e as constituições que sucederam o conflito foram instadas a internalizar novas conquistas que passaram a integrar a estrutura do Estado Constitucional enquanto um autêntico Estado Democrático de Direito[160]. Por conseguinte, questões como o sentido do Direito, sua determinabilidade e sua (correta) fundamentação passaram a orientar reflexões sobre a sua autossubsistência de sentido, isto é, como o Direito pode(ria) deixar de ser refém da política?

Apresentando uma resposta para essa indagação, "a autonomia do Direito representa a blindagem ou resistência contra os seus predadores 'naturais'"[161]. Para ficar apenas nestas três dimensões, "a moral, a política e a economia, embora sejam fundadores cooriginários ao Direito, institucionalmente passam a buscar espaços na ossatura jurídica estatal"[162]. Em vista disso e para além do fato de que é plenamente legítimo que discursos extrajurídicos (moral, política, econômica etc.) busquem alterar normativas legais-constitucionais[163], compreender o Direito como um fenômeno dotado de autonomia significa concebê-lo enquanto su-

158. STRECK, Lenio Luiz. **Dicionário de hermenêutica**: 50 verbetes fundamentais da teoria do direito à luz da crítica hermenêutica do direito. 2. ed. Belo Horizonte: Casa do Direito, 2020b. p. 25.

159. Nota explicativa sobre o posicionamento do autor: "Isso porque a Segunda Guerra Mundial deixou como herança a angústia de ter se convivido com severas restrições de direitos, amparadas pela legalidade". *Ibid.*, p. 249.

160. Nesse sentido: "Desde a Segunda Guerra, deveríamos ter aprendido bem mais sobre a importância do Direito numa sociedade democrática. O constitucionalismo contemporâneo trouxe uma espécie de blindagem contra o 'velho'. A Democracia passou a depender do Direito. Cláusulas pétreas e a institucionalização da moral no Direito (cooriginariedade): eis os grandes trunfos do Direito para o enfrentamento de (novas) barbáries. Daí as teses de Ferrajoli (Constituição normativa), Konrad Hesse (força normativa da Constituição) e Canotilho (Constituição Dirigente). Isso para dizer o menos. Enfim, a Constituição se transformou em norma. STRECK, Lenio Luiz. **30 anos da CF em 30 julgamentos**: uma radiografia do STF. Rio de Janeiro: Forense, 2018. p. 106.

161. STRECK, *op. cit.*, 2020b. p. 26.

162. *Ibid.*, p. 26.

163. Nesse sentido: "a autonomia não deve e não pode ser entendida como autonomia em relação às fontes de produção. Autonomia não quer dizer autônoma separação do Direito da moral (*lato sensu*, entendidos como discursos morais também os políticos e os econômicos)". *Ibid.*, p. 25.

bordinado aos seus próprios limites normativos-principiológicos. Não obstante e tendo em vista que definir é um ato de inerente limitação em razão da impossibilidade balizar um fenômeno indeterminável, observar os limites do Direito é também compreender aquilo que ele não pode ser. Em um paralelo com as reflexões de Abboud:

> mesmo os projetos políticos mais totalitários continuam fazendo uso das instituições oficiais e do direito existente, para aparamentarem legitimidade, criando o não direito. O paradigma da autonomia é crucial para conseguirmos detectar as medidas de degeneração no seu nascedouro, impedindo a instituição do paradoxo da degeneração: há um direito produzido no não direito ou não direito produzido a partir das estruturas do direito. Estabelecido de uma vez por todas o paradoxo da degeneração, o direito pode muito pouco para refrear o projeto de poder totalitário. Por tais razões, a autonomia do direito deveria ser vislumbrada como um common ground para os paradigmas contemporâneos do direito.[164]

Especificamente sobre a forma pela qual essa normatividade se faz presente, cumpre referir que Streck entende a autonomia "como ordem de validade, representada pela força normativa de um direito produzido democraticamente"[165] que, por sua vez, tem no conteúdo jurídico da Constituição a institucionalização dos campos com ela intercambiáveis – como a política, a economia e a moral. Com efeito, argumenta que a Constituição é um fundamento normativo que se dá para além do *fundamentum inconcussum absolutum veritatis* e que, fundamentalmente, tem na *autonomia do direito* a sua própria condição de possibilidade. Com isso, demonstra como o autor delimina na Constituição os limites do próprio Direito, que toda legalidade há de ser constitucional e como o fenômeno jurídico se blinda a partir dessas imbricações (*cooriginariedade* e *autonomia do direito*).

(ii) A Constituição teria institucionalizado autores da tradição hermenêutica?

---

164. ABBOUD, Georges. **Direito constitucional pós-moderno**. São Paulo: Thomson Reuters, 2021. p. 197.

165. CANOTILHO, José Joaquim Gomes; MENDES, Ferreira Gilmar; SARLET, Ingo Wolfgang; STRECK, Lenio Luiz; LEONCY, Léo Ferreira. **Comentários à Constituição do Brasil**. 2. ed. São Paulo: Saraiva Educação, 2018. p. 77.

Frisando pela repetição, a Crítica Hermenêutica do Direito tem uma relação paradigmática em relação aos autores da tradição hermenêutica. À luz disso, veja-se que a hermenêutica se apresenta como um vetor de racionalidade que não se confunde com as proposições de Streck sobre o fenômeno jurídico. Com efeito, a CHD "não é uma teoria heideggeriana ou gadameriana, em sentido estrito, do direito. É uma teoria jurídica que se alicerça nesta tradição"[166].

Estritamente sobre a questão da Constituição e em atenção ao contexto brasileiro que exsurgiu após 1988, *Hermenêutica Jurídica e(m) Crise* sublinha como essa nova Constituição – por sua vez, rica em direitos fundamentais – decretou mudanças substantivas quanto a própria perspectiva dos juristas[167]. Nos dizeres de Streck, *a pergunta que se colocava era: de que modo poderíamos olhar o novo com os olhos do novo?*

Do enfrentamento deste dilema, Streck delineia seu argumento no sentido de **(i)** que não se pode olhar o novo com os olhos do velho e **(ii)** que o novo precisa(va) se tornar visível[168]. Por conseguinte, daí decorre sua compreensão de que seria preciso engendrar uma teoria constitucional adequada às demandas de um novo paradigma jurídico e daí também é que se pode depreender como a Constituição possibilitou uma nova hermenêutica. Veja-se, então, que não se trata de nenhuma institucionalização, pois foi a Constituição que impôs a necessidade de um novo paradigma e isto é fundamental que se compreenda.

Tendo em vista que nem a hermenêutica (fundamental) e nem a Crítica Hermenêutica do Direito possuem pretensões de insuperabilidade (item *2.1.*), "o ponto fulcral é esse: a hermenêutica aponta para uma dimensão que outras propostas filosóficas não apontam ou desconsideram, simplesmente. Por isso há um privilégio daquela em relação a estas. Privilégio, não exclusividade"[169].

---

166. STRECK, Lenio Luiz. **Hermenêutica, jurisdição e decisão**: diálogos com Lenio Streck. 2. ed. Porto Alegre: Livraria do Advogado, 2020a. p. 193.

167. Nesse sentido: "Ora, uma Constituição nova – e essa é a questão fundante da ruptura paradigmática que deveria ter sido captada pela comunidade jurídica de terrae brasilis – exige novos modos de análise: no mínimo, uma nova teoria das fontes, uma nova teoria da norma, uma nova teoria hermenêutica. Entretanto, isso exige um giro paradigmático: dos paradigmas aristotélico-tomista e da filosofia da consciência para o giro ontológico-linguístico (sem nos contentarmos com a simples analítica da linguagem)". STRECK, Lenio Luiz. **Hermenêutica jurídica e(m) crise**: uma exploração hermenêutica da construção do direito. 11. ed. Porto Alegre: Livraria do Advogado, 2014. p. 83.

168. *Ibid.*, p. 380 e seg.

169. STRECK, Lenio Luiz. **Lições de crítica hermenêutica do direito**. 2. ed. Porto Alegre: Livraria do Advogado, 2016. p. 158.

(iii) Seria incoerente epitetar a LINDB enquanto um regramento positivista?

Desde logo antecipando que positivismo jurídico é um tema que ecoa em outros tópicos deste trabalho (itens *2.6.*, *2.12.* e *2.15.*), cumpre pontuar que o positivismo é uma tradição jurídica inerentemente complexa e que, bem por isso, não pode(ria) ser sintetizada em breves palavras que desprezassem todas as suas singularidades. Sendo precisamente sua complexidade a razão pela qual Streck busca categorizar mais de dez tipos de positivismo em seu *Dicionário de Hermenêutica*[170], a crítica que o autor faz em relação a LINDB se torna mais compreensível a partir de outra citação que se soma àquela primeira deste subcapítulo. Para Streck:

> **Uma lei pensada como introdução ao direito privado e para um direito dos Códigos não pode servir** com introito e balizamento das normas do direito brasileiro – incluindo o ramo público – e **para um direito pós-exegético**, no sentido de não limitado aos Códigos [...] a LINDB (a antiga LICC) **representa ou repristina algumas características positivistas, sobretudo, a versão exegética**. A questão não é ser ou não positivista. O problema é que determinadas disposições não mais se alinham com o marco institucional hodierno.[171]

Somando-se, então, àquela primeira citação que nos antecipou o posicionamento do autor de que a *Lei de Introdução às normas do Direito Brasileiro* é uma legislação incompatível com o paradigma constitucional pós-88 – e lembremos da importância de se olhar o novo com os olhos do novo –, essa segunda citação nos esclarece tanto qual é o positivismo a ela atribuído (exegético) quanto também a razão da incompatibilidade acima referida (estarmos situados em um direito pós-exegético).

Grosso modo compreendido enquanto faceta daquilo de Streck e Ferrajoli denominam paleojuspositivismo – que nada mais são do que concepções rudimentares e primaveris do positivismo –, veja-se que o positivismo exegético é uma concepção legalista assim denominada pelas seguintes razões:

---

170. STRECK, Lenio Luiz. **Dicionário de hermenêutica**: 50 verbetes fundamentais da teoria do direito à luz da crítica hermenêutica do direito. 2. ed. Belo Horizonte: Casa do Direito, 2020b. p. 263-327.

171. STRECK, Lenio Luiz. **Hermenêutica, jurisdição e decisão**: diálogos com Lenio Streck. 2. ed. Porto Alegre: Livraria do Advogado, 2020a. p. 127- 128.

> O positivismo é uma postura científica que se solidifica de maneira decisiva no século XIX. O 'positivo' a que se refere o termo positivismo é entendido aqui como sendo os fatos (lembremos que o neopositivismo lógico também teve a denominação de 'empirismo lógico'). Evidentemente, fatos, aqui, correspondem a uma determinada interpretação da realidade que engloba apenas aquilo que se pode contar, medir ou pesar ou, no limite, algo que se possa definir por meio de um experimento. **No âmbito do Direito, essa mensurabilidade positivista será encontrada num primeiro momento no produto do parlamento**, ou seja, nas leis, **mais especificamente, num determinado tipo de lei: os Códigos**. É preciso destacar que esse legalismo apresenta notas distintas, na medida em que se olha esse fenômeno numa determinada tradição jurídica (**como exemplo, podemos nos referir ao positivismo inglês – perspectiva analítica, de cunho utilitarista; ao positivismo francês, no qual predominava o exegetismo da legislação; e ao alemão, no interior do qual é possível perceber o florescimento do chamado formalismo conceitual que se encontra na raiz da chamada jurisprudência dos conceitos – pandectismo**) (grifo nosso).[172]

Naquilo que concerne a aludida interpretação exegeta da legislação, trata-se de uma concepção que aposta(va) na completude sintática do Direito[173]. Dito de outro modo: "colando" texto e sentido do texto[174] (como se fossem a mesma coisa), bem como defendendo que o direito positivado pelos códigos seria capaz de orientar toda a prática jurídica de forma apriorística.

---

172. STRECK, Lenio Luiz. **Hermenêutica jurídica e(m) crise**: uma exploração hermenêutica da construção do direito. 11. ed. Porto Alegre: Livraria do Advogado, 2014. p. 123.
173. Nota explicativa: "A principal característica desse 'primeiro momento' do positivismo jurídico, no que tange ao problema da interpretação do Direito, será a realização de uma análise que, nos termos propostos por Rudolf Carnap, poderíamos chamar de sintática. Nesse caso, a simples determinação rigorosa da conexão lógica dos signos que compõem a 'obra sagrada' (Código) seria o suficiente para resolver o problema da interpretação do Direito. Assim, conceitos como o de analogia e princípios gerais do Direito devem ser encarados também nessa perspectiva de construção de um quadro conceitual rigoroso, que representaria as hipóteses – extremamente excepcionais – de inadequação dos casos às hipóteses legislativas". STRECK, Lenio Luiz. **Verdade e consenso**: Constituição, hermenêutica e teorias discursivas. 6. ed. São Paulo: Saraiva, 2017. p. 37.
174. STRECK, Lenio Luiz. **Dicionário de hermenêutica**: 50 verbetes fundamentais da teoria do direito à luz da crítica hermenêutica do direito. 2. ed. Belo Horizonte: Casa do Direito, 2020b. p. 81.

Para além do mito já desvelado por Streck de que aplicar a letra da Lei seria uma atitude positivista[175] e das dificuldades que as dimensões sintático-semânticas do direito positivo têm em lidar com facticidade do fenômeno jurídico que urge contextualização, importa referir os motivos pelos quais o autor argumenta que o positivismo exegético se faz presente na LINDB: **(i)** "desrespeita uma longa tradição acerca da diferença entre texto jurídico e norma jurídica"[176], **(ii)** reproduz conceitos vigorantes no positivismo clássico do século XIX[177] (analogia, dos costumes, etc.) e **(iii)** prever princípios gerais do direito[178].

Não menos importante e em respeito a observação do autor de que o problema (maior) da LINDB se dá para além do positivismo, outras obras de Streck apontam para o problema de que se trata de um regramento contraditório pelo fato de pretender "codificar" a Constituição[179] e que, por isso, viria a ser uma norma até mais fundamental que a Constituição[180].

Enfim, sobre a razão de ser deste subcapítulo, incoerente seria afirmar que a Crítica Hermenêutica do Direito não traz argumentos coerentes uns aos outros e espera-se que suficientes referências tenham sido levantadas para tanto. Cumprido o dever de apresentá-las, enfim, ao leitor se deixa o convite de aproveitá-las.

2.6 DO DESACERTO EM SE RELACIONAR POSITIVISMO JURÍDICO E FILOSOFIA DA CONSCIÊNCIA

Deitando raízes desde a primeira obra examinada por este trabalho[181] e constituindo um tema investigado por Streck a décadas, o positivismo jurídico talvez tenha se notabilizado enquanto um dos principais tópicos criticados pelo autor em questão. Com efeito, vale repetir que se trata de um tema inerentemente complexo e diante dessa conjuntura é que

175. STRECK, Lenio Luiz. Aplicar a "letra da lei" é uma atitude positivista? **Novos Estudos Jurídicos**, Itajaí, v. 15, n. 1, p. 158–173, 2010. DOI: 10.14210/nej.v15n1. p158-173. Disponível em: https:// periodicos. univali.br/index.php/nej/article/view/2308. Acesso em: 2 maio. 2023.

176. STRECK, Lenio Luiz. **Hermenêutica, jurisdição e decisão**: diálogos com Lenio Streck. 2. ed. Porto Alegre: Livraria do Advogado, 2020a. p. 128.

177. *Ibid.*, p. 128.

178. *Ibid.*, p. 128.

179. STRECK, Lenio Luiz. **Hermenêutica jurídica e(m) crise**: uma exploração hermenêutica da construção do direito. 11. ed. Porto Alegre: Livraria do Advogado, 2014. 165.

180. STRECK, *op. cit.*, 2017. p. 296.

181. STRECK, Lenio Luiz. **Jurisdição constitucional e hermenêutica**: uma nova crítica do direito. Porto Alegre: Livraria do Advogado, 2002.

se perfaz a crítica de que "a ideia de que todos os positivismos se encaixam na filosofia da consciência seria uma leitura generalista e que não alcançaria as versões contemporâneas do positivo"[182].

Em réplica, Streck reconhece as suas singularidades e pontua não buscar descrever todas as versões positivistas, e, isso sim, destacar seus traços filosóficos comuns. Em seus próprios termos:

> **Não buscamos, eu e meu grupo de pesquisadores, descrever todas as versões positivistas em suas singularidades, e, sim, destacar os traços filosóficos comuns** que as perpassam. **Estou escrevendo um Dicionário de Crítica Hermenêutica do Direito e ali estarão contempladas quase todas as posturas positivistas e não positivistas.** Reconheço que os empreendimentos positivistas atuais tornaram-se mais sofisticados, contudo, é notório que ainda continuam de algum modo sustentando teses antigas que remontam a Kelsen ou a Hart, por exemplo. Penso que o positivismo de Raz guarda fortes traços do positivismo kelseniano, com a diferença de que em Kelsen há dois níveis de análise claramente definidos (grifo nosso).[183]

A partir disso e não deixando de pontuar que *Hermenêutica, jurisdição e decisão* é obra que também registra o posicionamento do autor de que a filosofia da consciência foi a condição de possibilidade para a construção da modernidade e para a institucionalização do Estado Moderno[184], interessa nos atermos aos limites da crítica supratranscrita (*qual é a relação entre positivismo e filosofia da consciência?*). Sendo o tema do positivismo jurídico uma constante nas obras relativas à CHD, bem como tendo-se esclarecido que Streck **(i)** busca destacar os seus traços filosóficos comuns e, por conseguinte, **(ii)** reconhece que tanto se trata de uma importante tradição quanto também de uma tradição multifacetada, compreendermos sua totalidade seria uma tarefa de todo impossível e em alternativa a isso é que se segue registrando como Streck desenvolve seu posicionamento.

Reforçando aquilo que *Hermenêutica, jurisdição e decisão* antecipava, *Dicionário de Hermenêutica* é uma obra em que Streck delimita seu

---

182. STRECK, Lenio Luiz. **Hermenêutica, jurisdição e decisão**: diálogos com Lenio Streck. 2. ed. Porto Alegre: Livraria do Advogado, 2020a. p. 121.
183. *Ibid.*, p. 132.
184. *Ibid.*, p. 94.

posicionamento desde as palavras mais iniciais do seu verbete destinado ao tema do positivismo jurídico. Nas suas palavras:

> **O positivismo jurídico é um fenômeno complexo.** Partindo desta constatação, **a Crítica hermenêutica do Direito tem procurado compreendê-lo por intermédio de uma leitura de Filosofia do/no Direito, no intuito de não apenas descrever suas características, mas, também, desvelar os paradigmas filosóficos** entendidos na linguagem de Ernildo Stein como standards/vetores de racionalidade que lhe dão sustentação.[185]

Fica claro, portanto, como compreender filosoficamente – lembremos do papel da *Filosofia no Direito* (item 2.3.) – o fenômeno do positivismo jurídico é uma atividade que pretende entendê-lo em suas dimensões mais epistemológicas[186]. Esclarecendo as condições dessa possibilidade, *Verdade e Consenso* explica que "um dos pontos centrais dessa proposta teórica [a CHD] encontra-se relacionado com o diálogo – realizado ao estilo da *confrontação* (*Auseinandersetzung*) heideggeriana"[187]. Por outro lado, e aqui acompanhando Stein e Bloom, Streck propõe uma desleitura dessa fenomenologia a partir de um processo de (re)interpretação e superação[188] que, *in casu*, realiza-se com base na tradição hermenêutica.

Esquadrinhados elementos basilares com suporte nesta perspectiva, Streck argumenta que três são as ideias assumidas por todo positivismo:

> **(i)** "que a existência (vigência e validade) do Direito em dada sociedade depende das práticas dos membros dessa sociedade; são, pois, as fontes sociais do Direito"[189]
>
> **(ii)** "que a validade de uma norma independe de sua 'validade' moral"[190]

185. STRECK, Lenio Luiz. **Dicionário de hermenêutica**: 50 verbetes fundamentais da teoria do direito à luz da crítica hermenêutica do direito. 2. ed. Belo Horizonte: Casa do Direito, 2020b. p. 263.
186. Nesse sentido: "Para a CHD, a questão não é apenas identificar as características observáveis do juspositivismo, mas, principalmente, o que as sustenta a partir de um prisma filosófico". *Ibid.*, p. 322.
187. STRECK, Lenio Luiz. **Verdade e consenso**: Constituição, hermenêutica e teorias discursivas. 6. ed. São Paulo: Saraiva, 2017. p. 33.
188. *Ibid.*, p. 33.
189. STRECK, Lenio Luiz. **Verdade e consenso**: Constituição, hermenêutica e teorias discursivas. 6. ed. São Paulo: Saraiva, 2017. p. 100.
190. *Ibid.*, p. 100.

> **(iii)** "que as normas jurídicas de um ordenamento não 'cobrem' todas as hipóteses de aplicação. Isso quer dizer que haverá 'casos difíceis' que não serão solucionáveis pelas normas jurídicas existentes; daí o recurso à discricionariedade"[191]

Em vista disso, interessa retomar a especificidade da relação entre positivismo jurídico e filosofia da consciência[192] e, enfim, tornando-se possível compreender o posicionamento de Streck. Diante da conjuntura até aqui descrita e especialmente em atenção ao terceiro elemento do positivismo – que é aquiescer em relação à discricionariedade[193] –, a Crítica Hermenêutica do Direito diverge do positivismo jurídico na medida em que essa segunda tradição se mostra omissa em relação à Teoria de Decisão e com as possibilidades de uma adequada tomada de decisão que supere a discricionariedade judicial. Nesse sentido, ao reconhecer a capacidade dos juízes usarem seus próprios critérios (e permitir que se utilizem de argumentos morais), o positivismo jurídico acaba concordando com a adoção de posturas subjetivas por parte dos juízes na prática judicial – traço este que remete à filosofia da consciência[194].

Seja por fatalismo teórico no sentido de crer na insuperabilidade da discricionariedade (típico do positivismo kelseniano, por exemplo[195]) ou mesmo por estar despreocupado com a possibilidade de o teórico prescrever a tomada de decisão, veja-se que essas são as razões pelas quais a CHD sustenta que o positivismo aposta na discricionariedade[196]. Ao fim e ao cabo, Streck defende que há uma despreocupação com a prática judicial devido a forma pela qual o positivismo jurídico deixa de estabelecer marcos teóricos que superem a possibilidade de o juiz aplicar o direito solipsisticamente.

---

191. *Ibid.*, p. 100-101.

192. Nota explicativa: filosofia da consciência foi um tema tratado no *item 2.1.* deste trabalho. Lá denominada metafísica moderna, vale reforçar que se trata de um paradigma filosófico calcado no sujeito.

193. Nota explicativa: "Trata-se da principal característica do positivismo jurídico, aparecendo mais explicitamente no contexto da 'descoberta' da indeterminação do Direito. Isso se dá, basicamente, quando a razão é superada pela vontade, isto é, a relação entre a lei e a sentença assume um aspecto completamente diverso. [...] É preciso compreender a discricionariedade como sendo o poder arbitrário 'delegado' – antidemocraticamente – em favor do juiz para 'preencher' os espaços da 'zona de penumbra' do modelo de regras". STRECK, Lenio Luiz. **Dicionário de hermenêutica**: 50 verbetes fundamentais da teoria do direito à luz da crítica hermenêutica do direito. 2. ed. Belo Horizonte: Casa do Direito, 2020b. p. 75-76.

194. *Ibid.*, p. 270.

195. STRECK, Lenio Luiz. **Hermenêutica jurídica e(m) crise**: uma exploração hermenêutica da construção do direito. 11. ed. Porto Alegre: Livraria do Advogado, 2014. p. 79.

196. STRECK, Lenio Luiz. **Dicionário de hermenêutica**: 50 verbetes fundamentais da teoria do direito à luz da crítica hermenêutica do direito. 2. ed. Belo Horizonte: Casa do Direito, 2020b. p. 270.

Tornando essa relação ainda mais clara, Streck posiciona-se no sentido de afirmar que mesmo aqueles que tentam sistematizar essa visão subjetiva também estão sujeitos ao paradigma filosófico em questão pelo fato de deslocarem o foco do observador externo (da coisa) para o interior do indivíduo (o subjetivismo)[197]. Com efeito, ainda argumenta que apesar dos defensores do positivismo jurídico tentarem se desligar da filosofia da consciência, alegando que estão mais alinhados com a filosofia analítica, isso só faria sentido se restringíssemos a teoria positivista à Teoria do Direito ou ao papel do teórico. No entanto, acrescenta não há uma desprovida de implicações práticas e que as consequências práticas daquilo que os positivistas defendem acabam se aproximando, no momento da tomada de decisão, do paradigma do qual tentam se distanciar: a filosofia da consciência[198].

Quando autores como Bruno Torrano tecem discordâncias acadêmicas[199] e sugerem que a CHD não lutaria contra a *filosofia da consciência*, mas, sim, contra as *consciências pessoais dos magistrados concretos*, importa registrar que Streck posicionou-se mais de uma vez sobre a temática. Por todas elas:

> Bruno Torrano sugere que a Crítica Hermenêutica do Direito não lutaria contra a 'filosofia da consciência', mas contra as 'consciências pessoais dos magistrados concretos'. Ora, essa assertiva é autocontraditória, tendo em vista que a consciência individual dos juízes enquanto instância criadora de Direito é um reflexo da filosofia da consciência. A 'consciência individual dos juízes' é sustentada por esse paradigma, que, no plano filosófico, relega ao sujeito a autoridade última para constituir/interpretar a realidade. Assim, podemos identificar esse reflexo da filosofia da consciência no positivismo jurídico pelas consequências na prática judiciária. Ou seja, **a manutenção da discricionariedade legal/judicial em todas as diversas teorias juspositivistas demonstra a existência de um sujeito que, em determinada situação, normalmente denominada de hard case, pode escolher 'a partir de si mesmo'**

---

197. *Ibid.*, p. 270.
198. *Ibid.*, p. 325.
199. ***Cf:*** **(i)** TORRANO, Bruno. **Democracia e respeito à lei**: entre positivismo jurídico e pós-positivismo. Rio de Janeiro: Lumen Juris, 2015; e **(ii)** TORRANO, Bruno**. Pragmatismo no direito**: e a urgência de um "pós-pós-positivismo" no Brasil. Rio de Janeiro: Lumen Juris, 2018.

> – isto é, sem nenhuma vinculação intersubjetiva, uma resposta ao caso (grifo nosso).[200]

Em uma palavra final, prezemos pela clareza. Conquanto os críticos de Streck tenham razão ao alegar que o positivismo jurídico contemporâneo tenha uma riqueza filosófica que subjaz às suas diferentes concepções[201] (excludente, inclusivo, ético moderado etc.), o que a CHD pontua é que se trata de uma tradição que ainda tolera a discricionariedade e que isto – no plano da tomada de decisão – permite ao juiz tomar decisões "a partir de si mesmo". Seja por fatalidade teórica ou por omissão no sentido de não proporem uma Teoria de Decisão, persistiriam, então, traços da filosofia da consciência.

2.7 DA PARCIALIDADE DA CHD

"Dizem também que o caráter não descritivo da CHD poderá tornar a 'teoria' algo sujeito ao interesse pessoal/moral ou filosófico do teórico, e que, por isso, também, não seria uma teoria autônoma do direito"[202]. Novamente diante de uma crítica de dupla face, interessa assimilar que se trata de um julgamento que coloca em xeque tanto a imparcialidade da CHD quanto a sua caracterização como teoria autônoma. Tudo isso o que, para os críticos, derivaria do fato da Crítica Hermenêutica do Direito não ser uma teoria descritiva.

Nesta referenciação a réplica, cumpre registrar que Streck argumenta **(i)** que a CHD não adotou o modelo dualista de descrição-prescrição e que essa opção não traz consigo a possibilidade de o teórico usá-la como lhe convém – sobretudo em razão da intersubjetividade que a demarca –, bem como **(ii)** que se trata de uma Teoria que, inclusive, intenta superar a tirania da subjetividade. Em ordem:

> **(i)** 'Se pegarmos o modelo kelseniano de descrição e prescrição, a CHD não adota nenhuma das duas. Todavia, mesmo refutando estas distinções, não significa que com isto a CHD se torna uma teoria que permita ao teórico usá-la como lhe convém. Mesmo pensando o direito como um conceito interpretativo, os juízos que

200. STRECK, Lenio Luiz. **Verdade e consenso**: Constituição, hermenêutica e teorias discursivas. 6. ed. São Paulo: Saraiva, 2017. p. 485-486.

201. TORRANO, Bruno. **Democracia e respeito à lei**: entre positivismo jurídico e pós-positivismo. Rio de Janeiro: Lumen Juris, 2015. p. 173.

202. STRECK, Lenio Luiz. **Hermenêutica, jurisdição e decisão**: diálogos com Lenio Streck. 2. ed. Porto Alegre: Livraria do Advogado, 2020a. p. 121.

fazemos sobre ele somente são possíveis a partir da sua expressão fenomênica. Disso não abro mão. Ou seja, **não inventamos o direito e seus sentidos. Ambos são encontrados num *a priori*, compartilhado, intersubjetivo, e por isso há um controle**. A CHD está para além do objetivismo e luta todos os dias contra a tirania do sujeito moderno, enfim, desse *subjetivism turn*' (grifo nosso) **(ii)** 'entre observar o direito estruturalmente e limitar-se a supostas descrições de sua 'natureza' e teorizá-lo de modo personalista, **existem possibilidades intermediárias**, nas quais nos inserimos. **Por isso edifiquei a Crítica Hermenêutica do Direito. Para fugir da mera descrição não cognitivista e para superar a tiraria do *subjetivism turn*'** (grifo nosso).

(i) Do argumento da intersubjetividade

Em uma expansão da já presente explicação sobre o paradigma hermenêutico enquanto superação da *metafísica clássica* e da *metafísica moderna* (itens *1.1.5.* e *2.1.*), uma ampliação ainda maior de bibliografia seria possível a partir da problemática da intersubjetividade. Sendo um tema presente em todas as principais obras do autor – *Verdade e Consenso*, *Hermenêutica Jurídica e(m) Crise*, *Jurisdição Constitucional*, *Lições de Crítica Hermenêutica do Direito* – *Dicionário de Hermenêutica* talvez seja aquela que mais claramente explica essa ideia em razão do verbete que descreve sua exsurgência filosófica (*Giro ontológico-linguístico*).

De uma vez por todas assentando essa questão, convém repetir que a CHD de Streck encontra fundamento no paradigma hermenêutico e que esse, por sua vez, apoia-se no giro ontológico-linguístico. Com efeito, sendo essa a razão pela qual o autor afirma que a "verdade só adquire status de atribuir um sentido a algo e podermos dizê-lo verdadeiro se este processo de atribuição exsurgir da intersubjetividade"[203].

Tendo presente que Streck declara que não é qualquer intersubjetividade que serve para superar o subjetivismo[204] (pois também há de ser constrangida[205]) e que a intersubjetividade não é tudo[206], conceitu-

203. STRECK, Lenio Luiz. **Dicionário de hermenêutica**: 50 verbetes fundamentais da teoria do direito à luz da crítica hermenêutica do direito. 2. ed. Belo Horizonte: Casa do Direito, 2020b. p. 449.

204. *Ibid.*, p. 414.

205. Nota explicativa sobre o posicionamento do autor: "O indivíduo, no seu cotidiano, sofre um conjunto de constrangimentos decorrentes da linguagem pública construída na intersubjetividade. Por isso, não estabelece sentidos arbitrários. Não lhe é dado inventar os sentidos. O indivíduo está proibido de trocar o nome das coisas. Não pode dar às palavras os sentidos que quer *Ibid.*, p. 62.

206. *Ibid.*, p. 414.

almente podemos entendê-la como a linguagem pública que emerge da complexidade das relações sociais e que nos impõe a impossibilidade de se dizer qualquer coisa sobre qualquer coisa[207]. Tudo o que, em síntese, traduz a ideia de que "no plano da intersubjetividade, pode-se afirmar que 'somente há interpretações porque existem fatos a serem narrados'"[208].

Já num plano menos abstrato e reconhecendo a complexidade do tema, veja-se que o que Streck busca desvelar quando afirma que *não inventamos o direito e seus sentidos* é que ele mesmo (e a CHD) não podem instrumentalizar o fenômeno jurídico justamente em razão da intersubjetividade que nos interpela cotidianamente. Logo, não existe aqui um privilégio de se dizer os sentidos do Direito, mas, sim, uma responsabilidade de se dizer os sentidos do Direito em coerência com uma intersubjetividade filtrada pelo constrangimento e pela tradição (hermenêutica).

(ii) Do argumento do combate à subjetividade

Por mais uma vez observando o argumento a partir da apuração de livros em que Streck sustenta seu posicionamento, vale advertir que outra vasta gama de obras pode ser citada. Ambos os Dicionários de Streck (*Dicionário de Hermenêutica* e *Dicionário Senso Incomum*) tecem críticas ao solipsismo enquanto o sujeito viciado em si mesmo; tanto *Verdade e Consenso* quanto *Hermenêutica Jurídica e(m) Crise* desvelam os problemas da filosofia da consciência; *Comentários ao Código de Processo Civil, O Fim do Livre Convencimento Motivado* e *Juiz não é Deus* criticam a forma pela qual a prova (não) é apreciada em *terrae brasilis* e como o instituto do livre convencimento motivado coloca o *locus* interpretativo do direito na subjetividade do juiz. Não menos importante e para além das infindáveis divergências que possam de aqui surgir, *O livro das suspeições* e *O livro das parcialidades* são obras que buscam apontar os problemas inerentes à figura do juiz que não guarda respeito para com seus deveres de imparidade e impessoalidade.

---

207. Nota explicativa sobre o posicionamento do autor: "Por intersubjetividade, no âmbito da Crítica Hermenêutica do Direito, deve ser entendida aquela que atende à tradição e à autenticidade. Portanto, não é qualquer intersubjetividade que é apta a superar o esquema sujeito-objeto. Essa intersubjetividade deve ser aferida a partir do paradigma hermenêutico, entendendo-se, aqui, a hermenêutica não apenas como um subproduto do giro linguístico, mas, sim, como um paradigma". STRECK, Lenio Luiz. **Dicionário de hermenêutica**: 50 verbetes fundamentais da teoria do direito à luz da crítica hermenêutica do direito. 2. ed. Belo Horizonte: Casa do Direito, 2020b. p. 413.

208. *Ibid*., p. 197.

Tendo-se citados apenas os principais trabalhos em que o tema subjaz de forma categórica, cumpre referenciar aquele que talvez mais explicitamente tem presente o criticismo do autor em relação à subjetividade. Desde seu título, *O que é isto – decido conforme minha consciência?* busca revelar como a consciência do julgador não pode(ria) constituir um critério válido de apreciação jurisdicional. Nesse sentido, veja-se que se trata de uma alusão crítica aos juízes que pretendem apoiar seu julgamento a partir desse pretexto (*decido conforme minha consciência*) e que, no contexto da obra, alude aos dizeres do ex-ministro Humberto Gomes de Barros. Aqui referenciando:

> Não me importa o que pensam os doutrinadores. Enquanto for Ministro do Superior Tribunal de Justiça, assumo a autoridade da minha jurisdição. [...] **Decido, porém, conforme minha consciência**. Precisamos estabelecer nossa autonomia intelectual, para que este Tribunal seja respeitado. É preciso consolidar o entendimento de que os Srs. Ministros Francisco Peçanha Martins e Humberto Gomes de Barros decidem assim, porque pensam assim. E o STJ decide assim, porque a maioria de seus integrantes pensa como esses Ministros. Esse é o pensamento do Superior Tribunal de Justiça, e a doutrina que se amolde a ele. É fundamental expressarmos o que somos. Ninguém nos dá lições. Não somos aprendizes de ninguém (grifo nosso). [209]

Para além da subjetividade, Streck argumenta que é crucial compreendermos que o problema da verdade e sua consequente expressão processual não pode(ria) ser simplificada numa mera questão de vontade do intérprete – como se a realidade fosse limitada à sua representação subjetiva[210]. Por outro lado, e aqui retomando o papel da intersubjetividade, defende que linguagem não poderia ser entendida como um mero instrumento, pois, muito pelo contrário, "é o que está dado e, portanto, não pode ser produto de um sujeito solipsista (*Selbstsüchtiger*), que constrói o seu próprio objeto de conhecimento"[211]. Tudo o que, em síntese, significa que:

209. Voto do Ministro Humberto Gomes de Barros no AgReg em REsp nº 279.889/AL, julg. em 03/04/2001, DJ 11/06/2001, STJ. STRECK, Lenio Luiz. **O que é isto – decido conforme minha consciência?** 5. ed. Porto Alegre: Livraria do Advogado, 2012. p. 24-25.

210. *Ibid., p.* 19.

211. *Ibid., p.* 17.

> **Nossa linguagem é pública. Muito mais ainda a linguagem do Direito. Não há espaço para uma linguagem privada.** Hermenêutica, no modo como a trabalhamos, é antisolipsista. O solipsista, cuja tradução é *Selbstsüchtiger* (o viciado em si mesmo, que também quer dizer egoísmo, em-si-mesmamento), interpreta o mundo a partir de si. Os limites dele (do juiz solipsista, para ficar na área da interpretação do Direito) são os limites da linguagem dele mesmo (do juiz). Por isso, o sentido do Direito será o que ele diz que é. E isso fere preceitos fundamentais do que compreendemos como 'Democracia'. Wittgenstein derrubou o solipsismo do sujeito-que-assujeita com o argumento da linguagem privada: **só pode dizer que pensa, e que por isso existe, o sujeito que já está inserido em uma comunidade cuja linguagem permite que esse sujeito articule a *cogitatio* em... linguagem.** No público-privado, o público vem antes (grifo nosso).[212]

Em contraposição ao império da subjetividade, veja-se que, doutro modo, Streck busca reconhecer a primazia da intersubjetividade enquanto aquela linguagem pública que está para além do arbítrio do sujeito. Portanto, se a subjetividade está para uma "epistemologia *ad hoc*" que pretende impor uma linguagem privada, a intersubjetividade está para uma epistemologia que nos antecipa e que nos informa quais são os sentidos compartilhados da nossa linguagem. Com efeito, apoiando-se nessa superação é que Streck se convalida para combater a subjetividade e talvez precisamente por isto é que se espera que o leitor tenha compreendido que também a Crítica Hermenêutica do Direito não possui licença para inventar os sentidos do Direito – ponte este que, necessariamente, culmina no fato de que a CHD não é uma Teoria sujeita ao interesse pessoal/moral ou filosófico do teórico.

2.8 DE QUE O JUDICIÁRIO NÃO ESTARIA SUJEITO A UMA *ACCOUNTABILITY* DA MORAL COMUNITÁRIA

"Diz-se que o senhor [Lenio Streck] sustentaria a tese de não estariam os magistrados sujeitos a uma *accountability* da moral comunitária"[213] e que, por isso, o Judiciário teria o dever de se "posicionar desfavoravel-

---

212. STRECK, Lenio Luiz. **Para compreender direito**: a hermenêutica jurídica. 2. ed. São Paulo: Tirant Lo Blanch, 2022. p. 15-16.

213. STRECK, Lenio Luiz. **Hermenêutica, jurisdição e decisão**: diálogos com Lenio Streck. 2. ed. Porto Alegre: Livraria do Advogado, 2020a. p. 121.

mente com relação a esta moralidade, como deveria ter acontecido no Nazismo"[214]. À luz disso, importa pontuar que se trata de uma crítica que busca pôr em xeque a forma pela qual a moral deve ser incorporada pelo Direito (vide *item 2.2.*) e, também, a forma pela quais os magistrados estariam sujeitos a uma *accountability* da moral comunitária.

Arrazoando seu posicionamento favorável a uma *accountability*:

> Acerca de uma inexistência de *accountability* dos magistrados com relação à moral comunitária, é importante frisar o que eu tenho dito, repetidas vezes: o direito não é moral. O fenômeno jurídico alcançou um grau de autonomia em relação à moralidade. No século XIX, isso não era assim. Na democracia, o processo de formação do direito pressupõe uma presunção de que o direito feito na esfera pública é um 'bom direito'. Portanto, **não é 'ruim' aplicar o direito posto**. Antidemocrático é permitir que o juiz invoque argumentos morais, por intermédio de raciocínios práticos e não aplicá-lo. Aqui entram as seis hipóteses *da Crítica Hermenêutica do Direito* que criei. Fora dessas hipóteses, é melhor o juiz se candidatar ao parlamento para fazer leis.
>
> **Mais. A decisão judicial está (sempre) limitada às possibilidades dos sentidos jurídicos expressos na prática/história institucional. Dito isto, afirmo que existe uma *accountability*, uma responsabilidade política dos magistrados de decidir conforme o direito, que já possui um conteúdo de moralidade política que lhe é cooriginário**. Mas não uma vinculação a uma moralidade endógena. Isso seria admitir a existência de linguagens privadas nestes tempos de intersubjetividade (grifo nosso).[215]

Para além das ideias anteriormente desenvolvidas como cooriginariedade (*item 2.5.*), intersubjetividade (*item 2.7.*) e das seis hipóteses em que o Poder Judiciário pode deixar de aplicar uma lei ou dispositivo de lei (*item 2.1.*), desde já é possível depreender que Streck é favorável a uma *responsabilidade política dos magistrados* – expressão correspondente à "*accountability*". Desta última citação, também sendo possível depreender que *como* essa *accountability* se cumpre é o que singulariza a CHD.

---

214. *Ibid.*, p. 121.
215. STRECK, Lenio Luiz. **Hermenêutica, jurisdição e decisão**: diálogos com Lenio Streck. 2. ed. Porto Alegre: Livraria do Advogado, 2020a. p. 137.

Quanto ao modo pelo qual o Judiciário deve(ria) estar sujeito a uma *accountability*, *Verdade e Consenso* é uma obra em que Streck torna clara sua concordância com Dworkin[216] em relação ao grau de responsabilidade a que os magistrados devem estar sujeitos[217]. Para os autores, há uma moralidade inerentemente incorporada pelo Direito produzido democraticamente que, enquanto prática social normativa, faz com que o julgador não tenha liberdade para decidir segundo critérios extrajurídicos de ocasião. Ao contrário, arguem que os magistrados estão obrigados (por um dever moral) a "descobrir" os direitos que as partes têm mesmo diante **(i)** de casos em que a interpretação que conforma o caso não seja "fácil" e/ou **(ii)** de casos em que a regra a ser aplicada pareça estar em divergência com uma estrutura político-moral prévia[218]. Com efeito, dos magistrados se espera que obedeçam à integridade do Direito e que não se valham da sua (endógena) moralidade para pretender corrigi-lo. Diante do contexto brasileiro e em especial para Streck:

> o modelo de decisão judicial continua o mesmo há mais de um século: a fundamentação restringe-se à citação da lei, da súmula ou do verbete, problemática que se agrava com a institucionalização da súmula vinculante. Daí a (correta) exigência de Dworkin, de uma 'responsabilidade política' dos juízes. **Os juízes têm a obrigação de justificar suas decisões**, porque com elas afetam os direitos fundamentais sociais, além da relevante circunstância de que, no Estado Democrático de Direito, a adequada justificação da decisão constitui-se em um direito fundamental. O sentido da obrigação de fundamentar as decisões, previsto no art. 93, IX, da Constituição do Brasil, implica, necessariamente, a justificação dessas decisões.[219]

---

216. *Cf*: DWORKIN, Ronald. **Levando os direitos a sério**. São Paulo: Martins Fontes, 2002.

217. STRECK, Lenio Luiz. **Verdade e consenso**: Constituição, hermenêutica e teorias discursivas. 6. ed. São Paulo: Saraiva, 2017. p. 47-49, 353, 417, 442, 476, 521, 623 e 641-642.

218. Nota explicativa sobre o posicionamento do autor: "Outro elemento aproximador – entre minhas teses e as de Dworkin – diz respeito à tentativa de responder ao problema da 'ausência do critério empírico de verificação', sem cair em uma espécie de jusnaturalismo tardio. Vale dizer: como é possível afirmar que os juízes sempre possuem o dever – moral – de decidir de forma adequada à Constituição, sem resvalar, com isso, em uma vinculação absoluta entre direito e moral e sem, ao mesmo tempo, cair nas malhas do positivismo ideológico? A resposta aparece, como também intuiu Dworkin, em Gadamer e sua hermenêutica filosófica. Na verdade, a hermenêutica filosófica surge como uma efetiva terceira via que passa ao largo da velha díade positivismo vs. jusnaturalismo. Novamente, aqui, o papel da filosofia – compreendida paradigmaticamente – como condição de possibilidade". STRECK, *op. cit.*, 2017, p. 48.

219. STRECK, Lenio Luiz. **Verdade e consenso**: Constituição, hermenêutica e teorias discursivas. 6. ed. São Paulo: Saraiva, 2017. p. 442.

Especificamente sobre o ponto do nazismo que restou oculto em *Hermenêutica, jurisdição e decisão*, não é difícil creditar a Streck e a CHD uma forte oposição ao regime. Assim se posicionando em *O Dia em que a Constituição foi Julgada*[220] e, especialmente, em *Dicionário de Hermenêutica*[221], resta claro que Streck acompanha Rüthers[222] e Stolleis[223] quando estes dois últimos criticam o modo pelo qual a doutrina jurídica silenciou-se diante do nazismo. Naquela época, o regime jurídico em ascensão foi convalido pelo silencio daqueles que deveriam tê-lo criticado e isto foi parte de um problema ainda mais estrutural[224].

Sobretudo para Streck, os nazistas "vulgarizaram" o Direito através da "infusão da moralidade"[225] e isto nada mais quer dizer do que a incorporação de uma moralidade fundamentalmente antitética em relação ao Estado Democrático de Direito. Da ampliação de uma leitura que busque compreender como e onde Streck substância essa posição, *Verdade e Consenso*[226] e *Hermenêutica Jurídica e(m) Crise*[227] nos esclarecem que a própria noção de constitucionalismo – e sobretudo o Constitucionalismo Contemporâneo[228] – enquanto "um movimento teórico jurídico-político

---

220. STRECK, Lenio; BREDA, Juliano. **O dia em que a Constituição foi julgada**: a história das ADC´s 43-44 e 54. São Paulo: Thomsom Reuters. Brasil. 2020. p. 59.

221. STRECK, Lenio Luiz. **Dicionário de hermenêutica**: 50 verbetes fundamentais da teoria do direito à luz da crítica hermenêutica do direito. 2. ed. Belo Horizonte: Casa do Direito, 2020b. p. 65.

222. *Cf*: RÜTHERS, Bernd. **Die Unbegrenzte Auslegung**: Zum Wandel Der Privatrechtsordnung Im Nationalsozialismus. 8. ed. Heidelberg: Mohr Siebrek, 2017.

223. *Cf*: STOLLEIS, Michael. **The Law Under the Swastika**: studies on legal history in Nazi Germany. Chicago: University of Chicago Press, 1998.

224. Nota explicativa sobre o posicionamento do autor: "Para isso, recorro à história. Quando da edição das leis de Nuremberg, em 1935, os nazistas utilizaram-se exatamente do sistema jurídico como ferramenta de poder, fazendo com que ele fosse nada mais do que um instrumento do Führer e seus objetivos. O processo que serviu de sustentação à instrumentalização nazi só foi possível por meio do fortalecimento de uma cultura cuja lógica servia de incentivo ao direcionamento interpretativo das leis – e só se direciona a interpretação inautêntica, por meio da qual o intérprete atribui sentido livremente –, conduzindo o raciocínio judicial de modo a adequar a aplicação da lei aos objetivos do regime. Direito contra o Direito. Direito usado como mero instrumento". STRECK, *op. cit.*, 2020b, p. 65.

225. STRECK; BREDA, *op. cit.*, p. 60.

226. STRECK, Lenio Luiz. **Verdade e consenso**: Constituição, hermenêutica e teorias discursivas. 6. ed. São Paulo: Saraiva, 2017. p. 68, 92 e 98.

227. STRECK, Lenio Luiz. **Hermenêutica jurídica e(m) crise**: uma exploração hermenêutica da construção do direito. 11. ed. Porto Alegre: Livraria do Advogado, 2014. p. 401.

228. Nota explicativa sobre o posicionamento do autor: "pode-se dizer que o Constitucionalismo Contemporâneo representa um redimensionamento na práxis político-jurídica, que se dá em dois níveis: no plano da teoria do Estado e da Constituição, com o advento do Estado Democrático de Direito, e no plano da teoria do Direito, no interior da qual se dá a reformulação da teoria das fontes (a supremacia da lei cede lugar à onipresença da Constituição); na teoria da norma (devido à normatividade dos princípios) e na teoria da interpretação (que, nos termos que proponho, representa uma blindagem às discricionariedades e aos ativismos)" STRECK, op.cit., 2017. p. 92; ademais, conferir STRECK, Lenio Luiz. O que é isto – o constitucionalismo contemporâneo. **Revista do CEJUR/TJSC**: Prestação Juris-

em que se busca limitar o exercício do Poder a partir da concepção de mecanismos aptos a gerar e garantir o exercício da cidadania"[229] torna presente uma série de elementos jurídicos antitéticos para com o nazismo e que, para ficar apenas nestes, abrangem tanto os Direitos Fundamentais quanto uma principiologia normativa.

Num balanço final de mais outra crítica, importa registrar que a Teoria em estudo se contrapõe ao nazismo a partir de uma argumentação que dispensa recursos morais endógenos. Se num primeiro momento o surgimento desse regime pode ser creditado a leniência da doutrina jurídica da época, sua impossibilidade presente se deve muito mais a opção paradigmática que o Direito se comprometeu a partir do segundo pós-guerra que, no contexto da CHD, deve ser compreendido enquanto um "Constitucionalismo Contemporâneo". Já em relação a crítica de que os magistrados não estariam sujeitos a uma *accountability*, faltam evidências que justifiquem essa alegação e sobram obras em que Streck posiciona-se de forma favorável a essa possibilidade. Para mais, o que a CHD busca incorporar é uma *accountability* desindexada da moralidade do julgador.

2.9 DO ESCLARECIMENTO QUANTO À IMPOSSIBILIDADE DA CISÃO DIREITO-MORAL E A QUESTÃO DA TEORIA DA DECISÃO

Sui generis desde a sua proposição, *Hermenêutica, jurisdição e decisão* apresenta um questionamento que oportuniza Streck a esclarecer seu ponto de vista acerca de duas questões já presentes neste trabalho – cooriginariedade (*item 2.5.*) e Teoria da Decisão (*item 2.2.*). Nos atendo ao termo "crítica" tão somente para fins de coerência, em verdade, perguntou-se a Streck qual seria "sua posição em relação à impossibilidade da cisão direito-moral e a questão da teoria da decisão"[230] e que se seguiu disso foi uma melhor demarcação das ideias do autor. Com efeito, é oportuno nos valermos do mesmo ensejo. A seguir: **(i)** citações diretas sobre cada posicionamento e **(ii)** alusão a outras obras que ajudam a demarcar cada posicionamento.

---

dicional, Florianópolis, v. 1, n. 2, p. 27–41, 2014. DOI: 10.37497/ revistacejur.v1i2.64. Disponível em: https://revistadocejur.tjsc.jus.br/cejur/article/view/64. Acesso em: 22 maio. 2023.

229. STRECK, *op. cit.*, 2017.p. 93.

230. STRECK, Lenio Luiz. **Hermenêutica, jurisdição e decisão**: diálogos com Lenio Streck. 2. ed. Porto Alegre: Livraria do Advogado, 2020a. p. 121.

> parece indubitável a impossibilidade, na contemporaneidade, de se desconectar o direito da moral. Talvez o grande problema seja encontrar o elo de ligação e, acima de tudo, impedir que a moral corrija o direito. Ou seja, **não é a moral que deve filtrar o direito ou dizer o modo pelo qual o direito deve ser aplicado**, e, sim, o direito é que deve filtrar a moral. **Essa inter-relação entre direito e moral deve-se dar em um momento anterior ao da aplicação do direito. Se for deixada para o momento da aplicação, inexoravelmente, o direito ficará refém das posições morais do intérprete** (grifo nosso).[231]
>
> Se uma teoria do direito deseja apenas descrever o direito, cindindo qualquer apreciação moral, ela não parte de um grau zero. Esse grau zero não existe. E quando alguém pretende apenas descrever, inexoravelmente estará criando um problema: se somente descreve e sendo o direito algo que estabelece como as pessoas devem se comportar e como devem ser as relações sociais, estará deixando de lado o modo como esse direito será aplicado pelo juiz. [...] **A pergunta que fica é: para que serve uma teoria que não se preocupa com o modo como o juiz decide?** [...] Claro que os positivistas descritivos vão afirmar que nem pretendem fazer uma teoria da decisão. Mas o que quero deixar claro aqui é que a ausência de uma teoria da decisão é um marco comum dos positivismos pós-kelsenianos. De novo insisto nas palavras de Calsamiglia, que diz que quando mais necessitamos de orientação, o positivismo emudece (grifo nosso).[232]

Sobre o posicionamento de Streck quanto a impossibilidade da cisão entre direito-moral, do primeiro trecho acima transcrito é possível notar como o autor reforça que a inter-relação entre estes âmbitos deve-se dar em um momento anterior ao da aplicação do Direito e que é a sua cooriginariedade que pode fazer com que o Direito não se torne refém das posições morais do intérprete. Registrando casuísmos jurídicos que acusam a desobservância dessa inter-relação, *Precisamos falar sobre direito e moral* é uma obra em que Streck já desnudava, por exemplo, como fim da presunção de inocência foi/era simbólico diante desse contexto.

---

231. *Ibid.*, p. 138.
232. *Ibid.*, p. 139 e 142.

Criticando a forma pela qual o Supremo Tribunal Federal interpretou o art. 5, inciso LVII da Constituição Federal[233] e a forma pela qual a presunção de inocência foi mitigada no sentido de admitir a execução provisória da pena após condenações em segundo grau – posicionamento dominante entre 2016 e 2019[234] –, Streck nos aponta que as posições morais do intérprete não pode(ria)m solapar o sentido normativo da garantia da presunção de inocência[235].

Por um lado explanando a posição do ministro Luiz Fux nas ADCs 43 e 44, quando disse que a execução da pena após condenação em 2º grau *seria justificada para preservar o direito fundamental da sociedade em ver aplicada a sua ordem penal, ainda que em detrimento de eventual direito do acusado*[236] e, por outro, acompanhando o posicionamento de Galvão[237], Streck argumenta que "esse tipo de abordagem, no entanto, acaba por minar a própria ideia de Estado de Direito, na medida em que afrouxa os limites do raciocínio jurídico ao permitir o uso de argumentos de política pelos juízes"[238]. Com efeito, nessa permissividade em relação aos argumentos de políticas é que reside o espaço para que o magistrado se valha das suas próprias posições morais.

---

233. "Art. 5º Todos são iguais perante a lei, sem distinção de qualquer natureza, garantindo-se aos brasileiros e aos estrangeiros residentes no País a inviolabilidade do direito à vida, à liberdade, à igualdade, à segurança e à propriedade, nos termos seguintes: [...] LVII – ninguém será considerado culpado até o trânsito em julgado de sentença penal condenatória;"

234. Nota explicativa sobre a jurisprudência do Supremo Tribunal Federal: **(i)** Até 2009, o STF considerava constitucional a possibilidade de iniciar o cumprimento da pena de forma provisória. Isso significava que, caso alguém fosse condenado e apresentasse recursos especiais ou extraordinários, poderia começar a cumprir a pena enquanto aguardava a análise desses recursos. **(ii)** Essa visão mudou drasticamente com o julgamento do HC 84.078, quando a corte passou a entender que essa prática não estava de acordo com nosso sistema jurídico. **(iii)** Essa segunda posição foi mantida pela Suprema Corte até fevereiro de 2016, quando, ao julgar o HC 126.292, voltou ao entendimento estabelecido antes de 2009, ou seja, reconheceu novamente a possibilidade de execução provisória da pena. **(iv)** No entanto, houve outra mudança interpretativa posteriormente. A partir de novembro de 2019, ao julgar as ADCs 43, 44 e 54, o STF retornou à interpretação de 2009, afirmando que o cumprimento da pena só pode começar após o esgotamento de todos os recursos possíveis.

235. STRECK, Lenio Luiz. **Precisamos falar sobre direito e moral**: os problemas da interpretação e da decisão judicial. Florianópolis: Tirant Lo Blanch, 2019. p. 104.

236. BRASIL. Supremo Tribunal Federal (STF). **Pleno – STF admite execução da pena após condenação em segunda instância (2/2)**. Brasília, DF: STF, 18 dez. 2014. 1 vídeo. (183 min). Disponível em: https://www.youtube.com/watch?v=dWnJ5vWKzzQ. Acesso em: 24 maio 2023.

237. GALVÃO, Jorge Octávio Lavocat. Juízes representativos? A nova face do neoconstitucionalismo. **Consultor Jurídico**, São Paulo, 3 mar. 2018. Disponível em: https://www.conjur. com.br/2018-mar-03/observatorio-constitucional-juizes-representativos-face-neoconstitucionalismo. Acesso em: 24 abr. 2018.

238. STRECK, Lenio Luiz. **Precisamos falar sobre direito e moral**: os problemas da interpretação e da decisão judicial. Florianópolis: Tirant Lo Blanch, 2019. p. 56.

Ao fim ao cabo, veja-se que *Precisamos falar sobre direito e moral* antecipou o posicionamento de Streck quanto ao tema das ADCs 43, 44 e 54. Temática essa que, cumpre dizer, encontra-se registrada em *O dia em que a Constituição foi julgada*. Numa proposição concludente, "na Democracia não é a moral que deve filtrar o Direito e, sim, é o Direito que deve filtrar os juízos morais"[239].

Já em relação ao pensamento do autor em relação a Teoria da Decisão, duas são as perspectivas que se apresentam – como se posicionada de forma ampla e como sua Teoria se posiciona diante da matéria. Nesse sentido, ressalta-se que essa segunda perspectiva já foi tratada quando se examinou a aparente insuficiência da hermenêutica filosófica para a criação de uma teoria da decisão (*item 2.2.*) e, em vista disso, vale repetir que a CHD articula uma série de elementos que buscam possibilitar uma *resposta adequada* à *Constituição*. A saber: **(i)** três perguntas fundamentais que visam filtrar-afastar atitudes/decisões de caráter ativista; **(ii)** cinco princípios/padrões fundantes da decisão jurídica; e **(iii)** seis hipóteses em que o Poder Judiciário pode deixar de aplicar uma lei ou dispositivo de lei.

Da superação dessa recapitulação, importa registrar que diversas são as obras em que o autor busca se posicionar de forma ampla. Por todas elas, *Jurisdição constitucional e decisão jurídica* talvez seja a mais paradigmática em virtude do título que testifica sua preocupação. Para Streck, a democracia enquanto paradigma jurídico-constitucional e o efetivo controle das decisões judiciais (Teorias de Decisão) são preocupações que inexistem de forma isolada[240]. Por conseguinte, e argumentando que toda Teoria da Decisão deve(ria) assumir o compromisso de evitar o arbitrário, trata-se de uma obra que busca evidenciar que não há *ad libitum* em uma democracia[241] e que, no limite, isto significa que o intérprete (juiz) não tem salvo-conduto para atribuir os sentidos do Direito de forma arbitrária. Em suma:

> Dizendo de um modo mais simples, a democracia corre perigo se a aplicação do direito pelos Tribunais (mormente os Constitucionais) é feita sem uma adequada teoria da decisão judicial. O afastamento do ativismo, do decisionismo e da discricionariedade

239. *Ibid.*, p. 11.

240. STRECK, Lenio Luiz. **Jurisdição constitucional e decisão jurídica**. 4. ed. São Paulo: Revista dos Tribunais, 2014. p. 122.

241. *Ibid.*, p. 334.

judicial passa a condição de possibilidade de sobrevivência do paradigma do Estado Constitucional e Democrático. [242]

Levando em consideração essa preocupação intrinsecamente democrática, cumpre assentar que Streck articula tanto a imperiosidade do controle das decisões judiciais quanto a sua própria Teoria da Decisão a partir dessa perspectiva. Quanto a isso e nos valendo de um posfácio em que o autor detidamente avalia essa tecitura, *Verdade e Consenso* acrescenta que essa discussão importa por também nos apontar uma forma de impedir que os juízes (ou os Tribunais Constitucionais) se substituam ao legislador[243]. Numa denunciação que joga luz a imperiosidade dessa discussão: "de que modo podemos reivindicar e defender a democracia se, no final do processo decisório, deixamos uma 'margem de atuação' para a livre escolha do juiz?"[244].

Diante do posicionamento do autor e sem mais o que acrescentar em termos substantivos, duas são as conclusões que podem ser extraídas deste hiato. Se por um lado o Direito não serve a moral – síntese da ideia de que o Direito não pode ser refém das posições morais do intérprete –, por outro, a interpretação jurídica também não é plenipotente e deve ela também ser controlada/constrangida de forma a não solapar as suas condições mais existenciais (Constituição, democracia etc.).

2.10 DO PAMPRINCIPIOLOGISMO ENQUANTO ÁLIBI TEÓRICO

Em relação a crítica de que Streck se valeria do conceito do pamprincipiologismo[245] para mascarar preferências pessoais quanto ao reconheci-

---

242. STRECK, Lenio Luiz. **Jurisdição constitucional e decisão jurídica**. 4. ed. São Paulo: Revista dos Tribunais, 2014. p. 121.

243. STRECK, Lenio Luiz. **Verdade e consenso**: Constituição, hermenêutica e teorias discursivas. 6. ed. São Paulo: Saraiva, 2017. p. 511.

244. *Ibid.*, p. 510.

245. Nota explicativa quanto ao termo: "Em linhas gerais, o pamprincipiologismo é um subproduto das teorias axiologistas que redundaram naquilo que vem sendo chamado de neoconstitucionalismo e que acaba por fragilizar as efetivas conquistas que formaram o caldo de cultura que possibilitou a consagração da Constituição brasileira de 1988. Esse pamprincipiologismo faz com que – a pretexto de se estar aplicando princípios constitucionais – haja uma proliferação incontrolada de enunciados para resolver determinados problemas concretos, muitas vezes ao alvedrio da própria legalidade constitucional. [...] Em muitos casos, chega a ser impossível identificar o status dos aludidos 'princípios', isto é, se se está diante de princípio constitucional, infraconstitucional ou de um enunciado no nível dos velhos 'princípios gerais do Direito'". STRECK, Lenio Luiz. **Dicionário senso incomum**: mapeando as perplexidades do direito. São Paulo: Dialética, 2023. p. 173-174.

mento de determinados princípios que seriam juridicamente inaceitáveis[246] (como o da afetividade, p. ex.), vale esclarecer que pampricipiologismo é tanto um conceito de viés crítico quanto um termo criado pelo próprio autor. Com efeito, trata-se de uma crítica que busca colocar em xeque a forma pela qual Streck se valeria do termo para pretensamente criticar apenas aquilo que lhe convém. Em sua defesa:

> A respeito da afirmação de que eu usaria o conceito de pamprincipiologismo como um álibi para esconder preferências pessoais quanto ao reconhecimento de certos princípios como a afetividade, etc., digo que isto está equivocado. **Cunhei o termo pamprincipiologismo para tentar representar o contexto pátrio de proliferação desenfreada de princípios** que serviam/servem como meros artifícios retóricos. **Tenho a convicção de que os princípios são deontológicos**, que precisam possuir um notório DNA institucional-constitucional, bem com apoio nas práticas jurídicas. Princípios são padrões. Quando pensamos no princípio da igualdade, já há uma antecipação de sentido que direciona o olhar, mas quando falamos no princípio da felicidade, por exemplo, fico a procurar sua imperatividade. **Dizer que o princípio da afetividade nos obrigada a ter cuidado com o outro me parece tão somente uma opinião sobre o direito. Uma opinião moral. E só. Mas moral não é direito [...]** Importa dizer é que o assim denominado 'princípio da afetividade' não passa de um standard tautológico ao expressar o dever de cuidado do direito de família presente em nossa legislação. O pior é que não está sendo usado apenas para reforçar este comando legal, mas ampliando direitos e deveres para além dos marcos institucionais.[247]

Jogando luz a acusação de conveniência teórica do autor em relação ao uso do termo, veja-se que Streck se posiciona no sentido de reafirmar seu posicionamento de que a moralidade do julgador não pode influenciar o Direito (vide *item 2.5.*) e que o (des)uso do princípio da afetividade seria uma exemplificação dessa infusão. Com efeito, pouco pode ser acrescentado em relação ao aludido posicionamento que já foi explanado amiúde e um esclarecimento histórico/conceitual quanto ao termo talvez seja o único caminho que nos traga algo de novo.

---

246. STRECK, Lenio Luiz. **Hermenêutica, jurisdição e decisão**: diálogos com Lenio Streck. 2. ed. Porto Alegre: Livraria do Advogado, 2020a. p. 121.

247. *Ibid.*, p. 142-143.

Em mais um esforço de registro histórico, *Dicionário de Hermenêutica*[248] nos acrescenta que pampricipiologismo foi uma expressão cunhada em meados de 2004 e que desde aquela época já reprovava o (des)uso do princípio da afetividade e não só dele. Concebido num debate entre o fundador da CHD e Luís Roberto Barroso, Streck ali acusava a inundação do Direito por uma produção de *standards* valorativos e álibis teóricos pelos quais se passou a dizer qualquer coisa sobre a interpretação da lei. Além de tudo, um conceito criado pela falta e pela necessidade de (re) conhecermos um fenômeno que urgia denominação[249].

Para ele, trata-se de um fenômeno que provocou um ativismo particularmente caracterizado pelo uso desenfreado de (falsos) princípios constitucionais criados *ad hoc* e enunciados ao sabor da conveniência do intérprete. Numa proposição que esclarece o problema decorrente deste fenômeno: "Um princípio – sem qualquer densidade deontológica – tem a 'força' de derrotar o Direito posto, sem que o intérprete lance mão da jurisdição constitucional"[250].

Dito isto e estreitando ainda mais a nossa análise a partir daquilo que resta presente tanto em *Hermenêutica, jurisdição e decisão* quanto em *Dicionário de Hermenêutica*, perceba-se "deontologia" é um elemento que lhes é comum. Se por um lado a primeira obra demarca o posicionamento de que princípios são deontológicos, a segunda nos aponta que o uso de princípios sem densidade deontológica é o que constitui o pampricipiologismo enquanto tal. Com efeito, trata-se de um posicionamento que guarda respeito ao próprio posicionamento do autor quanto ao tema dos princípios[251]. Necessariamente atuando pelo código lícito-ilícito, impondo

---

248. STRECK, Lenio Luiz. **Dicionário de hermenêutica**: 50 verbetes fundamentais da teoria do direito à luz da crítica hermenêutica do direito. 2. ed. Belo Horizonte: Casa do Direito, 2020b. p. 253-256.

249. Nota explicativa quanto a criação de termos e neologismos: "Como nomeamos? Temos as palavras? Por vezes temos de construir novas e até mesmo criar conceitos para que as coisas melhor lhes caibam. Veja-se: a linguagem surge na medida em que faz falta. A angústia é um fenômeno moderno, por exemplo. Mas tinha-se angústia mesmo não se sabendo que se tinha. A partir de Kierkegaard, considerado o primeiro filósofo de cunho mais existencial, e depois com Sartre e Heidegger, é que a temática da angústia teve o lugar central. Freud entendeu bem isso e buscou explicar o papel da angústia, como também articulou outro tema fundamental em seus escritos: o inconsciente. Dessa fenomenologia, angústia e inconsciente tornaram-se temas importantes não porque inexistiam, mas porque não se sabia que existiam. A linguagem desvelou esses fenômenos, mas não os criou". STRECK, Lenio Luiz. **Dicionário senso incomum**: mapeando as perplexidades do Direito. São Paulo: Dialética, 2023. p. 15.

250. STRECK, Lenio Luiz. **Dicionário de hermenêutica**: 50 verbetes fundamentais da teoria do direito à luz da crítica hermenêutica do direito. 2. ed. Belo Horizonte: Casa do Direito, 2020b. p. 253.

251. Nota explicativa quanto a compreensão de Streck quanto ao tema dos princípios: "os princípios são a articulação institucional que atribui hierarquicamente a densidade (deontológica) e o suporte,

deveres definitivos[252], não possuindo traços axiológicos (por isso não sendo valores) e sendo normas que fecham a interpretação, essas são as razões pelas quais Streck defende que princípios são deontológicos.

Por conseguinte, dessa compreensão subjaz o motivo de Streck criticar o uso performático dos princípios enquanto cerne do pampricipiologismo. Nesse sentido:

> Sem qualquer possibilidade taxonômica acerca da matéria, esses enunciados (com pretensão assertórica e performativa) cumprem a função de metarregras. Com eles, qualquer resposta pode ser correta. Aliás, sempre haverá um enunciado desse jaez aplicável ao 'caso concreto', que acaba sendo 'construído' a partir de grau zero de significado. **Sua multiplicação se deve à errônea compreensão da tese de que os princípios proporcionariam uma abertura interpretativa, quando, em verdade, sua função é de fechamento interpretativo** (grifo nosso).[253]

À guisa de uma reavaliação da crítica formula ao autor, importa reconhecermos que o pampricipiologismo é um termo dotado de um viés crítico que nem por isso se coloca à disposição de qualquer crítica. A crítica que se coloca aqui é em relação ao uso instrumental dos princípios e discordar ou aceitar disso é, bem por isso, uma posição teórica com fundamentos de igual natureza.

2.11 DO DESACERTO EM SE APONTAR DESCRITIVIDADE--DISCRICIONARIEDADE NA TEORIA KELSENIANA E EM SE ASSOCIAR KELSEN AO CÍRCULO DE VIENA

Em atenção a dupla crítica de que Streck **(i)** "interpretaria equivocadamente a teoria de Kelsen e que não haveria nele uma abertura para a discricionariedade"[254] (em razão confusão quanto ao *animus* descritivo do jurista) e de que **(ii)** "seria um equívoco significativo relacionar

---

jurídico e objetivo, *objetivamente jurídico* e *juridicamente objetivo*, à compreensão do intérprete". *Ibid.*, p. 441.

252. *Ibid.*, p. 407.

253. STRECK, Lenio Luiz. **Dicionário de hermenêutica**: 50 verbetes fundamentais da teoria do direito à luz da crítica hermenêutica do direito. 2. ed. Belo Horizonte: Casa do Direito, 2020b. p. 256.

254. STRECK, Lenio Luiz. **Hermenêutica, jurisdição e decisão**: diálogos com Lenio Streck. 2. ed. Porto Alegre: Livraria do Advogado, 2020a. p. 121.

Kelsen ao Círculo de Viena"[255], duas são as perspectivas adotadas. Uma primeira de cunho teórico e uma segunda de cunho histórico-filosófico. A cerca de cada uma:

> O oitavo capítulo da *Teoria Pura do Direito* mostra bem a pouca importância que ele deu a aplicação do direito pelos juízes. Esta parte não seria redutível à cientificidade que buscava. Portanto, juízes não fazem ciência do direito. Juízes fazem política jurídica. Isso está absolutamente claro em Kelsen. Quando falo da maldição do capítulo oitavo da *Teoria Pura do Direito*, não quero afirmar que o jurista endossaria que os juízes pudessem 'dizer qualquer coisa sobre qualquer coisa' [...], mas apenas quero dizer que, teoricamente, nada poderia dizer sobre qual seria a decisão correta a ser tomada. Logo, está-se no terreno não cognitivista no plano da metaética. Kelsen diz: não há qualquer método que possa auxiliar para dizer que uma reposta é melhor que outra. Mais: mesmo que o juiz julgue fora da tal moldura e se ninguém recorrer, a decisão vale. E juiz faz norma. Por isso seu positivismo é normativista. **Não tenho qualquer dúvida de que a discricionariedade se torna, para Kelsen, em uma inexorabilidade teórica** (grifo nosso).[256]
>
> insisto na tese de que Kelsen tem relação com o neopositivismo lógico, também conhecido como empirismo contemporâneo. Fui aluno de Warat, e este estudou com Vernengo, que, por fim, introduziu Kelsen na América Latina. [...] Com ele aprendi que **juntamente com as influências kantistas e neokantistas poderíamos também relacionar o jurista austríaco ao Círculo de Viena, sobretudo, em seu manifesto desprezo à metafísica.** O desprezo pela metafísica é que fez Kelsen desenvolver esses dois níveis. E esses dois níveis foram inventados pelo neopositivismo lógico. **Além disso, existem registros históricos que Kelsen manteve algum contato com esta corrente de pensamento** (grifo nosso).[257]

Observando com atenção a perspectiva teórica adotada por Streck de que Kelsen compreenderia a discricionariedade como uma inexorabilidade, *Hermenêutica, jurisdição e decisão* nos acrescenta que o autor tem

255. *Ibid.*, p. 121.
256. STRECK, Lenio Luiz. **Hermenêutica, jurisdição e decisão**: diálogos com Lenio Streck. 2. ed. Porto Alegre: Livraria do Advogado, 2020a. p. 146.
257. *Ibid.*, p. 147.

consciência de que essa é uma interpretação disputada[258]. Não obstante, argumenta *Teoria Pura do Direito* é uma obra que deixa de se preocupar com a validade normativo-jurídica do concreto juízo decisório quando da sua conclusão (capítulo oitavo da obra referida).

Nesse contexto, uma (re)leitura do *Dicionário de Hermenêutica* traz consiga o aclaramento de que essa é uma interpretação da intencionalidade de Kelsen, pois, para Streck, "em Kelsen, há uma cisão entre Direito e Ciência do Direito que irá determinar, de maneira crucial, seu conceito de interpretação. A 'pureza', em Kelsen, é da Ciência do Direito e não do Direito"[259]. Com efeito, nele haveria uma cisão entre interpretação como ato de vontade e interpretação como ato de conhecimento.

Para mais, argumenta que a teoria kelseniana trata a interpretação judicial como um apêndice que é apenas apresentado no sentido de auxiliar a diferenciação entre a interpretação que o cientista do Direito realiza e aquela que os órgãos judiciários proferem em suas decisões[260]. Em seus termos:

> a interpretação dos órgãos jurídicos (dos tribunais, por exemplo) é um problema de vontade (interpretação como ato de vontade), no qual o intérprete sempre possui um espaço que poderá preencher no momento da aplicação da norma (é a chamada 'moldura da norma', que, no limite, pode até ser ultrapassada); mas a interpretação que o cientista do Direito realiza é um ato de conhecimento que pergunta – logicamente – pela validade dos enunciados jurídicos.[261]

Noutras palavras, Kelsen apostou na discricionariedade do intérprete no nível da aplicação do direito como sendo uma fatalidade exatamente para salvar a sua pureza metódica[262]. Não obstante, veja-se que não parece um acaso que sua grande obra seja intitulada *Teoria Pura do Direito* ao invés de Teoria do Direito Puro, pois pura é a Teoria – e não o Direito.

---

258. *Ibid.*, p. 145.
259. STRECK, Lenio Luiz. **Dicionário de hermenêutica**: 50 verbetes fundamentais da teoria do direito à luz da crítica hermenêutica do direito. 2. ed. Belo Horizonte: Casa do Direito, 2020b. p. 17.
260. *Ibid.*, p. 18.
261. STRECK, Lenio Luiz. **Dicionário de hermenêutica**: 50 verbetes fundamentais da teoria do direito à luz da crítica hermenêutica do direito. 2. ed. Belo Horizonte: Casa do Direito, 2020b. p. 18.
262. STRECK, Lenio Luiz. **Lições de crítica hermenêutica do direito**. 2. ed. Porto Alegre: Livraria do Advogado, 2016. p. 29.

Particularizando toda essa discussão a partir da noção adotada por Streck de que o Direito não pode(ria) deixar de se preocupar com o ato decisório, a Crítica Hermenêutica do Direito é peremptória ao afirmar que positivismo pós-exegético (do qual Kelsen é partícipe) compreende a discricionariedade judicial enquanto uma verdadeira fatalidade[263]. Se o que pode ser assegurado é tão somente o conhecimento acerca do Direito e não a sua aplicação em concreto, disso decorre o fatalismo kelseniano.

Para além dessa primeira questão e agora nos atendo ao posicionamento de que *seria um equívoco significativo relacionar Kelsen ao Círculo de Viena*[264], importa irmos além da mera textualidade da citação que contextualizou o posicionamento de Streck e – num esforço de historiografia – referir que de fato existem registros históricos que provam o aludido contato de Kelsen. Em carta enviada Henk Mulder, em maio de 1963, Kelsen reconheceu que os escritos de Philipp Frank e Hans Reichenbach sobre a causalidade influenciaram a sua visão enquanto teórico[265].

Tornando presente uma ressalva omissa em *Hermenêutica, jurisdição e decisão*, *Verdade e Consenso* nos acrescenta que Streck afirma nunca ter tido que Kelsen seria um neopositivista na integralidade, mas, sim, que sofreu fortes influências do neopositivismo lógico[266]. Sobre elas e numa breve explicação acerca da perspectiva filosófica de Streck: Kelsen elaborou uma teoria que é uma metalinguagem sobre uma linguagem-objeto e, em consequência, conferiu uma importância secundária à interpretação ao passo que também admitiu – por "ser inexorável" – que se deixe que o juiz decida "decisionisticamente".

Numa palavra final sobre essa questão, reconhecer a descritividade e a discricionariedade em Kelsen é um juízo que Streck faz em virtude de seu posicionamento enquanto teórico que preza pelo controle das decisões judiciais. Com efeito, da falta de uma preocupação prescritiva em relação ao Direito e ao modo pelo qual se decide é que sobrevém a

---

263. STRECK, Lenio Luiz. **Verdade e consenso**: Constituição, hermenêutica e teorias discursivas. 6. ed. São Paulo: Saraiva, 2017. p. 538.

264. Nota explicativa: "Este movimento era formado por vários filósofos e cientistas que se reuniam na primeira metade do século XIX para discutir os problemas dos fundamentos do conhecimento científico, sobretudo referentes à linguagem. Neste contexto, o Tratado Lógico-Filosófico de Ludwig Wittgenstein (1889-1951) tornou-se uma das obras principais para os membros do Círculo, dos quais se citam: Moritz Schlick, Rudolf Carnap, Otto Neurath, Herbert Feigl, Philipp Frank, Friedrich Waissman, Hans Hahn". *Ibid.*, p. 35.

265. JABLONER, Clemens. Kelsen and his circle: the Viennese Years. **European Journal of International Law**, [*S. l.*], n. 9, p. 378-380, 1998.

266. STRECK, Lenio Luiz. **Verdade e consenso**: Constituição, hermenêutica e teorias discursivas. 6. ed. São Paulo: Saraiva, 2017. p. 43.

crítica da CHD em relação ao fatalismo teórico presente em Kelsen. De mais a mais, associar Kelsen ao Círculo de Viena nos parece inegável e pouco poderia ser acrescentado para além do fato de que existem registros históricos que corroboram esse posicionamento[267].

2.12 DE QUE A CHD NÃO PODE SE LIMITAR A SOMENTE A ACUSAR OS JUÍZES

Partindo para crítica de que "a hermenêutica construída pelo senhor [Lenio Streck] não se atenta para o fato de que uma teoria do direito deve fazer mais do que simplesmente, acusar juízes de errarem no momento das interpretações"[268], *Hermenêutica, jurisdição e decisão* registra a contrariedade de Streck em relação a essa acusação por duas razões mais substanciais: **(i)** de que seus escritos superam o mero criticismo de tal forma que profetizaram os efeitos adversos do ativismo judicial e do protagonismo judicial; e **(ii)** de que seu esforço enquanto jurista foi concretizado em uma codificação – o Código Processual Civil – que, por sua vez, trouxe anteparos para o controle das decisões judiciais. Nesse sentido:

> **(i)** "**O primeiro grande crítico do ativismo e profeta do que iria acontecer nos dias atuais fui eu**. Mostrei os males do protagonismo judicial. Deixei claro que o instrumentalismo processual levaria o processo aos píncaros do subjetivismo e do decidir conforme se quer (grifo nosso).[269]
>
> **(ii)** Muita estranha a crítica que me fazem nesse sentido. Poderiam ao menos reconhecer meu papel histórico. Mostrem-me outra teoria da decisão no Brasil. **Mostrem-me teses ou teorias que exijam, do modo como fiz e faço, a accountability judicial. Mostrem alguém que tenha mais demonstrado o solipsismo judicial de Pindorama. Será que meus críticos sabem quem colocou os artigos 926 – coerência e integridade – e quem tirou a palavra 'livre' do artigo 371 do CPC? E quem auxiliou na construção e manutenção da redação do artigo 489 do CPC, que contém um**

267. Para mais, conferir: STRECK, Lenio Luiz; JUNG, Luã Nogueira. Kelsen e a metaética: empirismo lógico, emotivismo e discricionariedade judicial. **Revista da Faculdade Mineira de Direito**, [*S. l.*], v. 25, p. 283, 2022.
268. STRECK, Lenio Luiz. **Hermenêutica, jurisdição e decisão**: diálogos com Lenio Streck. 2. ed. Porto Alegre: Livraria do Advogado, 2020a. p. 121.
269. STRECK, Lenio Luiz. **Hermenêutica, jurisdição e decisão**: diálogos com Lenio Streck. 2. ed. Porto Alegre: Livraria do Advogado, 2020a. p. 149.

conjunto de critérios que podem diminuir o grau de incerteza na aplicação do direito? (grifo nosso).[270]

Da investigação de cada arrazoamento, pouco pode ser acrescentado para além do que já foi apontado em tópicos anteriores, uma vez que, para frisarmos o essencial, diversas foram as ideias até aqui explanadas que se contrapõe ao subjetivismo (constrangimento epistemológico, *accountability*, intersubjetividade, autonomia do Direito etc.) e diversas foram as obras referenciadas que assim se posicionam (*O que é isto – decido conforme minha consciência?*, *Verdade e Consenso*, *O Fim do Livre Convencimento Motivado* etc.). A despeito disso, porém, somente um olhar mais cuidadoso é que prestaria respeito aos críticos do autor.

Especificamente sobre o ponto de que Streck teria antecipado os problemas do ativismo, do protagonismo e do instrumentalismo processual, veja-se que contrastar futuro e passado se apresenta enquanto única forma de aferir tal alegação. Com efeito, as críticas do autor podem ser descritas enquanto uma avaliação circunstancial das práticas jurídicas que, mais detidamente, passaram a se tornar cada vez mais preocupadas com as garantais constitucionais do cidadão e com os limites do poder judicial. Descrição essa que se confirma nas problematizações das obras mais recentes do autor (*item 1.2.2.4.*).

Seguindo para uma apuração desses livros, três dos mais recentes – *O livro das suspeições*, *O livro das parcialidades* e *O Dia em que a Constituição foi julgada: a história das ADC's 43, 44 e 54* – foram escritos precisamente no sentido de registrar como Streck e outros juristas denunciavam desde há muito os problemas inerentes ao modo pelo qual o contexto jurídico foi insuflado pela Operação Lava Jato e pelo punitivismo[271].

Em seu conjunto, *O livro das suspeições* e *O livro das parcialidades* reúnem textos que detalham os desvios práticos por, à época juiz, Sergio Moro e pela equipe de Procuradoria liderada por Deltan Dallagnol na condução da Operação Java Jato. Operação essa que, por sua vez, totalizou uma série de processos judiciais que culminaram na prisão de figuras importantes da história recente da República brasileira (Luiz Inácio Lula da Silva, p. ex.) e na posterior reversão dessas mesmas prisões em razão

---

270. *Ibid.*, p. 149.

271. Nota documental: Streck carrega(va) desde há muito um posicionamento crítico a qualquer tipo de punitivismo e isso pode ser verificado pela postura do autor em relação a Ação Penal 470 (Mensalão). Para mais, conferir: STRECK, Lenio Luiz. **30 anos da CF em 30 julgamentos**: uma radiografia do STF. Rio de Janeiro: Forense, 2018. p. 175 e seg.

de nulidades e/ou excessos. Reversões essas que, por todas elas, podem ser paradigmaticamente compreendidas a partir dos HC 164.493 e das sete razões pelas quais o Supremo Tribunal Federal declarou a parcialidade do ex-juiz Sergio Moro[272].

Nos atendo a participação de Streck, cumpre assinalar que as obras em questão são mais do que um simples compêndio de escritos do autor. Somando seis textos anteriormente publicados em diversos veículos de comunicação, trata-se de um retrato do posicionamento crítico do autor em relação ao lavajatismo e que se deu, vale registrar, mesmo quando em seu apogeu. Nesse sentido, Streck se opunha a Moro já em meados de 2015 quando do debate entre os dois no 21º Seminário Internacional de Ciências Criminais, promovido em São Paulo pelo IBCCrim (Instituto Brasileiro de Ciências Criminais)[273]. Para mais, *O Dia em que a Constituição foi julgada* traz outros textos em que o autor também antecipava sua contrariedade aos juízes que querem impor sua visão sobre o Direito e que, no limite, o punitivismo jamais pode(ria) prevalecer sobre a Constituição (vide *item 2.9.*).

Já nos encaminhando para o segundo ponto que diz respeito ao apontamento de que Streck é um dos poucos teóricos que efetivamente erigiram uma Teoria da Decisão (vide *item 2.2.*) e ao apontamento de que o direito brasileiro passou prever prescrições que contaram com sua influência, convém observarmos com mais atenção essa segunda parte que ainda resta inédita neste trabalho.

Num esforço de historiografia que leva em conta tanto os relatos do autor[274] como também a obra que sistematizou suas influências – e aqui me refiro ao *Comentários ao Código de Processo Civil* –, cumpre desde logo apontar que o resultado direto da influência de Streck pode

---

272. Nota explicativa quanto aos motivos: a) ilegal condução coercitiva de Luiz Inácio Lula da Silva; b) arbitrária quebra do sigilo telefônico do paciente, de familiares e até de advogados; c) divulgação ilegal de áudios; d) a atuação do juiz Sergio Moro para impedir a ordem de soltura contra Lula; e) a condenação imposta pelo juiz Sergio Moro ao ex-presidente Lula; f) o fato de, na última semana antes do primeiro turno das eleições, o juiz Sergio Moro, de ofício, ter levantado o sigilo de parte da delação premiada de Antônio Palocci Filho, cuja narrativa buscava incriminar o ex-presidente; e g) o fato de o juiz Sergio Moro ter assumido o "Ministério da Justiça ampliado", do governo do opositor político do paciente.

273. LUCHETE, Felipe. Embate entre Lenio Streck e Moro aborda resistência sobre delações. **Consultor Jurídico**, São Paulo, 28 ago. 2015. Disponível em: https://www.conjur.com.br/2015-ago-28/embate-entre-lenio-streck-moro-aborda-resistencia-delacoes. Acesso em: 12 jun. 2023.

274. LENIO Streck e Dierle Nunes analisam mudanças trazidas pelo novo CPC. **Consultor Jurídico**, São Paulo, 25 mar. 2016. Disponível em: https://www.conjur.com.br/2016-mar-25/lenio-streck-dierle-nunes-analisam-mudancas-trazidas-cpc. Acesso em: 12 jun. 2023.

ser visto nos artigos 371, 926 e 927, bem como no aprimoramento dos artigos 10 e 489, §1º do atual Código de Processo Civil (Lei 13.105/2015). Em linhas gerais, influências que foram resultado de uma série de textos publicados por Streck e Nunes; do deputado Paulo Teixeira ter convidado Streck para discutir sugestões à época do projeto de CPC; e do diálogo que Streck travou com outros processualistas, políticos e com a própria presidente da República.

Sobre o artigo 371, nota-se a influência de Streck e de outros juristas da doutrina crítica do Direito processual brasileiro quando comparamos a redação anterior e atual deste dispositivo. Se antes havia a pretensão de manter o livre convencimento motivado, a partir de uma emenda sugerida por Streck é que esse poder foi expurgado do Código. Nesse sentido, a justificativa adotada pelo Relator da Lei 13.105/2015 foi a seguinte:

> Embora historicamente os Códigos Processuais estejam baseados no livre convencimento e na livre apreciação judicial, não é mais possível, em plena democracia, continuar transferindo a resolução dos casos complexos em favor da apreciação subjetiva dos juízes e tribunais. [...] O livre convencimento se justificava em face da necessidade de superação da prova tarifada. Filosoficamente, o abandono da fórmula do livre convencimento ou da livre apreciação da prova é corolário do paradigma da intersubjetividade, cuja compreensão é indispensável em tempos de democracia e de autonomia do direito. Dessa forma, a invocação do livre convencimento por parte de juízes e tribunais acarretará, a toda evidência, a nulidade da decisão.[275]

Sobre o § 1º do artigo 489, Streck contatou Dilma Rousseff (à época presidente) para destacar a importância de não se vetar nenhum elemento do dispositivo em questão. No mesmo sentido, artigos foram escritos na intenção de que a presidente realizasse a sanção sem vetos e, mesmo após sua sanção, mais outros que visavam coibir retrocessos impostos pela Lei 13.256/2016[276]. Por todos eles, *Comentários ao Código de Processo* consolidou o seu posicionamento. Numa breve passagem:

---

275. STRECK, Lenio Luiz; NUNES, Dierle; CUNHA, Leonardo Carneiro da. **Comentários ao código de processo civil**. 2. ed. São Paulo: Saraiva, 2017. p. 566.

276. Nota explicativa: trata-se de uma Lei que implementou uma série de alterações no diploma processual em comento.

> **O dever de fundamentar – que é mais do que motivar – não é simplesmente um adereço que será posto na decisão. Tampouco será uma justificativa para aquilo que o juiz decidiu de forma subjetivista-solipsista.** [...] Nesse sentido, **o juiz deve controlar a sua subjetividade por intermédio da intersubjetividade proveniente da linguagem pública** (doutrina, jurisprudência, lei e Constituição). As suas convicções pessoais são – e devem ser – irrelevantes para a decisão. Por isso, a decisão judicial não é fruto do pensamento pessoal ou da 'consciência do julgador'. Decisão nesse sentido será nula (grifo nosso).[277]

Em relação ao artigo 926, outra influência merece registro. Ao passo que o que constava no projeto original era que os tribunais apenas teriam a obrigação de manterem a *estabilidade da jurisprudência*, a insistência de Streck junto ao Parlamento[278] foi o que consagrou a normatividade as ideais de *coerência e integridade*. Nessa senda, quando o Código passou a indicar um dever dos tribunais de manter a jurisprudência estável, íntegra e coerente, isto passou a implicar uma deontologia que não está à disposição do julgador. Ao fim e ao cabo, um dispositivo que trouxe um imperativo de dupla face à atividade de julgar. Sendo, nesse contexto, um freio ao estabelecimento de dois pesos e duas medidas nas decisões judiciais[279].

Passando para outro balanço final, importa assentar que a CHD transcendeu sua teoricidade quando da codificação do Código Processual Civil. Logo, argumentar que se trata de uma Teoria que deveria fazer mais do que simplesmente acusar os juízes nada mais é do que uma crítica que não leva em conta o contexto histórico do autor e da Crítica Hermenêutica do Direito. Para mais, trata-se de um referencial teórico que antecipou os problemas do subjetivismo e a história parece ter lhe dado razão. Talvez a contragosto de muitos, veja-se que tanto o HC 164.493 quanto as ADC's 43, 44 e 54 são parte importante da jurisprudência recente do Supremo Tribunal Federal.

---

277. STRECK, Lenio Luiz; NUNES, Dierle; CUNHA, Leonardo Carneiro da. **Comentários ao código de processo civil**. 2. ed. São Paulo: Saraiva, 2017. p. 700-701.
278. STRECK, Lenio Luiz. **Precedentes judiciais e hermenêutica**: o sentido da vinculação no CPC/2015. 3. ed. Salvador: Juspodivm, 2021. p. 124.
279. STRECK, *op. cit.*, 2017, p. 125.

2.13 DE QUE A TEORIA DA DECISÃO ARTICULADA PELA CHD POSSIBILITARIA A DISCRICIONARIEDADE

Desta vez nos engajando em relação a crítica de que a Teoria da Decisão articulada pela CHD negaria tanto a cisão entre casos fáceis--difíceis quanto a distinção entre valores morais-epistêmicos[280], importa referir que se trata de uma crítica que busca contestar os problemas que adviriam desse posicionamento. Em seus termos, de que isto **(i)** "desconsideraria a capacidade média, empiricamente aferíveis, dos magistrados"[281] e, também, de que isto **(ii)** "acabaria por lhes atribuir formidável poder para que decidam conforme as noções pessoais"[282].

Para além do fato de que Streck ratifica a ideia de que a Crítica Hermenêutica do Direito efetivamente nega a cisão entre casos fáceis--difíceis por razões filosóficas (*giro linguístico*), *Hermenêutica, jurisdição e decisão* registra o estranhamento do autor em relação a ideia de que a CHD negaria a distinção entre valores morais-epistêmicos. Para Streck, isto nada mais seria do que uma crítica confusa que desconsidera o seu posicionamento enquanto hermeneuta[283]. Nos atendo ao essencial, assim se coloca em relação a cada um dos problemas que adviriam do seu posicionamento teórico:

> **(i)** 'Portanto, tenho dito durante todos esses anos: juiz não é alface. Dentro do seu peito bate um coração. Ele está eivado de subjetividades. Mas **quando vai julgar, tem de suspender esses pré-juízos**. Se ele pensa que pode dizer mais que o legislador, torna-se o dono da lei. Logo, o caráter exclusivo do direito, que está no nível do teórico do direito, se esfumaça' (grifo nosso).[284]
>
> **(ii)** 'Não admito que o juiz lance mão de uma complexa gama de argumentos morais. Por uma simples questão: que ou qual moral? Quais princípios morais? A moral é contingente. A menos que estivéssemos falando de princípios no sentido de que fala Dworkin. Mas aí não dá, porque o positivismo critica asperamente a noção de princípio dworkiniana. Daí a pergunta: de quais argumentos morais estariam falando os positivistas normativos? Por isso, **a**

---

280. STRECK, Lenio Luiz. **Hermenêutica, jurisdição e decisão**: diálogos com Lenio Streck. 2. ed. Porto Alegre: Livraria do Advogado, 2020a. p. 121-122.
281. *Ibid.*, p. 122.
282. *Ibid.*, p. 122.
283. *Ibid.*, p. 150-151.
284. *Ibid.*, p. 152.

> **hermenêutica que defendo é provavelmente muito mais ortodoxa que o positivismo. Ela é muito mais segura. Ela não permite que a moral corrija o direito.** Sim, porque se o juiz pode lançar mão de uma complexa gama de argumentos morais [...], ele pode desobedecer a lei. Ou ele só pode usar essa argumentação para cumprir a lei?' (grifo nosso).[285]

Da ampliação de uma bibliografia que traga justeza ao tema, veja-se que *Dicionário de Hermenêutica* seguramente se destaca enquanto aquele de maior acessibilidade. Argumentando que a verdade está no que diz a intersubjetividade sobre os *pré-juízos*[286] da subjetividade que lhes escuta e que compreender a hermenêutica é também compreender que a verdade nunca está ao arbítrio do intérprete[287], Streck busca assentar a possibilidade da verdade justamente a partir da limitação da subjetividade. No mesmo sentido, que "apenas quem suspende os próprios pré-juízos é que interpreta corretamente. Um julgador que não consegue suspender seus pré-juízos está incapacitado para a sua tarefa"[288].

Não obstante, importa irmos além das reafirmações e, para tanto, compreendermos que *pré-juízos* não são uma sinonímia de *preconceitos* no sentido vulgar. No contexto da Crítica Hermenêutica do Direito, acompanha-se Gadamer quando da defesa de que os *pré-juízos* estão ligados à *Vorverständnis* (pré-compreensão)[289] e isto quer dizer que opiniões, subjetividades e ideologias não estão ali englobadas. Essas últimas, por sua vez, dizem respeito aos *preconceitos*. Por conseguinte, da rejeição dos *preconceitos* em sentido vulgar e da suspensão dos *pré-juízos* é que a explicação de uma interpretação pode aferir autenticidade[290].

---

285. STRECK, Lenio Luiz. **Hermenêutica, jurisdição e decisão**: diálogos com Lenio Streck. 2. ed. Porto Alegre: Livraria do Advogado, 2020a. p. 151.

286. Nota explicativa: "Os pré-juízos são condições de possibilidade da compreensão porque nos permite projetar sentido. Entretanto, o sentido projetado só pode se confirmar se ele for derivado de um pré-juízo legítimo (autêntico, verdadeiro). Pré-juízos ilegítimos geram projetos de sentido ilegítimos e, inevitavelmente, fazem a interpretação incorrer em erro. Apenas quem suspende os próprios pré-juízos é que interpreta corretamente. Um julgador que não consegue suspender seus pré-juízos está incapacitado para a sua tarefa". STRECK, Lenio Luiz. **Dicionário de hermenêutica**: 50 verbetes fundamentais da teoria do direito à luz da crítica hermenêutica do direito. 2. ed. Belo Horizonte: Casa do Direito, 2020b. p. 364.

287. *Ibid.*, p. 413.

288. *Ibid.*, p. 364.

289. STRECK, Lenio Luiz. **Lições de crítica hermenêutica do direito**. 2. ed. Porto Alegre: Livraria do Advogado, 2016. p. 95.

290. Nota explicativa: "É nesse sentido que, ao ser antirrelativista, a hermenêutica funciona como uma blindagem contra interpretações arbitrárias e discricionariedades e/ou decisionismos por parte dos juízes. Veja-se: alguns críticos da hermenêutica – e cito, por todos, o talentoso Daniel Sarmento – acusam-na de ser irracionalista. E o faz criticando o fato de eu apostar na pré-compreensão como limite

Levando em consideração o verbete em que *Dicionário de Hermenêutica* dedicadamente explica a (in)autenticidade dos *pré-juízos*, vale reproduzir um exemplo que pode ajudar na compreensão da distinção entre pré-juízos autênticos e inautênticos:

> O conceito de verdade real utilizada nos diversos âmbitos do Direito representa, claramente, um pré-juízo inautêntico que causa enormes prejuízos ao intérprete e ao Direito. E por que ele é inautêntico? Porque a filosofia já nos apresenta, de há muito, paradigmas que demonstram o equívoco de, em uma área sensível à razão prática como o Direito, ater-se à busca de essências.[291]

Apoiando-se nesse posicionamento de que não é qualquer *pré-juízo* que pode(ria) sustentar a interpretação jurídica, disso decorre o reiterado posicionamento do autor de que a Crítica Hermenêutica do Direito não aceita relativismos[292]. Com efeito, sendo por isso também incompatível com discricionariedades e arbitrariedades interpretativas.

Numa análise mais detida acerca da afirmação de que a Crítica Hermenêutica do Direito seria *mais ortodoxa que o positivismo*, vale relembrar que uma das críticas mais severas do autor em relação a essa tradição é a de que ela não se preocupa com a decisão judicial[293] e que isto representa uma clara distinção em relação a CHD. Senão por divergências

---

ao decisionismo judicial. Para ele, pensar que a pré-compreensão é um limite para a atribuição de sentido, nos moldes que eu proclamo, é um equívoco, 'sobretudo diante do fato de que, no quadro de uma sociedade plural e fragmentada como a nossa, coexistem múltiplas visões do mundo disputando espaço'. Sarmento propõe, assim, 'não o abandono da pré-compreensão na hermenêutica constitucional – o que não seria possível, em vista da natureza incontornavelmente 'situada' de cada intérprete, nem tampouco desejável, já que a interpretação da Constituição não pode se deslocar completamente da cultura da sociedade em que ela vige – mas a necessidade de submetê-la a uma filtragem, a partir do exercício de uma racionalidade crítica, que tome como premissa a ideia de que todas as pessoas devem ser tratadas como livres e iguais'. À evidência, tenho várias objeções à tese de Sarmento. Antes de tudo, a hermenêutica filosófica (penso que é ela que o autor critica) não pode ser 'regionalizada', como, por exemplo, 'hermenêutica constitucional' ou 'hermenêutica a ser feita em países com 'múltiplas visões de mundo disputando espaço'". Hermenêutica é filosofia; consequentemente, não há modos diferentes de interpretar, por exemplo, o Direito penal, o Direito civil, o Direito constitucional, o cotidiano, a mídia etc. Esse é o caráter de universalização da hermenêutica e não de regionalização (se assim se quiser dizer). STRECK, Lenio Luiz. **Verdade e consenso**: Constituição, hermenêutica e teorias discursivas. 6. ed. São Paulo: Saraiva, 2017. p. 522-523.

291. STRECK, Lenio Luiz. **Dicionário de hermenêutica**: 50 verbetes fundamentais da teoria do direito à luz da crítica hermenêutica do direito. 2. ed. Belo Horizonte: Casa do Direito, 2020b. p. 366.

292. STRECK, *op. cit.*, p. 451.

293. Trata-se de um posicionamento demarcado por Streck em diversas de suas obras. Dentre elas: **(i)** STRECK, Lenio Luiz. **Hermenêutica, jurisdição e decisão**: diálogos com Lenio Streck. 2. ed. Porto Alegre: Livraria do Advogado, 2020a. p. 28; **(ii)** STRECK, *op. cit.*, 2020b, p. 301; e **(iii)** STRECK, *op. cit.*, 2017, p. 624.

filosóficas de fundo, lembremos que a Crítica Hermenêutica do Direito apresenta uma Teoria da Decisão enquanto ratificação da preocupação do autor de que uma teoria jurídica (democrática) deve preocupar-se com a validade normativo-jurídica do concreto juízo decisório[294].

Para Streck, defender que a decisão judicial pressuporia um juízo discricional de um sujeito que, livremente, poderia decidir de acordo com a sua consciência seria também esquecer que estamos desde sempre inseridos num mundo em que as significações se dão intersubjetivamente. E assim sendo, a jurisdição não pode(ria) ser compreendida a partir de uma escolha personalista, relativista ou discricionária. Ao contrário, deve ser entendida enquanto um processo que requer responsabilidade e que, no contexto da CHD, advém **(i)** da exigência (hermenêutica) de que todo processo compreensivo se realize intersubjetivamente e **(ii)** da exigência (democrática) de que nenhuma decisão judicial espelhe a vontade individual do juiz[295].

Em virtude dessas colocações, denota-se certa contradição na afirmação de que a CHD possibilitaria a discricionaridade. A um, porque a discricionaridade é um traço positivista (vide *item 2.6.*). A dois, porque a Crítica Hermenêutica do Direito é uma Teoria não positivista (vide *item 1.2.2.1.*). A três, porque efetivamente apresenta uma Teoria da Decisão (vide *item 2.1.*). A quatro, porque se trata de uma Teoria que reiteradamente recusa o relativismo interpretativo.

Em uma última passagem que talvez sirva de conclusão para essa discussão, "são antes os adversários da hermenêutica que conjuram o fantasma do relativismo, porque suspeitam existir na hermenêutica uma concepção de verdade, que não corresponde às suas expectativas"[296].

2.14 DO ESCLARECIMENTO DA RELAÇÃO ENTRE STRECK/ CHD E POSITIVISMO/POSITIVISTAS

Seguindo para a penúltima colocação feita em relação a CHD, verdade seja dita que se trata de outra oportunidade de esclarecimento. Afinal,

294. STRECK, Lenio Luiz. **Verdade e consenso**: Constituição, hermenêutica e teorias discursivas. 6. ed. São Paulo: Saraiva, 2017. p. 518.

295. STRECK, Lenio Luiz (coord.). **A discricionariedade nos sistemas jurídicos contemporâneos**. 2. ed. Salvador: Juspodivm, 2019. p. 62.

296. STRECK, *op. cit.*, p. 251.

qual seria a relação de Streck e da Crítica Hermenêutica do Direito em relação ao positivismo jurídico e aos positivistas?[297].

Do enfrentamento desse questionamento, *Hermenêutica, jurisdição e decisão* apresenta duas linhas argumentativas que, por serem distintas, requerem um exame particularizado. **(i)** Se por um lado Streck pessoalmente se posiciona presentemente e futuramente em relação ao positivismo, **(ii)** por outro também contextualiza a CHD em relação à tradição em questão. Nesse sentido:

> (i) 'Tudo o que os ***hard*** **positivistas puderem fazer para o enfrentamento do estado de exceção interpretativo vem a calhar. Estaremos juntos**. Nestes momentos de crise da aplicação do direito, em que o judiciário ignora os mínimos limites textuais das leis e da Constituição, **precisamos prestigiar e fazer lembrar a autoridade do direito, a necessidade do cumprimento dos planos jurídicos, a necessidade de se julgar por princípio**, e não por política' (grifo nosso).[298]
>
> **(ii) 'Com certeza a CHD não é inimiga do positivismo;** e nem o positivismo é o inimigo da hermenêutica ou da CHD. Talvez o ponto de estofo possa estar na proximidade, futura – ela ainda não foi feita, a meu sentir – do positivismo normativo com a CHD' (grifo nosso).[299]

Em atenção ao primeiro ponto e ao assentimento de Streck quanto a um enfrentamento conjunto ao *estado de exceção interpretativo* enquanto aquela situação em que *o judiciário ignora os mínimos limites textuais das leis e da Constituição* (vale frisar), importa delimitar que essa colaboração não remanesceu enquanto promessa. Para além de *Hermenêutica, jurisdição e decisão* e para além daquilo que segue nela registrado, dois textos urgem referenciação até para que o leitor melhor compreenda o contexto em exame – "*Hermenêutica e positivismo contra o estado de exceção interpretativo*" e "*A 'aliança estratégica' entre positivismo jurídico e hermenêutica de Lenio Streck*".

---

297. STRECK, Lenio Luiz. **Hermenêutica, jurisdição e decisão**: diálogos com Lenio Streck. 2. ed. Porto Alegre: Livraria do Advogado, 2020a. p. 121.
298. STRECK, Lenio Luiz. **Hermenêutica, jurisdição e decisão**: diálogos com Lenio Streck. 2. ed. Porto Alegre: Livraria do Advogado, 2020a. p. 152-153.
299. *Ibid.*, p. 153.

Efetivamente ocupando o debate público no sentido de publicizar uma possível aliança com juristas que de alguma forma se identifica(-va)m com o positivismo jurídico, "*Hermenêutica e positivismo contra o estado de exceção interpretativo*" é um texto que nos aponta para isto. Nele, Streck afirma que uma aliança entre hermenêutica e positivismo talvez seja uma atitude até mesmo necessária. Nesse sentido, vejamos:

> em face desse estado d'arte dramático – por exemplo, os requisitos para a decretação de prisões já de há muito estão sendo ignorados (e esses limites constam na lei) – **talvez tenhamos que fazer uma aliança estratégica entre a hermenêutica (na forma antirrelativista que venho propondo, em que se deve decidir por princípio e não por política, moral, etc.) e alguns pressupostos do positivismo** exclusivo, mormente na versão de Raz e Shapiro, defendido no Brasil por autores como Bruno Torrano e André Coelho, que consideram que o positivismo é uma análise viável – quem sabe ainda a melhor – da e para a teoria do direito. [...] reconheço que o positivismo exclusivo pode contribuir sobremodo para uma crítica eficaz à essa decisão e ao ativismo que se espalha cada dia mais no país. Isto porque o Direito Penal e Processo Penal são questões de legalidade formal e material e não é o positivismo ou a hermenêutica que vão fazer que isso seja melhor ou pior. Isso tem a ver, sim, com o fato de que a jurisdição só pode ampliar e não restringir direitos. De novo: eis a legalidade indispensável, aunque mayorias «enloquezcan», como diz Diaz. **Dizendo de outro modo: face a uma epidemia epistêmica que coloca em risco o direito, lutemos juntos**. Sempre levando em conta o contexto – **e isso não quer dizer que cada uma das posturas abra mão de premissas e conceitos** (grifo nosso).[300]

Numa aproximação possível entre este texto e ao que foi referido de *Hermenêutica, jurisdição e decisão*, denota-se que faz sentido a afirmação do autor de que uma aliança estratégica entre hermenêutica e positivismo não torna sem objeto as premissas e os conceitos de cada qual. Com efeito, *prestigiar e fazer lembrar a autoridade do direito, a necessidade do cumprimento dos planos jurídicos, a necessidade de se julgar por princípio*

300. STRECK, Lenio Luiz. Hermenêutica e positivismo contra o estado de exceção interpretativo. **Consultor Jurídico**, São Paulo, 25 fev. 2016. Disponível em: https://www.conjur.com.br/2016-fev-25/senso-incomum-hermeneutica-positivismo-estado-excecao-interpretativo. Acesso em: 30 jun. 2023.

parece ser o ponto de estofo que torna possível (e talvez desejável) uma aliança verdadeiramente profícua.

Em prova disso, cumpre referir que foi a partir desse ascenso a uma aliança que Bruno Torrano – um dos positivistas citados por Streck – também ocupou o debate público no sentido de apontar que tanto a hermenêutica de Streck quanto o positivismo poderiam se beneficiar do patrimônio conceitual de cada projeto teórico. Em "*A 'aliança estratégica' entre positivismo jurídico e hermenêutica de Lenio Streck*", reforça a preocupação de Streck para que nenhuma teoria renuncie às suas premissas e que, caso as respeitemos, um mutualismo se tornaria possível. Segundo ele:

> **existe uma dimensão pragmática à qual positivismo e pós-positivismo podem voltar-se de forma amistosa**. Positivistas podem lançar mão de argumentos do pós-positivismo hermenêutico como o 'pamprincipiologismo': não há nada de mais ofensivo aos propósitos autoritativos e planejadores do Direito do que a existência de magistrados que criam 'princípios' moralmente corretivos com o fim de tentar conferir legitimidade postiça a interpretações que nitidamente não retratam o 'ponto de vista jurídico'. Da mesma forma, o pós-positivismo hermenêutico pode emprestar à sua argumentação teórica e prática ensinamentos do positivismo: a afirmação do professor Streck de que 'o que não podemos fazer é cumprir a lei só quando nos interessa' faz perfeito sentido caso o sistema jurídico seja, em alguma medida, valorado como uma entidade institucionalizada lógico-temporalmente predecessora ao intérprete, suscetível de determinação objetiva (Raz), que tem por finalidade moral precluir, substituir ou afastar aquilo que o magistrado, pessoalmente, pensa ser 'certo ou errado' (Shapiro/Waldron/Campbell). [...] **Com o devido cuidado, o jurista que franze o sobrolho a cada decisão judicial ativista proferida pelos tribunais pátrios pode esbaldar-se em teses relevantes de ambas as teorias. Há bons argumentos dos dois lados, e nada leva a crer que, com boa vontade, alguns deles não possam ser mutuamente reforçados** (grifo nosso).[301]

Mais contemporaneamente aos dois textos em questão e em data próxima a primeira redação deste trabalho (2023), este escriba também

301. TORRANO, Bruno. A "aliança estratégica" entre positivismo jurídico e hermenêutica de Lenio Streck. **Consultor Jurídico**, São Paulo, 23 mar. 2016. Disponível em: https://www.conjur.com.br/2016-mar-23/alianca-estrategica-entre-positivismo-hermeneutica-streck. Acesso em: 30 jun. 2023.

inquiriu Streck quanto aos frutos dessa aliança. A despeito de nenhuma parceria acadêmica em concreto ter sido firmada a partir da ocupação do debate público antes referido, desse diálogo entre Streck e Torrano é que se firmou uma maior amistosidade entre os dois projetos teóricos. Cada qual a sua forma, tanto Streck quanto Torrano citam um ao outro em alguns dos seus trabalhos mais recentes e que cito, por todos eles, *Verdade e Consenso.*

Para mais, cumpre referir uma questão intermediária que se coloca entre essa disposição a uma aliança (posição pessoal de Streck) e a próxima que diz respeito à Crítica Hermenêutica do Direito (enquanto posicionamento da Teoria). Críticas à parte, *Dicionário de Hermenêutica* é uma obra em que Streck também apresenta alguns elogios ao positivismo normativo, bem como reconhece o valor de autores contemporâneos como, por exemplo, Jeremy Waldron, Joseph Raz e Scott Shapiro. Nesse sentido, "(o)s positivismos de Raz e de Shapiro ligam-se, de forma muito íntima, a relevantes ensinamentos da teoria da autoridade que, a meu ver, possuem grande potencial normativo no combate ao ativismo judicial"[302].

Continuando para um esclarecimento da relação entre a Crítica Hermenêutica do Direito e o positivismo jurídico, vale assentar de uma vez por todas qual é a principal crítica da CHD acerca da tradição positivista: falta ao positivismo jurídico uma preocupação com o controle da decisão judicial (enquanto Teoria da Decisão) e, em virtude dessa despreocupação, falta-lhe recursos prescritivos para combater os abusos judiciários (arbitrariedade, discricionariedade, subjetivismo, parcialidade, ativismo e etc.) e àquilo que é decidido em desconformidade com o Direito[303].

De mais a mais, trata-se de uma crítica pautada pela perspectiva filosófica da Crítica Hermenêutica do Direito e pela sua abordagem que não se satisfaz no plano analítico. Para ela, importa que o Direito tenha condições de possibilidade (exequibilidade) e que essas condições não sejam predadas pela subjetividade do intérprete. De toda forma e mais especificamente acerca do positivismo:

---

302. STRECK, Lenio Luiz. **Dicionário de hermenêutica**: 50 verbetes fundamentais da teoria do direito à luz da crítica hermenêutica do direito. 2. ed. Belo Horizonte: Casa do Direito, 2020b. p. 300.

303. ***Cf:*** **(i)** STRECK, Lenio Luiz. **Hermenêutica, jurisdição e decisão**: diálogos com Lenio Streck. 2. ed. Porto Alegre: Livraria do Advogado, 2020a. p. 28; **(ii)** STRECK, Lenio Luiz. **Dicionário de hermenêutica**: 50 verbetes fundamentais da teoria do direito à luz da crítica hermenêutica do direito. 2. ed. Belo Horizonte: Casa do Direito, 2020b. p. 301; e **(iii)** STRECK, Lenio Luiz. **Verdade e consenso**: Constituição, hermenêutica e teorias discursivas. 6. ed. São Paulo: Saraiva, 2017. p. 624.

> Para a CHD, a questão não é apenas identificar as características observáveis do juspositivismo, mas, principalmente, o que as sustenta a partir de um prisma filosófico. O interesse, portanto, *prima facie*, não é uma investigação pormenorizada de todas as versões juspositivistas, incluindo as contemporâneas, produzindo um conhecimento meramente enciclopédico e que apenas as descreve superficialmente. O intento é buscar compreender o substrato filosófico do paradigma e que em alguma medida aparece em todas as suas expressões historicamente situadas. **Por exemplo, observa-se que uma das características fundantes do juspositivismo é o relativismo [...]. Ademais, podemos pensar que isto persiste na contemporaneidade com o reconhecimento da discricionariedade, característica presente, rigorosamente, em todas as posturas e teorias positivistas** (grifo nosso).[304]

Na esteira desse intento, diversos são os positivismos analisados pela CHD e mais de dez deles tão somente no *Dicionário* antes referido[305]. Para além dos traços apontados em *Verdade e Consenso* (vide *item 2.6.*), Streck assinala que quatro são as características se articulam nos mais diversos tipos de positivismo jurídico:

> **1.** a regra do fenomenalismo relaciona-se com a tese dos fatos sociais, pois o Direito resultaria de alguma prática social passível de verificação;
>
> **2.** a regra do nominalismo, com a limitação do saber jurídico ao Direito posto, e não a uma abstração genérica de como este deveria ser;
>
> **3.** a negação de valor cognitivo de juízos de valor e enunciados normativos, com a tese da discricionariedade;
>
> **4.** unidade do método científico, com um ideal descritivista.[306]

Sobretudo em razão dessa quarta característica que é o ideal descritivista, veja-se que nela se apoia a tese de que "o positivista que pretende apenas descrever o Direito não está preocupado como um juiz deve decidir, pois recebe a decisão (e a discricionariedade) como algo

---

304. STRECK, *op. cit.*, 2020b, p. 322.

305. STRECK, *op. cit.*, 2020a, p. 46.

306. STRECK, Lenio Luiz. **Dicionário de hermenêutica**: 50 verbetes fundamentais da teoria do direito à luz da crítica hermenêutica do direito. 2. ed. Belo Horizonte: Casa do Direito, 2020b. p. 273-274.

'dado' e busca apenas descrevê-la"[307] e este é o problema fulcral que, no entender da CHD, parece não ser levado a sério pelo positivismo jurídico: a (in)validade normativo-jurídica do concreto juízo decisório que, numa linguagem mais direta, advém da falta de uma Teoria da Decisão.

Em uma reflexão sempre presente nas obras do autor e que talvez instigue o leitor a se aprofundar na bibliografia deste trabalho: *o Direito é aquilo que os juízes e tribunais dizem que é?*

A Crítica Hermenêutica do Direito nos aponta que não, pois a decisão judicial jamais pode(ria) ser compreendida como um salvo-conduto para o Judiciário decida como quer. Toda legalidade há de ser constitucional e toda decisão há de ser coerente para com isto. Com efeito, veja-se que "não faz sentido escrever tratados a respeito do Direito ao contraditório ou do dever de fundamentar decisões se a decisão é, no final das contas, aquilo que o juiz concluiu, intimamente, que era"[308].

Dessa anamnese, frise-se que o positivismo jurídico e a Crítica Hermenêutica do Direito não são inimigos. São propostas teóricas com premissas diferentes (descritivismo vs. hermenêutica) que apresentam ideias igualmente diferentes quanto ao momento da tomada de decisão. Enquanto o positivismo jurídico aquiesce-se acerca da controlabilidade das decisões judiciais[309], a Crítica Hermenêutica do Direito procura edificar as condições de possibilidade para uma *Reposta Adequada à Constituição* (vide *item 2.2.*) e desse processo de edificação é que surgem as críticas as teorias que não se preocupam quanto ao tema da Teoria da Decisão.

Numa palavra final acerca desse breve esclarecimento, a falta de uma Teoria da Decisão é o principal ponto de inflexão entre a Crítica Hermenêutica do Direito e o positivismo jurídico. Para além da verdade de que não são teorizações inimigas, resta compreendermos que existe um claro desacordo sobre a controlabilidade das decisões judiciais. Nada obstante, um desacordo incapaz de instigar fundamentalismos e que tem como prova disso a aliança estratégica explicada no começo deste item.

---

307. STRECK, Lenio Luiz. **Para compreender direito**: a hermenêutica jurídica. 2. ed. São Paulo: Tirant Lo Blanch, 2022. p. 35.

308. STRECK, *op. cit.*, p. 405.

309. Nesse sentido, vale sublinhar que "positivismo jurídico não é uma teoria sobre o dever moral de juízes". ***Cf:*** MARMOR, Andrei. **Philosophy of law.** New Jersey: Princeton University Press, 2011. p. 114.

2.15 DA INSUFICIÊNCIA DA HERMENÊUTICA FILOSÓFICA ENQUANTO METODOLOGIA DECISÓRIA E SUA NECESSÁRIA COMPLEMENTAÇÃO VIA ARGUMENTAÇÃO JURÍDICA

Que a hermenêutica filosófica seria uma metodologia insuficiente para decisão judicial, exigindo, portanto, uma complementação da argumentação jurídica[310] talvez se traduza naquela crítica que mais dialoga com tudo que se desenvolveu até aqui. Ao passo que esclarecer que a hermenêutica também pode ser compreendida enquanto uma exploração filosófica que se dá para além do método (*itens 1.1.5. e 1.1.6.*) e que estabelecer limites às decisões judiciais diz muito mais respeito a Crítica Hermenêutica do Direito de Streck do que a *hermenêutica filosófica* (*item 2.2.*) foram questões anteriormente investigadas amiúde, dessa décima primeira objeção se pode extrair como a prática discursiva dos juristas ainda mantém uma perspectiva metodológica acerca da hermenêutica. Por conseguinte, que a hermenêutica precisaria ser complementada pela argumentação jurídica e que essa, por sua vez, viria a socorro das insuficiências da primeira.

Em sequência disso, Streck assim se posiciona diante da crítica de que a hermenêutica filosófica seria uma metodologia insuficiente para decisão judicial (primeiro ponto) e do complemento quanto à indispensabilidade da argumentação jurídica (segundo ponto):

> **(i)** contesto veementemente a tese de que a hermenêutica filosófica seria uma metodologia insuficiente para decisão judicial, exigindo, portanto, uma complementação da argumentação jurídica. Poderia começar dizendo que a hermenêutica, no meu caso, a CHD, pelo menos tem uma teoria da decisão. Aliás, **peço que já não me critiquem pelo uso da hermenêutica filosófica. Já avancei com relação a ela, uma vez que construí a Crítica Hermenêutica do Direito. Em termos de decisão, estabeleci uma criteriologia.** O positivismo, não. De todo modo, essa crítica não pode ser dirigida a mim. Mas defenderei aqui a hermenêutica *lato sensu*. De modo muito sucinto, vou dizer de novo: **a hermenêutica filosófica não é um método. O livro Verdade e Método pode ser interpretado como verdade contra o método, ou como verdade que trans-**

310. STRECK, Lenio Luiz. **Hermenêutica, jurisdição e decisão**: diálogos com Lenio Streck. 2. ed. Porto Alegre: Livraria do Advogado, 2020a. p. 121.

> **cende o método. Então esta caracterização metodologizante é um erro**' (grifo nosso).[311]
>
> **(ii)** 'Voltando, **imaginando que ao falar da Hermenêutica filosófica meus críticos querem se referir à CHD, diria que não tratamos a argumentação como algo desprezível**. Nunca fiz isso. Jamais desprezei a teoria da argumentação. Diferentemente, já disse várias vezes que **hermenêutica e argumentação se complementam a partir da dobra da linguagem**, como bem diz Ernildo Stein. Eu já escrevi sobre isso. Basta lerem o livro que organizei junto com Ernildo Stein, em homenagem aos cinquenta anos de Verdade e Método. O livro se chama Hermenêutica e epistemologia: 50 anos de Verdade e Método, editado pela Livraria do Advogado e que já está indo para a terceira edição. Existe um 'como hermenêutico' e um 'como apofântico'. **São realidades interdependentes**, isto é, não excludentes. O problema é que muitas teorias discursivas no/do direito acreditam que a decisão judicial se resolverá num conjunto de regras que possam dirigir o processo argumentativo. Ficam no plano da analítica. Entendo que esta tendência esquece o que se esconde por detrás na tentativa de formalizar/racionalizar o discurso' (grifo nosso).[312]

Visando uma continuidade sem maiores digressões, importa assentar que *hermenêutica filosófica* e Crítica Hermenêutica do Direito são, em definitivo, elaborações distintas. Um empreendimento filosófico no primeiro caso e uma Teoria jurídica no segundo. Sendo assim, a partir da compreensão da hermenêutica heideggeriana-gadameriana enquanto um *standard* de racionalidade é que Streck articulou a CHD. Teorização essa que, por sua vez, também incorporou ideias de pensadores como Ronald Dworkin, Ludwig Wittgenstein, Luis Alberto Warat e Ernildo Stein. Em decorrência dessa antropofagia que se apoia numa hermenêutica erigida em um âmbito filosófico para além do método, diversas foram as teses desenvolvidas por Streck. Tendo como exemplo a tese da *reposta adequada à Constituição*, subsiste nisto a afirmação do autor de que a Crítica Hermenêutica do Direito avançou em relação a *hermenêutica filosófica*[313]. Afirmação essa que se apoia na criteriologia decisória desenvolvida pela Teoria em questão e que, em face do inves-

---

311. STRECK, Lenio Luiz. **Hermenêutica, jurisdição e decisão**: diálogos com Lenio Streck. 2. ed. Porto Alegre: Livraria do Advogado, 2020a. p. 144.
312. *Ibid.*, p. 144.
313. *Ibid.*, p. 144.

tigado, torna sem objeto a crítica de que a hermenêutica filosófica seria uma metodologia insuficiente para decisão judicial. A um, porque a hermenêutica filosófica não é metodológica. A dois, pelo fato da Teoria da Decisão desenvolvida pela CHD ser um desenvolvimento atinente às articulações teóricas de Streck.

Para além desse primeiro ponto, prescrever que a hermenêutica necessita de uma complementação da argumentação jurídica é outra questão rebatida por Streck. Com efeito, torna-se importante observar com atenção a afirmação do autor de que *hermenêutica e argumentação se complementam*. Que complementaridade seria essa?

Da investigação da obra referida por Streck e em atenção ao capítulo intitulado *Hermenêutica e Decisão Jurídica*[314], convém esclarecer que a Crítica Hermenêutica do Direito se posiciona de modo a dimensionar a hermenêutica num plano interdependente da argumentação (jurídica). Diante do cânone teórico estabelecido pela CHD, "a hermenêutica apresenta um espaço que deve ser examinado como sendo o lugar onde se enraíza qualquer teoria do conhecimento ou uma epistemologia"[315] e isto nada mais quer dizer que toda argumentação se movimenta num processo que a sustenta enquanto discurso. Ainda mais em se considerando que se trata de uma Teoria que conceitualmente entende a interpretação enquanto a explicação da compreensão, veja-se que hermenêutica e argumentação são essencialmente importantes uma para outra. Se por um lado a hermenêutica tem o âmbito compreensivo enquanto preocupação (*logos hermenêutico*), por outro, a argumentação tem o âmbito explicativo (*logos apofântico*).

Considerando que a CHD foi capaz de estabelecer um cânone teórico com uma linguagem que lhe é particular, *Dicionário de Hermenêutica* (re)explica essa discussão. Da realização do reforço de que aquilo que é dito na linguagem lógico-conceitual se situa num âmbito apofântico e que isto representa apenas a superfície de algo que já foi compreendido num âmbito mais profundo (*logos hermenêutico*), nos interessa verificar que se trata de uma obra onde Streck explicitamente faz a ressalva de que isso não quer dizer que a hermenêutica não tenha preocupação com a argumentação. Nesse sentido, "(a) diferença é que, para a hermenêutica,

---

314. STEIN, Ernildo; STRECK, Lenio (org.). **Hermenêutica e epistemologia**: 50 anos de verdade e método. Porto Alegre: Livraria do Advogado, 2011. p. 153 e seg.

315. *Ibid.*, p. 166.

o primeiro nível (o apofântico) não detém plenipotenciariedade, nunca consegue abarcar toda a complexidade social dentro de seus conceitos"[316].

Por fim levando a sério mais essa discussão, outra (re)aproximação pode ser realizada. Streck assiste razão quando sustenta que sua Teoria da Decisão se desenvolveu para além da *hermenêutica filosófica* e que esse empreendimento filosófico não carrega traços metodológicos. Mas seus críticos também têm razão quando alegam que a hermenêutica deve ser complementada pela argumentação jurídica. Como também Streck tem razão ao alegar que hermenêutica e argumentação se complementam de forma interdependente. A resposta desse dilema é que Streck e seus críticos concordam que a argumentação é importante e que ela tem, sim, um papel complementar. A questão que subsiste para Streck é outra: algo sempre permanece retido no discurso (*logos hermenêutico*) e esse algo nunca pode(ria) ser compreendido argumentativamente.

316. STRECK, Lenio Luiz. **Dicionário de hermenêutica**: 50 verbetes fundamentais da teoria do direito à luz da crítica hermenêutica do direito. 2. ed. Belo Horizonte: Casa do Direito, 2020b. p. 221.

3

CONCLUSÃO

À guisa de uma conclusão que preza pelo significado do termo, mais nenhuma nota de rodapé segue apresentada e espera-se que o leitor tenha compreendido a razão simbólica que as justificou: apresentar uma cartografia da Crítica Hermenêutica do Direito de Streck enquanto uma não substituição do dizeres do autor. Senão por isto, veja-se que apresentar um resumo da teorização em questão jamais foi o intento desta empreitada.

Tendo em vista o problema de pesquisa que justificou este trabalho enquanto uma investigação da hipótese de que a Crítica Hermenêutica do Direito seria uma Teoria mal compreendida, quinze colocações comumente feitas em relação a CHD foram examinadas e essa suspeita foi confirmada pela maioria. Numa breve retrospectiva do que se segue do exame de cada uma delas:

Da crítica da insuficiência da *hermenêutica filosófica* para a criação de uma insuperável teoria jurídica (*item 2.1.*), nota-se que insuperabilidades sequer são compatíveis com a perspectiva adotada pela *hermenêutica filosófica* e que isto nunca foi algo defendido pela Crítica Hermenêutica do Direito. Para as duas, a finitude do ser humano se apresenta enquanto aquilo que nos torna condenados a interpretar e que, bem por isso, faz com que insuperabilidades teóricas sejam irreais.

Da crítica da insuficiência da *hermenêutica filosófica* para a criação de uma Teoria da Decisão (*item 2.2.*), que CHD e *hermenêutica filosófica* são propostas de natureza distinta e que a Teoria da Decisão articulada pela CHD deriva da sua antropofagia que lhe é particular. Com efeito, estabelecer limites às decisões judiciais diz muito mais respeito à Crítica

Hermenêutica do Direito de Lenio Luiz Streck do que a hermenêutica heideggeriana-gadameriana.

Da crítica do fundamentalismo teórico da Crítica Hermenêutica do Direito enquanto uma blindagem à divergência (*item 2.3.*), que a CHD se apresenta enquanto uma teorização favorável ao dissenso que, por sua vez (e para ela), deve sempre levar em conta a dimensão filosófica que contém o fenômeno jurídico.

Da crítica do desprezo às teorias concorrentes (*item 2.4.*) e quase como um desdobramento da crítica anterior, que a CHD é uma teorização que cobra rigor epistemológico e que isto não se confunde com desprezo.

Da crítica da incoerência interna na Crítica Hermenêutica do Direito (*item 2.5.*), que a CHD é uma teorização que traz argumentos coerentes uns aos outros e que a alegada incoerência interna muito se deve ao fato da sua perspectiva moral (cooriginariedade) não ser bem compreendida.

Da crítica relativa ao desacerto em se relacionar positivismo jurídico e filosofia da consciência (*item 2.6.*), de que a CHD procura destacar os traços filosóficos comuns ao positivismo e é nessa senda que se encontra a filosofia da consciência. Sobretudo no plano da decisão judicial e ainda mais pelo fato do positivismo jurídico tolerar em menor ou maior grau alguma discricionariedade, subsiste nisto os traços da filosofia da consciência.

Da crítica da parcialidade da Crítica Hermenêutica do Direito (*item 2.7.*), que a CHD não possui licença para inventar os sentidos do Direito em razão da primazia da intersubjetividade enquanto aquela linguagem pública que está para além do arbítrio do sujeito. Logo, que ela também não poderia estar submetida àquela subjetividade que tanto critica.

Da crítica de que o judiciário não estaria sujeito a uma *accountability* da moral comunitária (*item 2.8.*), que a CHD busca incorporar uma *accountability* desindexada da moralidade do julgador. Por conseguinte, que a moralidade a que o Direito deve respeito é aquela que se encontra insculpida na Constituição e na intersubjetividade.

Do esclarecimento quanto à impossibilidade da cisão direito-moral e a questão da teoria da decisão (*item 2.9.*), **(i)** que o Direito não pode ser refém das posições morais do intérprete e **(ii)** que a interpretação jurídica também não é plenipotente e que ela também deve ser constrangida no sentido de não impedir as suas próprias condições (democráticas, p. ex.).

Da crítica do pamprincipiologismo enquanto álibi teórico (*item 2.10.*), que se trata de um termo que não serve a qualquer crítica, pois o que verdadeiramente busca colocar em xeque é aquele entendimento que busca normalizar o uso instrumental dos princípios.

Da crítica da insuficiência da *hermenêutica filosófica* enquanto metodologia decisória e sua necessária complementação via argumentação jurídica (*item 2.11.*), que a Teoria da Decisão articulada pela CHD se desenvolveu para além da *hermenêutica filosófica* e que as duas não carregam pretensões metodológicas – o que faz com que se trate de uma falsa discussão. Para mais, que argumentação jurídica e hermenêutica se complementam de forma interdependente.

Da crítica relativa ao desacerto em se apontar descritividade-discricionariedade na teoria kelseniana e em se associar Kelsen ao Círculo de Viena (*item 2.12.*), que esse apontamento encontra razões jurídico-filosóficos devido ao fatalismo de Kelsen em relação a decisão judicial e que a aludida associação desde há muito já foi comprovada por registros históricos.

Da crítica de que a Crítica Hermenêutica do Direito não pode se limitar a somente a acusar os juízes (*item 2.13.*), que a CHD ocupou o debate público no sentido de antever problemas inerentes à parcialidade e que suas teses substancia(ra)m o direito positivo brasileiro (Código Processual Civil) no sentido de conferir melhores condições de decidibilidade.

Da crítica de que a teoria da decisão articulada pela Crítica Hermenêutica do Direito possibilitaria a discricionariedade (*item 2.14.*), que não haveria qualquer compatibilidade entre discricionariedade e CHD em razão dos pressupostos não positivistas desta última. Ademais, que a CHD busca impossibilitar a discricionariedade a partir de uma Teoria da Decisão e que se trata de uma teorização refrataria a qualquer tipo de relativismo.

Do esclarecimento da relação entre Streck/CHD e positivismo/positivistas (*item 2.15.*), que a Crítica Hermenêutica do Direito diverge do positivismo jurídico tanto em pressupostos quanto em propostas teóricas que, por todas elas, têm da controlabilidade das decisões judiciais a sua principal divergência. Para mais, que Lenio Luiz Streck não se coloca como um inimigo dos positivistas e que uma maior proximidade talvez possa ser proveitosa para todos os lados.

Retomando a tese dos *Desacordos Compreensivos* (*itens 2.3. e 2.4.*) enquanto aquela situação em que *uma divergência nem mesmo é compreendida em sua totalidade e quando uma das partes envolvidas desconsideram a profundidade dos pressupostos do seu interlocutor*, várias das colocações feitas em relação a CHD nos apontam para isso.

Para além daquelas colocações que se prezaram a fazer esclarecimentos e das possíveis (re)aproximações (vide *itens 2.2. e 2.11.*), veja-se que a Crítica Hermenêutica do Direito não é uma teorização legatária de uma hermenêutica metodológica e que, bem por isso, suas teses não pode(ria)m ser julgadas em desacordo com as suas premissas. Ademais, a hermenêutica articulada pela CHD se apresenta enquanto um autêntico paradigma filosófico e isto deve(ria) ser levado em consideração quando da realização de uma discussão jurídico-científica.

Num quadro mais geral, as críticas feitas em relação a CHD já possuem explicações nas obras de Streck e a partir da sua consideração é que uma nova discussão talvez possa exsurgir. Sem arguir insuperabilidades e lembremos que isto é algo essencialmente anti-hermenêutico, trata-se de uma teorização que ainda está em desenvolvimento e que segue sendo articulada por novas gerações de juristas.

Em atenção aos céticos e àqueles que talvez esperassem um convite para uma cruzada teórica, espero tê-los desapontado. Cada qual a sua forma, na medida dos seus propósitos e sempre assentadas em um determinado paradigma, lembremos, ao fim, que *as teorias não são tudo; mas também não podem ser nada.*

REFERÊNCIAS

ABBAGNANO, Nicola. **Dicionário de filosofia**. 5. ed. São Paulo: Martins Fontes, 2007.

ABBOUD, Georges. **Direito constitucional pós-moderno**. São Paulo: Thomson Reuters, 2021.

ABBOUD, Georges; CARNIO, Henrique Garbellini; OLIVEIRA, Rafael Tomaz de. **Introdução ao direito**: teoria, filosofia e sociologia do direito. 6. ed. São Paulo: Revista dos Tribunais, 2021.

ANDRADE, André Gustavo Corrêa de (org.). **Grandes pensadores do direito**: teóricos e ideias que contribuíram para moldar o pensamento jurídico contemporâneo. Rio de Janeiro: GZ, 2025.

AZEVEDO, Reinaldo. Vitória magra em dias insanos. **Folha de São Paulo**, São Paulo, 8 ago. 2019, Disponível em: https://www1.folha.uol.com.br/colunas/ reinaldoazevedo/2019/11/vitoria-magra-em-dias-insanos.shtml. Acesso em: 11 ago. 2022.

BARBOSA, Ana Júlia Silva; QUARELLI, Vinícius. O que é isto - a crítica hermenêutica do direito. **Consultor Jurídico**, São Paulo, 15 jun. 2020. Disponível em: https://www.conjur.com.br/2021-dez-11/diario-classe-isto-critica-hermeneutica-direito. Acesso em: 2 out. 2022.

BARRETO, Vicente de Paulo. **Dicionário de filosofia do direito**. São Leopoldo: Editora Unisinos: Rio de Janeiro, Renovar. 2009.

BETTI, Emilio. **Interpretação da lei e dos atos jurídicos**. São Paulo: Martins Fontes, 2007.

BIX, Brian H. **Teoria do direito**: fundamentos e contextos. Tradução de Gilberto Morbach. São Paulo: Tirant Lo Blanch, 2020.

BLACKBURN, Simon. **The Oxford Dictionary of Philosophy**. 2nd ed. Oxford: Oxford University Press, 2005.

BRASIL. Supremo Tribunal Federal (STF). **Pleno - STF admite execução da pena após condenação em segunda instância (2/2)**. Brasília, DF: STF, 18 dez. 2014. 1 vídeo. (183 min). Disponível em: https://www.youtube.com/watch?v=dWnJ5vWKzzQ. Acesso em: 24 maio 2023.

BURLEY, Justine. **Dworkin and his critics**: with replies by Dworkin. Oxford: Wiley-Blackwell, 2004.

CAMPIS, Francisco Kliemann a. **Onde o Direito e a Moral se encontram**: introdução hermenêutica ao Positivismo Jurídico Inclusivo de Matthew Kramer. São Paulo: Editora Juspodivm, 2025.

CANOTILHO, José Joaquim Gomes; MENDES, Ferreira Gilmar; SARLET, Ingo Wolfgang; STRECK, Lenio Luiz; LEONCY, Léo Ferreira. **Comentários à Constituição do Brasil**. 2. ed. São Paulo: Saraiva Educação, 2018.

CUNHA, Paulo Ferreira da. **Dicionário de metodologia jurídica**: guia crítico de fundamentos do direito. São Paulo: Tirant Lo Blanch, 2020.

DIETRICH, William Galle. **Metódica em Transformação**: A Ponderação no Direito Civil Brasileiro. São Paulo: Editora Juspodivm, 2024.

DILTHEY, Wilhelm. **Introdução às ciências humanas**: tentativa de uma fundamentação para o estudo da sociedade e da história. Tradução de Marco Antônio Casanova. Rio de Janeiro: Forense Universitária, 2010.

DILTHEY, Wilhelm. O surgimento da hermenêutica. Numen: **Revista de Estudos e Pesquisa da Religião**, Juiz de Fora, v. 2, n. 1, p. 11-32, 1999.

DIREITO & LITERATURA - Especial (Bloco 2). Entrevista com José Calvo González. Entrevistador: Lenio Streck. **TV e Rádio Unisinos**, São Leopoldo, 18 dez. 2014. 1 vídeo (14min 11seg). Disponível em: https://www.youtube.com/watch?v=WgtS8GDKGAU. Acesso em: 30 set. 2022.

DWORKIN, Ronald. **A justiça de toga**. Tradução de Jeferson Luiz Camargo. São Paulo: WMF Martins Fontes, 2010.

DWORKIN, Ronald. **A raposa e o porco-espinho**: justiça e valor. Tradução de Marcelo Brandão Cipolla. São Paulo: WMF Martins Fontes, 2014.

DWORKIN, Ronald. **Levando os direitos a sério**. São Paulo: Martins Fontes, 2002.

DWORKIN, Ronald. **Uma questão de princípio**. Tradução de Luís Carlos Borges. 2. ed. São Paulo: Martins Fontes, 2005.

DWORKIN. Ronald. **O império do direito**. Tradução de Jeferson Luiz Camargo. 3. ed. São Paulo: Martins Fontes, 2014.

ÉSQUILO. **Oréstei**a. Tradução de Mateus Alves Rodrigues. Dois Irmãos: Clube de Literatura Clássica, 2022.

FERRAJOLI, Luigi; STRECK, Lenio Luiz; TRINDADE, André Karam. **Garantismo, hermenêutica e (neo)constitucionalismo**: um debate com Luigi Ferrajoli. 2. ed. São Paulo: Tirant Lo Blanch, 2022.

FERRAZ, Miriam Olivia Knopik. **Law experience 2021**: jurisdição constitucional e direitos fundamentais. 2. ed. Curitiba: FAE/AFESBJ, 2021.

FOUCAULT, Michel. **As palavras e as coisas**: uma arqueologia das ciências humanas. 8. ed. São Paulo: Martins Fontes, 1999.

GADAMER, Hans-Georg. **A hermenêutica da obra de arte**. São Paulo: WMF Martin Fontes, 2010.

GADAMER, Hans-Georg. **Elogio da teoria**. Lisboa: Edições 70, 2001.

GADAMER, Hans-Georg. **Verdade e método I**: traços fundamentais de uma hermenêutica filosófica. Tradução de Flávio Paulo Meurer. 15. ed. Petrópolis: Vozes, 2015.

GADAMER, Hans-Georg. **Verdade e método II**: complementos e índice. Tradução de Ênio Paulo Giachini. 6. ed. Petrópolis: Vozes, 2011.

GALVÃO, Jorge Octávio Lavocat. Juízes representativos? A nova face do neoconstitucionalismo. **Consultor Jurídico**, São Paulo, 3 mar. 2018. Disponível em: https://www.conjur. com.br/2018-mar-03/observatorio-constitucional-juizes-representativos-face-neoconstitucionalismo. Acesso em: 24 abr. 2018.

GERHARD, Ebeling. **Word and faith.** Tradução de James W. Leitch. Philadelphia: Fortress Press, 1963.

GONZÁLEZ, José Calvo. **El escudo de Perseo**: la cultura literaria del derecho. Granada: Comares, 2012.

GRAVES, Robert. **Os mitos gregos**. 2. ed. Rio de Janeiro: Nova Fronteira, 2018. v. 1.

GRECO, John; SOSA, Ernest (org.). **Compêndio de epistemologia**. São Paulo: Loyola, 2012.

GRONDIN, Jean. **Hermenêutica**. Tradução de Marcos Marcionilo. São Paulo: Parábola, 2012.

GRONDIN, Jean. **Introdução à hermenêutica filosófica.** Tradução de Benno Dischinger. São Leopoldo: Editora UNISINOS, 1999.

GRONDIN, Jean. The hermeneutical circle. *In:* KEANE, N.; LAWN, C. **The Blackwell companion to hermeneutics**. Hoboken, N.J.: John Wiley & Sons, 2016.

GUIGNON, Charles. Identity, history, tradition. *In:* KEANE, N.; LAWN, C. **The Blackwell companion to hermeneutics**. Hoboken, N.J.: John Wiley & Sons, 2016.

HABERMAS, Jürgen. **Direito e democracia**: entre faticidade e validade. Rio de Janeiro: Tempo Brasileiro, 1997. v. 1-2.

HEIDEGGER, Martin. **Marcas do caminho**. Tradução de Enio Paulo Giachini e Ernildo Stein. Petrópolis, RJ: Vozes, 2008.

HEIDEGGER, Martin. **Ser e tempo**. Tradução de Fausto Castilho. Campinas: Editora da Unicamp; Petrópolis: Vozes, 2012.

JABLONER, Clemens. Kelsen and his circle: the Viennese Years. **European Journal of International Law**, [*S. l.*], n. 9, p. 378-380, 1998.

KAUFMANN, Arthur. **Introdução à filosofia do direito e à teoria do direito contemporâneas**. 3. ed. Lisboa: Fundação Calouste Gulbenkian, 2015.

LENIO Streck e Dierle Nunes analisam mudanças trazidas pelo novo CPC. **Consultor Jurídico**, São Paulo, 25 mar. 2016. Disponível em: https://www.conjur.com.br/2016-mar-25/lenio-streck-dierle-nunes-analisam-mudancas-trazidas-cpc. Acesso em: 12 jun. 2023.

LOPES, Ziel Ferreira. **Onde habita o juiz Hércules**: uma aproximação entre teorias da interpretação e questões institucionais. 2020. Tese (Doutorado em Direito) – Programa de Pós-Graduação em Direito, Universidade do Vale do Rio dos Sinos (Unisinos), São Leopoldo, 2020.

LUCHETE, Felipe. Embate entre Lenio Streck e Moro aborda resistência sobre delações. **Consultor Jurídico**, São Paulo, 28 ago. 2015. Disponível em: https://www.conjur.com.br/2015-ago-28/embate-entre-lenio-streck-moro-aborda-resistencia-delacoes. Acesso em: 12 jun. 2023.

MADALENA, Luis Henrique. **Uma teoria da discricionariedade administrativa**. 2. ed. Salvador: Juspodivm, 2020.

MARCONDES, Danilo; JAPIASSU, Hilton. **Dicionário básico de filosofia**. 5. ed. Rio de. Janeiro: Jorge Zahar, 2008.

MARMOR, Andrei. **Philosophy of law**. New Jersey: Princeton University Press, 2011.

MORAIS, Fausto Santos de. **Ponderação e arbitrariedade**: a inadequada recepção de Alexy pelo STF. 2. ed. Salvador: Juspodivm, 2018.

MORBACH, Gilberto. **Entre positivismo e interpretativismo**: a terceira via de Waldron. 2. ed. São Paulo: Juspodivm, 2021

MORIN, Edgar. **O método 4**: as ideias: habitat, vida, costumes, organização. Porto Alegre: Sulina, 2011.

NEVES, Isadora Ferreira Neves. **Ativismo judicial e judicialização da política**: três perguntas fundamentais para uma distinção. São Paulo: Juspodivm, 2023.

NOBRE, Marcos. Apontamentos sobre a pesquisa em direito no Brasil. **Revista Novos Estudos CEBRAP**, São Paulo, n. 66, p. 145-153, jul. 2003. Disponível: http://bibliotecavirtual.cebrap.org.br/ arquivos/019_artigo. pdf. Acesso em: 03 mar. 2023.

NUNES, Dierle; LEITE, Georges Salomão; STRECK, Lenio Luiz (org.). **O fim do livre convencimento motivado**. Rio de Janeiro: Tirant lo Blanch, 2018.

OLIVEIRA, Elton Somensi de; CORDIOLI, Leandro. **Filosofia e direito**: um diálogo necessário para a justiça. Porto Alegre: Fi, 2018. v. 1. Disponível em: https://www.editorafi.org/_files/ugd/48d206_ 513edd6d417840ec 9ed1a37789ad9bde.pdf. Acesso em: 30 set. 2022.

OLIVEIRA, Manfredo Araújo de. **Reviravolta linguístico-pragmática na filosofia contemporânea**. 4. ed. São Paulo: Loyola, 2015.

OLIVEIRA, Rafael Tomaz de. **Decisão judicial e o conceito de princípio**: a hermenêutica e a (in)determinação do direito. Porto Alegre: Livraria do Advogado, 2008.

PALMER, Richard. **Hermenêutica**. Tradução de Maria Luísa Ribeiro Ferreira. 2. ed. Lisboa: Edições 70, 2018.

PANSIERI, Flávio. **A liberdade no pensamento ocidental**. Belo Horizonte: Fórum, 2018. t. 1.

PEREIRA, Danilo. **Legalidade e autoritarismo**: o Papel dos Juristas na Consolidação da Ditadura Militar de 1964. Salvador: Editora Juspodivm, 2018.

QUARELLI, Vinícius; BERNSTS, Luísa Giuliani. Teoria da decisão e a CHD: as três perguntas fundamentais. **Consultor Jurídico**, São Paulo, 15 jun. 2020. Disponível em: https://www.conjur. com.br/2022-abr-23/ diario-classe-teoria-decisao-chd-tres-perguntas-fundamentais. Acesso em: 5 out. 2022.

QUARELLI, Vinícius; BERNSTS, Luísa Giuliani. Teorias da decisão e o porquê de decidir não ser escolher. **Consultor Jurídico**, São Paulo, 2 jul. 2022. Disponível em: https://www.conjur.com.br/ 2022-jul-02/diario-classe--teorias-decisao-porque-decidir-nao-escolher. Acesso em: 5 out. 2022.

QUARELLI, Vinícius; MADALENA, Luis Henrique Braga; SAMPAR, Rene Erick. Inconstitucionalidades paradigmáticas e o pragmatismo. **Constituição, Economia e Desenvolvimento**: Revista Eletrônica da Academia Brasileira de Direito Constitucional, Curitiba, v. 14, n. 26,

p. 295-313, 10 nov. 2022; e **(ii)** verbete "pragmatismo" presente no Dicionário de Streck.

REBELO, Victor Bianchini. **A pena é uma Poderosa Espada**: o Contextualismo Linguístico de Quentin Skinner e a Questão do Método na Historiografia (Jurídica). São Paulo: Editora Juspodivm, 2024.

REDAÇÃO CONJUR. Pesquisa da Unisinos defende aproximação entre teoria e prática jurisdicional. **Consultor Jurídico**, São Paulo, 15 jun. 2020. Disponível em: https://www.conjur.com.br/2020-jun-15/pesquisa-defende-aproximacao-entre-teoria-pratica-jurisdicional. Acesso em: 11 ago. 2022.

REDAÇÃO CONJUR. Lenio Streck é o segundo jurista mais citado do mundo em Teoria do Direito. **Consultor Jurídico**, São Paulo, 23 jan. 2023. Disponível em: https://www.conjur.com.br/2025-jan-23/lenio-streck-e-o-segundo-jurista-mais-citado-do-mundo-em-teoria-do-direito/. Acesso em: 27 abril 2025.

ROHDEN, Luiz. **Hermenêutica filosófica**: entre a linguagem da experiência e a experiência da linguagem. São Leopoldo: UNISINOS, 2019. p. 237-23.

RÜTHERS, Bernd. **Die Unbegrenzte Auslegung**: Zum Wandel Der Privatrechtsordnung Im Nationalsozialismus. 8. ed. Heidelberg: Mohr Siebrek, 2017.

SANTOS, Bruno. Aguiar. **Neoconstitucionalismo**: a ideologia fadada ao fracasso do arbítrio. Salvador: Juspodivm, 2028.

SCHLEIERMACHER, Friedrich D. E., **Hermenêutica**: arte e técnica da interpretação. Tradução de Celso Reni Braida. 10. ed. Petrópolis: Vozes, 2015.

SCHMIDT, Lawrence K. **Hermenêutica**. Tradução de Fábio Ribeiro. 3. ed. Petrópolis: Vozes, 2014.

SEGUNDO, Elpídio Paiva Luz; MENDES, Bruno Cavalcanti Angelin. **Diálogos sino-luso-brasileiros sobre jurisdição constitucional e a crítica hermenêutica do direito de Lenio Luiz Streck**. Salvador: Juspodivm, 2018.

STEIN, Ernildo. **A caminho do paradigma hermenêutico**: ensaios e conferências. 2. ed. Ijuí: Editora Unijuí, 2017.

STEIN, Ernildo. **Anamnese**. A filosofia e o retorno do reprimido. Porto Alegre: Edipucrs, 1997.

STEIN, Ernildo. **Aproximações sobre hermenêutica**. 2. ed. Porto Alegre: Edipucrs, 2002.

STEIN, Ernildo. **Compreensão e finitude**: estrutura e movimento da interrogação heideggeriana. 2. ed. Ijuí: Ed. Unijuí, 2016.

STEIN, Ernildo. **Exercícios de fenomenologia**: limites de um paradigma. 1. ed. Ijuí: Unijuí, 2004.

STEIN, Ernildo. **Introdução ao pensamento de Martin Heidegger**. Porto Alegre: EDIPUCRS, 2002.

STEIN, Ernildo; STRECK, Lenio (org.). **Hermenêutica e epistemologia**: 50 anos de verdade e método. Porto Alegre: Livraria do Advogado, 2011.

STOLLEIS, Michael. **The Law Under the Swastika**: studies on legal history in Nazi Germany. Chicago: University of Chicago Press, 1998.

STRECK, Lenio Luiz (coord.). **A discricionariedade nos sistemas jurídicos contemporâneos**. 2. ed. Salvador: Juspodivm, 2019.

STRECK, Lenio Luiz. **30 anos da CF em 30 julgamentos**: uma radiografia do STF. Rio de Janeiro: Forense, 2018.

STRECK, Lenio Luiz. A baixa constitucionalidade como obstáculo ao acesso à justiça em *Terrae Brasilis*. **Revista Sequência**, Florianópolis, n. 69, p. 83-108, dez. 2014.

STRECK, Lenio Luiz. Aplicar a "letra da lei" é uma atitude positivista? **Novos Estudos Jurídicos**, Itajaí, v. 15, n. 1, p. 158–173, 2010. DOI: 10.14210/nej.v15n1.p158-173. Disponível em: https://periodicos.univali.br/index.php/nej/article/view/2308. Acesso em: 3 abr. 2023.

STRECK, Lenio Luiz. **Compreender direito II**: como o senso comum pode nos enganar. São Paulo: Revista dos Tribunais, 2014.

STRECK, Lenio Luiz. **Dicionário de hermenêutica**: 50 verbetes fundamentais da teoria do direito à luz da crítica hermenêutica do direito. 2. ed. Belo Horizonte: Casa do Direito, 2020b.

STRECK, Lenio Luiz. **Dicionário senso incomum**: mapeando as perplexidades do Direito. São Paulo: Dialética, 2023.

STRECK, Lenio Luiz. **Ensino jurídico e(m) crise**: ensaio contra a simplificação do Direito. São Paulo: Editora Contracorrente, 2024.

STRECK, Lenio Luiz. Estamos condenados a interpretar. **Estadão**. Estado da Arte, São Paulo, 27 maio 2020. Disponível em: https://estadodaarte.estadao.com.br/hermeneutica-juridica-streck/. Acesso em: 30 set. 2022.

STRECK, Lenio Luiz. Hermenêutica e positivismo contra o estado de exceção interpretativo. **Consultor Jurídico**, São Paulo, 25 fev. 2016. Disponível em: https://www.conjur.com.br/2016-fev-25/senso-incomum-hermeneutica-positivismo-estado-excecao-interpretativo. Acesso em: 30 jun. 2023.

STRECK, Lenio Luiz. **Hermenêutica jurídica e(m) crise**: uma exploração hermenêutica da construção do direito. 11. ed. Porto Alegre: Livraria do Advogado, 2014.

STRECK, Lenio Luiz. **Hermenêutica, jurisdição e decisão**: diálogos com Lenio Streck. 2. ed. Porto Alegre: Livraria do Advogado, 2020a.

STRECK, Lenio Luiz. Hermes e as Forças Armadas: os novos deuses da Constituição? **Consultor Jurídico**, São Paulo, 16 nov. 2022. Disponível em: https://www.conjur.com.br/2022-nov-16/lenio-streck-hermes-forcas-armadas. Acesso em: 30 jul. 2022.

STRECK, Lenio Luiz. Interpretando a Constituição: Sísifo e a tarefa do hermeneuta. **Revista do Instituto de Hermenêutica Jurídica**, Porto Alegre, 2007.

STRECK, Lenio Luiz. **Juiz não é Deus**: juge n'est pas Dieu. Curitiba: Juruá, 2016.

STRECK, Lenio Luiz. **Jurisdição constitucional e decisão jurídica**. 4. ed. São Paulo: Revista dos Tribunais, 2014.

STRECK, Lenio Luiz. **Lições de crítica hermenêutica do direito**. 2. ed. Porto Alegre: Livraria do Advogado, 2016.

STRECK, Lenio Luiz. O direito como um conceito interpretativo. **Pensar**, Fortaleza, v. 15, n. 2, p. 502, jul./dez. 2010.

STRECK, Lenio Luiz. **O que é fazer a coisa certa no Direito**. São Paulo: Editora Dialética, 2023.

STRECK, Lenio Luiz. **O que é isto – decido conforme minha consciência?** 5. ed. Porto Alegre: Livraria do Advogado, 2012.

STRECK, Lenio Luiz. O que é isto – o constitucionalismo contemporâneo. **Revista do CEJUR/TJSC**: Prestação Jurisdicional, Florianópolis, v. 1, n. 2, p. 27–41, 2014. DOI: 10.37497/ revistacejur.v1i2.64. Disponível em: https://revistadocejur.tjsc.jus.br/cejur/article/view/64. Acesso em: 22 maio. 2023.

STRECK, Lenio Luiz. **Para compreender direito**: a hermenêutica jurídica. 2. ed. São Paulo: Tirant Lo Blanch, 2022.

STRECK, Lenio Luiz. **Precedentes judiciais e hermenêutica**: o sentido da vinculação no CPC/2015. 3. ed. Salvador: Juspodivm, 2021.

STRECK, Lenio Luiz. **Precisamos falar sobre direito e moral**: os problemas da interpretação e da decisão judicial. Florianópolis: Tirant Lo Blanch, 2019.

STRECK, Lenio Luiz. **Verdade e consenso**: Constituição, hermenêutica e teorias discursivas. 6. ed. São Paulo: Saraiva, 2017.

STRECK, Lenio Luiz; ABBOUD, Georges. **O que é isto – o precedente judicial e as súmulas vinculantes?** 2. ed. Porto Alegre: Livraria do Advogado, 2013.

STRECK, Lenio Luiz; JUNG, Luã Nogueira. Kelsen e a metaética: empirismo lógico, emotivismo e discricionariedade judicial. **Revista da Faculdade Mineira de Direito**, [*S. l.*], v. 25, 2022.

STRECK, Lenio Luiz; MADALENA, Luis Henrique Braga; QUARELLI, Vinícius. Desacordos compreensivos: uma necessária explicitação dos fundamentos teóricos na discussão jurídico-científica. **Revista Direito e Práxis**, Ahead of print, Rio de Janeiro, v. 20, n. 10, p. 1-23, 2023. DOI: 10.1590/2179-8966/2022/69069. Disponível em: https://www.e-publicacoes.uerj.br/index.php/revistaceaju/article/ view/69069/44891. Acesso em: 10 mar. 2023.

STRECK, Lenio Luiz; NUNES, Dierle; CUNHA, Leonardo Carneiro da. **Comentários ao código de processo civil**. 2. ed. São Paulo: Saraiva, 2017.

STRECK, Lenio Luz. **Hermenêutica e jurisprudência no código de processo civil**: coerência e integridade. 2. ed. São Paulo: Saraiva Educação, 2018.

STRECK, Lenio; BREDA, Juliano. **O dia em que a Constituição foi julgada**: a história das ADC´s 43-44 e 54. São Paulo: Thomsom Reuters. Brasil. 2020.

TALEB, Nassim Nicholas. **Antifrágil**: coisas que se beneficiam com o caos. Rio de Janeiro: Objetiva, 2020.

TASSINARI, Clarissa. **Jurisdição e ativismo judicial**: limites da atuação do judiciário. Porto Alegre: Livraria do Advogado, 2013.

TORRANO, Bruno. A "aliança estratégica" entre positivismo jurídico e hermenêutica de Lenio Streck. **Consultor Jurídico**, São Paulo, 23 mar. 2016. Disponível em: https://www.conjur.com.br/2016-mar-23/alianca-estrategica-entre-positivismo-hermeneutica-streck. Acesso em: 30 jun. 2023.

TORRANO, Bruno. **Democracia e respeito à lei**: entre positivismo jurídico e pós-positivismo. Rio de Janeiro: Lumen Juris, 2015.

TORRANO, Bruno. **Pragmatismo no direito**: e a urgência de um "pós-pós-positivismo" no Brasil. Rio de Janeiro: Lumen Juris, 2018.

TRINDADE, André Karam; KARAM, Henriete. **Por dentro da lei**: direito, narrativa e ficção. Florianópolis: Tirant lo Blanch, 2018.

TRINDADE, André Karam; OLIVEIRA, Rafael Tomaz de. Crítica hermenêutica do direito: do quadro referencial teórico à articulação de uma posição filosófica sobre o direito. **Revista de Estudos Constitucionais, Hermenêutica e Teoria do Direito (RECHTD)**, São Leopoldo, v. 9, ano 3, p. 311-326, set./dez. 2017.

VESTING, Thomas. **Teoria do direito**: uma introdução. São Paulo: Saraiva, 2015.

WITTGENSTEIN, Ludwig. **Investigações filosóficas**. Tradução de Emmanuel Carneiro Leão. 9. ed. Petrópolis: Vozes, 2014.

EDITORA JusPODIVM
www.editorajuspodivm.com.br

Impresso por:
Docuprint
CNPJ 01.036.332/0001-99

JUS4524

Manual de DIREITO ELEITORAL E GÊNERO

Aspectos Cíveis e Criminais